*será que ele
vai mesmo
deixar a mulher?*

Rona B. Subotnik

será que ele vai mesmo deixar a mulher?

Tradução
Claudia Gerpe Duarte

CIP-BRASIL. CATALOGAÇÃO-NA-FONTE
SINDICATO NACIONAL DOS EDITORES DE LIVROS, RJ.

S934s
Subotnik, Rona
   Será que ele vai mesmo deixar a mulher? Descubra se o
seu caso tem futuro / Rona B. Subotnik; tradução: Claudia
Gerpe Duarte. – Rio de Janeiro: BestSeller, 2010.

   Tradução de: Will he really leave her for me?
   Inclui bibliografia e índice
   ISBN 978-85-7684-138-8

   1. Mulheres solteiras – Psicologia. 2. Amantes –
Psicologia. 3. Adultério. 4. Casamento. I. Título.

09-2683
CDD: 306.736
CDU: 176.6

Texto revisado segundo o novo Acordo Ortográfico da Língua Portuguesa.

Título original norte-americano
WILL HE REALLY LEAVE HER FOR ME?
Copyright © 2006 by Rona B. Subotnik
Copyright da tradução © 2008 by Editora Best Seller Ltda.

Publicado mediante acordo com Adams Media, An F & W & Publications
Company, 57 Littlefield Street, Avon, MA 02322, USA.

Capa: Rafael Nobre
Diagramação: editoríârte

Todos os direitos reservados. Proibida a reprodução,
no todo ou em parte, sem autorização prévia por escrito da editora,
sejam quais forem os meios empregados.

Direitos exclusivos de publicação em língua portuguesa para o Brasil
adquiridos pela
EDITORA BEST SELLER LTDA.
Rua Argentina, 171, parte, São Cristóvão
Rio de Janeiro, RJ – 20921-380
que se reserva a propriedade literária desta tradução

Impresso no Brasil

ISBN 978-85-7684-138-8

Seja um leitor preferencial Record
Cadastre-se e receba informações sobre nossos lançamentos e nossas promoções.

Atendimento e venda direta ao leitor
mdireto@record.com.br ou (21) 2585-2002

*Dedico este livro com amor e estima
a Norman,
Adrienne, Kenneth e Debra*

Ah, meu Deus — desde o início acreditei
em cada palavra. E assim me condenei
ao vaivém de uma gangorra,
para cima e para baixo, os altos, os baixos.
Tamborilando, a perna bamba,
à espera do telefonema.

Gloria Vanderbilt
It Seemed Important at the Time: A Romance Memoir

Agradecimentos

Quando escrevemos um *livro*, outras pessoas sempre nos ajudam a trazer o nosso "bebê" ao mundo. Agradeço a todos que tornaram esta obra possível. Quero agradecer à minha agente, Julie Castiglia, por sua ajuda e sugestões, bem como por acreditar que a mulher que está envolvida com um homem casado precisa de compreensão, e que existem alguns lugares aos quais ela pode recorrer.

Também sou grata às inúmeras pessoas talentosas da Adams Media, pelo empenho em publicar *Será que ele vai mesmo deixar a mulher?*. Agradeço em particular à minha editora, Kate Epstein, que entendeu a importância de ajudar a todos os que participam do triângulo conjugal, e que viu neste livro potencial para tal. Também sou grata à competência editorial e ao olho clínico de Heather Padgen e Laura Daly. Sou grata a Colleen Cunningham pelo belo projeto do livro e também a toda a equipe da Adams Media.

Norman Subotnik, que esteve ao meu lado durante a minha vida adulta, também esteve presente enquanto escrevi este livro. É impossível contar quantas vezes ele leu e releu cada capítulo e cada mudança. Norman me deu sua opinião e o benefício do seu conselho de especialista sobre a arte de escrever com paciência e respeito. Agradeço a ajuda e o apoio por ele oferecidos durante todo este empreendimento.

Sou grata à minha filha Debra Tratt por ter lido vários capítulos, bem como por seu valioso discernimento e pelas sugestões perspicazes; ao meu filho, Dr. Kenneth Subotnik, por ter lido partes do livro a partir do seu ponto de vista de psicólogo e por vir me salvar toda vez que meu computador apresentava defeitos assustadores; e à minha filha Adrienne Sharp por seu estímulo, mesmo quando estava ocupada cumprindo prazos de seu próprio livro.

Agradeço imensamente as sugestões feitas por Sally LeBoy, minha colega de San Diego e professora assistente da Alliance International University, cuja qualificação como terapeuta conjugal e familiar eu muito admiro. Sally leu trechos do original e forneceu um excelente feedback. Sou grata pela cuidadosa perspectiva na área da psicologia cognitiva da minha amiga, Dra. Gloria Harris, coautora de *Surviving Infidelity*.

Sou grata a três amigas por lerem todo o livro e me agraciarem com sua opinião: Betty Lou Poloway (que o leu duas vezes), professora e consultora universitária; Dolores Okner, cujas opiniões refletiram sua excelente capacidade de organização e senso de humor; e Judy Wolfe, assistente social experiente e compassiva que ofereceu comentários valiosos e perspicazes.

Agradeço também a Bonnie Kodesch, por compartilhar o conhecimento que obteve com sua pesquisa. Sou grata ainda a muitos estimados parentes, amigos e mentores do passado que têm exercido importante influência na minha vida. Lembro-me do Dr. John Askin, da Dra. Shirley Glass, de Evelyn Davis, de Sylvia Lavenstein, de Shirley Lapides e, com a minha mais profunda consideração, da minha avó Rochel Leah Davis.

Sumário

Introdução   13

Parte I. Entenda o caso   19

Capítulo Um. Vivendo na sombra   21
Capítulo Dois. Como você chegou a esse ponto?   55

Parte II. O triângulo amoroso   89

Capítulo Três. Ela   91
Capítulo Quatro. Ele   125
Capítulo Cinco. Você   161

Parte III. O caso   193

Capítulo Seis. Os estágios de um caso   195
Capítulo Sete. Como avaliar o seu caso   225

Parte IV. Como lidar com as decisões 259

Capítulo Oito. Quando o caso continua 261
Capítulo Nove. Você e ele se casam 285
Capítulo Dez. Se o caso terminar 303

Apêndice. Formulário para avaliar o seu caso 341

Referências bibliográficas 351
Índice remissivo 357
A autora 365

Introdução

Este é um livro que conta a sua história e que a acompanhará em uma jornada, no final da qual você será capaz de responder a esta importante pergunta: *Será que ele vai mesmo deixar a mulher?* A sua história é complexa. Vou explicar o caso que você vive a partir do ponto de vista de todos os envolvidos, vou responder a importantes perguntas que dizem respeito a você, além de fazer algumas que talvez não lhe tenham ocorrido. Seu papel na vida dele a deixa insegura porque você está na sombra, observando a distância, vivendo como uma dama de companhia e se perguntando como será o futuro. No entanto, essa situação pode proporcionar emoção e alegria, e aumentar sua autoestima.

Antes de iniciarmos a nossa jornada, preciso falar rapidamente a respeito dos termos que utilizo. A palavra *infidelidade* é usada para descrever relacionamentos de deslealdade ou traição. Ela abrange as situações abordadas neste livro. Para o homem ou a mulher casada, trata-se efetivamente de um caso extraconjugal; para a mulher solteira, pode ser ou não um caso amoroso. Em prol da simplicidade, uso alternadamente as palavras *infidelidade* e *caso*. Os casos podem abarcar todos esses tipos de relacionamentos, inclusive os emocionais e aqueles vividos pela internet. *Adultério* é conhecido como um termo tanto legal quanto religioso, de modo que não o empreguei. Escolhi não utilizar a expressão *a outra*, a não ser quando uma terceira pessoa o faz. Esse termo é pejorativo, e este não é um livro que se propõe a fazer julgamentos.

O seu caso amoroso afetará todas as pessoas envolvidas e modificará radicalmente a vida de cada uma delas. Este livro ajudará você a lidar com essas possibilidades e ensinará estratégias para as inúmeras situações que poderão surgir. Será pedido a você que dê um passo atrás e se torne uma observadora da própria vida. Essa abordagem aumentará seu entendimento, irá ajudá-la a lidar de maneira mais eficaz com suas emoções e promoverá uma melhor tomada de decisões, o que resultará em um aprimoramento na sua qualidade de vida.

As informações que você encontrará em *Será que ele realmente vai deixar a mulher?* provêm de várias fontes. Acima de tudo, elas têm origem na minha observação do grande número de homens e mulheres que entraram em meu consultório nos últimos 23 anos em busca de ajuda, bem como nas inúmeras histórias que ouvi dos grupos que conduzi ao longo dos anos. As informações também se originam do trabalho de colegas e das pesquisas disponíveis a respeito do tema. Lanço mão do cinema, da literatura, e recorro a históricos de casos para elucidar meus argumentos. Em alguns momentos, tomei a liberdade de reunir palavras de várias pessoas e combiná-las de maneira que nem mesmo aqueles que as pronunciaram sejam capazes de reconhecê-las. Informações, identidades, lugares e fatos estão dissimulados para que ninguém seja identificado ou identificável. Todas as confidências foram honradas.

Será que ele vai mesmo deixar a mulher? é dividido em quatro partes especialmente desenvolvidas para guiá-la desde o entendimento dos casos até os possíveis resultados e o que eles poderão significar para você.

A Parte I, intitulada "Entenda o caso", começa com quatro mulheres que estão se relacionando com homens casados. Nesse ponto, inicia-se um processo para reunir informações, conhecendo suas histórias e expectativas. Em seguida, é apresentado um interessante conceito dos três componentes do amor, e a maneira como eles se aplicam nas relações extraconjugais. Depois, você terá informações a respeito dos quatro tipos existentes de relações extraconjugais. Nem todos são semelhantes, e reconhecer as diferenças é *crucial* para você. As duas pessoas envolvidas podem não estar experienciando a relação da mesma forma. As diferenças são importantes para responder à sua pergunta: *Será que ele vai mesmo deixar a mulher?*

Além disso, nos últimos anos, surgiram duas novas formas de infidelidade. Elas são realmente casos amorosos, mas carecem do contato físico. Identificar esses novos tipos, o caso amoroso emocional e o caso amoroso na internet, assim como a maneira como se relacionam tanto com os casos amorosos tradicionais quanto com o conceito do amor lhe fornecerá ainda mais informações para responder à sua pergunta.

A Parte I do livro termina com as razões pelas quais uma mulher se envolve com um homem casado. Saber o que a levou a ter esse romance ajudará você a entender melhor a si mesma. Compreender as razões, além de ser fortalecedor, ajuda a criar mais opções para a sua felicidade.

A Parte II, "O triângulo amoroso", apresenta um panorama dos três vértices desse triângulo, em capítulos intitulados "Ela", "Ele" e "Você". A intenção é que você entenda o papel da esposa no caso amoroso e ainda obtenha as informações que aumentarão seu conhecimento tanto dos pontos fortes quanto das vulnerabilidades dela. Você poderá descobrir que é capaz de avaliá-la independentemente do que ouve do seu amante. À medida que você sabe mais a respeito dele, torna-se mais fácil avaliar o quão forte é a ligação de vocês. Falarei sobre a ambivalência, o poder, o controle, a autoestima dele e o quanto essas são questões importantes para seu futuro.

Você aprenderá mais a respeito de si mesma, sobre a natureza do caso amoroso e como ele afeta você, e ainda a maneira como você percebe o comportamento de seu parceiro. Haverá muitos testes que a ajudarão a avaliar importantes aspectos do relacionamento, como, por exemplo, se ele é um "parceiro que não merece o risco" e se ele a trairá no futuro. Você tomará conhecimento do papel que o poder, a autoestima, os sacrifícios e os mecanismos de autodefesa desempenham no relacionamento e, o mais importante de tudo, como saber se as intenções dele a seu respeito são sérias.

A Parte III, "O caso amoroso", explica como essas relações avançam em estágios previsíveis. Você aprenderá a identificar esses estágios e o que eles significam para o seu futuro. O poder e a autoestima mudam de acordo com cada estágio. E também passará a entender a importância do conceito de "Perseguidor e de Distanciador", e como reconhecê-lo representado no seu próprio caso.

Os casos amorosos são complexos e não são apenas influenciados pelas pessoas envolvidas no triângulo conjugal. Pode parecer que se trata apenas de você e ele na cama, mas, na realidade, o caso envolve você, ele, a esposa dele e as gerações que antecederam cada um de vocês. Elas estão presentes e exercem enorme influência em você. Aprender como a vida emocional familiar se manifesta no relacionamento expandirá seu conhecimento sobre as relações amorosas em geral. Ensinarei sobre o modelo cognitivo ideal para entender suas reações, e você verá como seu pensamento influencia suas emoções. Torna-se necessário desafiar o pensamento distorcido para que você possa melhorar seu ânimo. Também apresento duas maneiras de avaliar as distorções no pensamento que causam emoções negativas. Essas são as ferramentas que você poderá usar para pensar com clareza a respeito dos atuais eventos da sua vida ou em qualquer ocasião no futuro. Tudo exemplificado por muitas vinhetas.

A Parte III termina com um método que irá ajudá-la a aplicar à sua situação o que você sabe a respeito do triângulo conjugal. Ensinarei como avaliar o seu caso. Haverá estudos de casos que exemplificam como fazer isso, perguntas e um formulário para ajudá-la a entender sua situação.

A Parte IV, "Como lidar com as decisões", examina três possíveis resultados do caso amoroso, e a ajudará a compreender o que pode ser esperado em cada um deles. O primeiro resultado a ser analisado é a continuação do caso. Se essa for a sua decisão, as situações mais prováveis que você enfrentará lhe serão apresentadas.

O segundo resultado é que ele se case com você. No capítulo "Você e ele se casam", são apresentadas algumas questões muito importantes. Quando um caso amoroso se transforma em casamento, o relacionamento também muda. Este livro apresenta alguns novos problemas que você poderá ter de enfrentar e oferece dicas para que você tenha um bom começo. É preciso levar em conta as duas famílias envolvidas e, caso haja filhos, compreender a reação deles. Você aprenderá a importância de conviver com a ex-mulher dele. Será solicitado a você que reconheça a perda dessa mulher e desenvolva empatia pela enormidade desse evento na vida dela. Sua competência em fazer isso afetará seu novo casamento.

Sugerem-se medidas de segurança para seu futuro, agora que está casada. Uma delas será uma estratégia para que vocês se ajustem um ao outro enquanto abandonam a "vida nas sombras" e se tornam um casal. Outra é como se proteger para não ser a esposa cujo marido a trai.

E, finalmente, no último capítulo, "Se o caso terminar", vamos analisar este resultado. Se o seu caso acabar, você precisa se curar da dor. Este livro lhe ajudará a fazer isso. E também ajudará a reconhecer as mudanças na sua vida e o impacto em suas emoções e em seus sonhos quando um caso amoroso termina. Você se sentirá bem enquanto souber lidar com a raiva e a dor. Você estará passando por uma transição com todos os altos e baixos que ela envolve, e *Será que ele vai mesmo deixar a mulher?* a orientará e apoiará à medida que a sua vida se reestrutura e ganha significado. No final do livro, você será capaz de enxergar um futuro para si mesma, e terá adquirido as ferramentas necessárias para criá-lo.

À medida que for virando as páginas, você sentirá muitas emoções. Sentirá que é compreendida, absorverá novas informações, assimilará novas habilidades proveitosas e ouvirá a verdade. Você será tratada com respeito e será ajudada, seja qual for o resultado.

Como terapeuta, dediquei a vida profissional a ajudar as pessoas a lidar com a dor visando a uma melhora na vida. Espero ter feito o mesmo por você quando a leitura deste livro terminar. Espero que você encontre satisfação na vida, novas experiências de aprimoramento e paz.

Eu a ajudarei a passar por esse processo.

Rona B. Subotnik
Terapeuta Conjugal e Familiar

Parte I

Entenda o caso

Capítulo Um

Vivendo na sombra

A história de Cathy: assistindo dos bastidores

Bob acaba de subir ao pódio na cerimônia de entrega de prêmios da companhia para receber o reconhecimento do trabalho que tem realizado nos últimos vinte anos. Seus esforços culminaram em uma recompensa financeira para a alta administração, os funcionários e os acionistas. Ele produziu um excelente resultado que foi internacionalmente aclamado. O cargo de diretor-presidente descreve seu premiado trabalho e Bob aceita o prêmio em meio a saudações e aplausos de pé.

Todos adoram Bob, especialmente Cathy, sua assistente administrativa, que acredita amá-lo de uma maneira especial, e mais do que qualquer outra pessoa presente na festa. Helen, a mulher de Bob, junta-se a ele no microfone. Eles se abraçam, e Bob agradece a ela pelo apoio. Mais aplausos quando Lily e Amy, as filhas gêmeas do casal, se unem aos pais no pódio. Cathy se sente como se fizesse parte da família. Nos últimos dez anos, ela tem ouvido a respeito da vida, dos problemas, das realizações e dos planos futuros deles. Bob agradece individualmente a cada membro de sua equipe e pede que fiquem de pé para receber aplausos. Cathy se levanta, mas suas emoções estão confusas, pois sente que é ela que deveria estar no pódio ao lado de Bob.

Cathy se pergunta se Helen sabe que ela e Bob são amantes apaixonados há oito anos. Durante todo esse tempo, ela falou frequentemente com Helen, que é sempre cordial e educada com a assistente do marido. Cathy acha que Helen provavelmente sabe de tudo. No entanto, o que ela não sabe é que Bob levou Cathy a acreditar que vai deixar Helen quando as gêmeas forem para a faculdade. Ainda assim, é difícil para Cathy ficar sentada durante a cerimônia e observar Helen compartilhando as atenções com Bob quando sente que ela é que deveria estar ao lado dele. Afinal, foi ela que o confortou quando as coisas saíram errado, era ela que conhecia intimamente os altos e baixos do trabalho dele, e acredita ter sido ela, mais do que qualquer pessoa, quem o ajudou a chegar ao lugar no qual ele está agora. Cathy se considera de muitas maneiras a alma gêmea de Bob e tem plena consciência dos sacrifícios pessoais que fez para estar com ele, amá-lo em silêncio, discretamente, em segredo, com dor no coração. Todas as horas roubadas depois do trabalho fizeram com que a possibilidade de um casamento, de um lar e de filhos (os quais ela agora já não tem mais idade para ter) fosse adiada para esperar por Bob. No entanto, Cathy continua se perguntando: "Será que ele vai mesmo deixar a mulher?"

A história de Michele: da internet a um paraíso tropical

Em um elegante resort, Michele e Skip estão no jardim de um casarão, tomando drinques na banheira de hidromassagem, sentindo o aroma do jasmim e antevendo uma noite de amor naquele paraíso tropical. Todos os meses, eles desfrutam maravilhosas escapadas como essa, que em geral estão relacionadas às viagens de negócios de Skip. Dessa vez, ele tem poucos compromissos profissionais, de modo que os dois estão se divertindo juntos, dançando, jantando e bebendo. Skip é casado e sua mulher está em casa cuidando dos filhos pequenos do casal.

Michele e Skip têm um romance secreto há um ano, mas para Michele é como se conhecessem há muito mais tempo. Ela acha que esse relacionamento é melhor do que seu primeiro casamento, que acabou há seis meses. Ela não tem certeza do quanto Skip gosta dela, mas, se o comportamento dele significa alguma coisa, Michele espera que Skip troque a mulher e seu mundo monótono de mamadeiras, fraldas e transporte solidário pela emoção de estar com ela.

Michele e Skip se conheceram em uma sala de bate-papo para pessoas casadas que procuram diversão. O relacionamento evoluiu e se transformou em algo que eles julgaram ser muito especial. Eles pareciam estar emocionalmente próximos. Logo decidiram deixar a sala de bate-papo e começaram a trocar e-mails. Em seguida, deram mais um passo: em poucos meses, começaram a se falar por telefone. Depois do sexo por telefone, não demorou muito para que Skip sugerisse que eles se encontrassem em um local entre as cidades onde moravam.

A partir de então, começaram as escapadas românticas. Skip paga todas as despesas. Como sempre se encontram fora da cidade, acham que a possibilidade de serem descobertos é mínima. Como acontece com todos os amantes, Michele acredita que o caso deles seja exclusivo e especial.

Michele tem 28 anos e sabe que é sexy e desejável. Ela considera sua vida maravilhosa. Embora adore ser a outra, também deseja ser a mulher especial nos braços de Skip. E se pergunta: "Será que ele vai mesmo deixar a mulher?"

A história de Karen: romance depois das aulas

A quilômetros de distância, no pátio de uma escola do ensino fundamental na Virgínia, Ron é praticamente o único pai a ir buscar o filho depois da aula. Isso se tornou sua responsabilidade, pois ele trabalha no turno da noite, enquanto a mulher, Liddy, trabalha em um consultório médico durante o dia.

A rotina de Ron depois da escola é sempre a mesma. Dois dias por semana ele pega o filho, Jon, e seu amiguinho, Michael, e os leva para casa, onde tomam leite, comem biscoitos e assistem à televisão. Essa é a sua rotina às terças e quintas-feiras.

No entanto, às segundas, quartas e sextas-feiras é diferente. Nesses dias, a mãe de Michael, Karen, chega em casa mais cedo do trabalho e todos vão para a casa dela para tomar leite e comer biscoitos. Em vez de assistir à televisão, os meninos ficam do lado de fora brincando, enquanto seus pais, Karen e Ron, fazem sexo. É rápido, furtivo e excitante. Karen cria sozinha o filho de 6 anos. Ron tornou-se muito importante para ela, que já está até tendo fantasias de se casar com ele, e se pergunta: "Será que ele vai mesmo deixar a mulher?"

A história de Joan: adultos sérios

Nesse ínterim, em Phoenix, outra mulher também está tendo fantasias a respeito de se casar. Joan é viúva e mora em uma comunidade planejada para idosos ativos com mais de 55 anos.

Ela ingressou em vários grupos de sua comunidade, achando que essa seria uma maneira de combater a solidão. Seu marido, com quem ficou casada durante 45 anos, faleceu depois de uma doença longa e difícil. Joan tornou-se amiga de Leonard, que conheceu em um clube de caminhada e também faziam aula de pintura a óleo juntos. Leonard foi um conforto para ela desde o início, quando nas caminhadas e ele ouvia com atenção o quanto os anos anteriores haviam sido estressantes para ela. Quando o grupo de caminhada fazia uma pausa, eles sempre se sentavam juntos.

Leonard telefona para Joan quando sua mulher não está em casa, e eles têm longas conversas. Ele a compreende porque passou por uma situação estressante quando a primeira mulher morreu. Ele também foi dominado pela dor. Mas por ser homem, recebeu atenção das inúmeras mulheres solteiras, divorciadas e viúvas de sua comunidade. Joan não teve esse respaldo por haver menos homens descomprometidos disponíveis.

Leonard se casou com uma dessas mulheres pouco depois da morte da esposa e logo se deu conta de que estava vivendo com uma mulher que não amava e com quem tinha pouco em comum. De modo geral, se sentia infeliz, tanto que procurou fazer amigos com interesses semelhantes para tornar a vida mais fácil.

Joan sabe que Leonard é todo "certinho", como ela diz, e devido às suas convicções religiosas, ele não acredita em divórcio. Mas ela pensa que ele mudará de ideia porque conversam frequentemente a respeito de a vida ser breve. Assim, por enquanto, Joan aproveita o tempo que passam juntos, mas se pergunta: "Será que ele vai mesmo deixar a mulher?"

Mulheres que estão tendo casos amorosos

Essas mulheres que acabamos de conhecer desejam se casar com os homens com os quais estão se relacionando. Mas as expectativas das mulheres nessa situação podem variar. Algumas desejam um compromisso, outras não. Algumas não têm certeza se querem, e outras acabam mudando de ideia quando conhecem melhor o parceiro.

A "outra" moderna

No livro *A nova outra mulher*, a socióloga e pesquisadora Laurel Richardson descreve a mulher solteira que tem um caso amoroso a partir de entrevistas que realizou entre 1977 e 1984 com 55 mulheres cuja idade variava entre 24 e 65 anos. Richardson mostra as influências que levaram essas mulheres a ter um caso e cita como fatores tanto a revolução sexual quanto a revolução feminina. As mulheres das gerações anteriores dependiam financeiramente dos maridos, mas a nova mulher era capaz de se sustentar e preparar o caminho para a aposentadoria. Quando a nova mulher se estabilizava na carreira e estava pronta para o casamento, já passara da idade na qual as mulheres se casavam nas gerações anteriores. A probabilidade de encontrar um marido diminui à medida que a mulher envelhece, de modo que, em vez de esperar, aceitaram relacionamentos com homens casados.

Richardson explica que muitas vezes essas mulheres decidiram ter um caso simplesmente porque não havia um número suficiente de homens desimpedidos disponíveis. Richardson escreve: "As mulheres são desvalorizadas porque há excesso delas."

As entrevistas de Richardson mostraram que muitas mulheres estavam infelizes devido aos conflitos relacionados com o fato de seu amante ter uma família. Muitas que se apaixonaram por homens casados descobriram posteriormente que eles não abandonariam as esposas. Os poucos que o fizeram se casaram com outra mulher. Isso foi um choque para a nova outra mulher, porque os homens tinham dado a impressão de estar encantados com o relacionamento.

No livro *Adultery*, a socióloga Annette Lawson informou que 10 por cento dos homens que têm um caso deixam o casamento para ficar com a amante. Jan Halper, psicóloga e consultora administrativa, fundamenta as conclusões que apresenta em *Quiet Desperation: The Truth about Successful Men* em entrevistas realizadas com 4.126 executivos com idade entre 27 e 78 anos. Suas constatações oriundas do estudo detalhado de 43 executivos de alto nível revelam que "menos de 3 por cento abandonaram a esposa pela amante". No livro que escreveram juntas, *This Affair is Over!!*, Nanette Miner e Sandi Terri escrevem que menos de 1 por cento dos homens efetivamente deixaram a esposa para ficar com a amante. Essas são as estatísticas enfrentadas pela mulher que vive um caso extraconjugal e deseja se casar com o amante.

Sem compromisso, por favor

Existem mulheres e homens que mantêm um caso amoroso com um entendimento claro de que não haverá expectativa alguma, de ambas as partes, de que poderão vir a se casar. Nenhum dos dois deseja um relacionamento com preocupações, culpa ou exigências. Muitas pessoas adotam esquemas desse tipo porque estão satisfeitas, em vários aspectos, com seu casamento e não querem abrir mão dele. Desejam apenas a embriaguez e a emoção de um caso extraconjugal. Em *The Erotic Silence of the American Wife*, Dalma Heyn escreve a respeito de mulheres que acreditam que o relacionamento extraconjugal melhora seu casamento e torna a vida mais completa. Há também mulheres solteiras que têm casos com homens casados que elas não consideram "adequados para o casamento", mas com os quais se divertem e têm uma boa relação sexual.

Existem casais em que marido e mulher concordam em fazer vista grossa se o outro tiver um relacionamento extraconjugal, basicamente permitindo a traição, desde que não afete o casamento. Foi o que aconteceu no filme *Adorável Julia*, quando Julia (Annette Bening), conversando com Charles, com quem está flertando, diz: "Michael e eu [seu marido] temos vidas separadas. Por isso somos tão felizes."

Compromisso, por favor

As mulheres que conhecemos no início deste capítulo desejam um comprometimento do homem casado com quem estão tendo um caso. Esse é um ponto que têm em comum, mas existem muitas diferenças entre elas. A idade, o nível de instrução, a formação, o estado civil, as finanças e a personalidade variam, bem como a maneira como conheceram seus parceiros. Algumas descobrem que ter um caso com um homem casado resolve um problema mas dá origem a outro.

Lembro-me de uma mulher, Mimi, que me disse que decidiu ter um caso com um homem casado depois que compareceu a um evento para pessoas desimpedidas e viu a filha solteira no local.

"Fiquei mortificada. Fui logo embora, antes que ela me visse. Depois, comecei a me perguntar se eu estaria correndo o risco de estar com um homem que tivesse saído com a minha filha. Eu me senti muito estranha. Então, voltei para um velho amigo que era casado e comecei a sair apenas com ele. Sei que ele não é feliz no casamento, de modo que não creio que eu esteja prejudicando a relação do casal, que já é problemática. A vida é difícil e nem tudo é como queremos. Acontece que comecei a gostar dele e agora quero que ele a deixe e se case comigo."

De fato, isso é verdade. As coisas nem sempre acontecem como gostaríamos. Mimi se casou muito jovem e, como ela diz, "achei que era para sempre". Entretanto, descobriu que o marido estava fortemente envolvido com drogas, de modo que, aos 19 anos, o abandonou para criar sozinha a filha de 2 anos. Foi difícil para Mimi, pois ela ainda estava na faculdade. Somente aos 35 anos, sentiu-se livre para namorar e se dedicar mais seriamente à sua carreira. As mães e os pais de hoje podem, para seu assombro, acabar frequentando o mesmo ambiente social dos filhos.

Muitas das mulheres nesse grupo são solteiras e, ao contrário das que foram entrevistadas por Laurel Richardson, não decidiram conscientemente se envolver com um homem casado. Elas sentem que isso apenas aconteceu pelo fato de terem passado um tempo juntos e descoberto que estavam atraídos um pelo outro. Existem também as mulheres casadas que se relacionam com homens casados que querem se casar com elas, mas elas têm receio de deixar o marido. Nessa situação, o maior medo da mulher é que o amante não se divorcie da esposa para se casar com ela. A mãe solteira que está apaixonada por um homem casado tem grande dificuldade de manter um romance junto com a enorme responsabilidade de criar os filhos, trabalhar e cuidar das tarefas domésticas.

Quase todas as mulheres que desejam se casar com o amante acreditam estar apaixonadas por ele. Algumas nem mesmo sabem que o homem é casado quando o relacionamento começa; outras sabem desde o início, mas continuam assim mesmo, com a intenção de tirar o marido da esposa. Existem, no entanto, aquelas que deliberadamente tomam a decisão de ter um caso amoroso, principalmente devido às suas necessidades emocionais. Algumas mulheres casadas, por exemplo, têm casos extraconjugais para se vingar do marido.

Há também aquelas que estão envolvidas com um homem casado e querem que ele deixe a esposa, mas eles não são propriamente amantes. Joan, a mulher mais velha que descrevi no início deste capítulo, não está sexualmente envolvida com Leonard; é apenas amiga dele. Mas deseja mais do que uma mera amizade e companheirismo. Joan quer se casar com Leonard, mas está dividida porque não se sente à vontade com o que está acontecendo, e gostaria que ele fosse livre para se casar com ela. Ultimamente, essa situação tem sido reconhecida como um caso emocional, e será investigada neste capítulo.

O que cada mulher tem em comum, além de querer que o amante deixe a esposa e se case com ela, é uma vida em segredo, nas sombras, na qual elas "assistem dos bastidores". Algumas alimentam um sentimento de vergonha, conscientes do odiado rótulo, *a Outra*. Inúmeras perguntas as afligem.

- E se pessoas que eu não quero que saibam de nada descobrirem o que está acontecendo?

- O que aconteceria no trabalho se alguém soubesse que estamos envolvidos?
- O que minha mãe pensaria?
- Como isso vai terminar?

Quando pensam nos filhos do amante, algumas mulheres têm sensação de culpa, e quando conhecem a esposa, e esta é cordial e agradável, frequentemente alimentam um sentimento de remorso. Se, por outro lado, a esposa sabe de tudo ou desconfia e a confronta com raiva e faz acusações, essa atitude confirma, na cabeça da mulher, as queixas do amante a respeito da esposa. A mulher envolvida com um homem casado frequentemente se sente incompreendida, subestimada e privada de muitas coisas na vida. No entanto, quando está com ele, sente-se especial, valorizada, estimada e sexualmente desejada. Quando não está com ele, pode sentir raiva por causa da situação — abandonada, desvalorizada e esquecida. Os momentos mais difíceis são os dias festivos, especialmente Dia dos Namorados, Natal e Réveillon. Outras situações particularmente cruciais são aquelas que ele comemora com a família, como o aniversário da esposa, o aniversário de casamento, as férias ou os eventos relacionados aos filhos. Se você é essa mulher, sabe muito bem que é difícil equilibrar os altos e baixos da vida na sombra. E passa um tempo considerável se perguntando onde ele está, se está pensando em você e se gostaria de estar ao seu lado. Você se pergunta qual é o seu lugar na vida dele. Será que ele vai mesmo deixar a mulher?

Os casos amorosos tradicionais

A mulher que tem um relacionamento com um homem casado precisa ter informações a respeito do tipo do caso, conhecer as razões para ela estar nessa situação e saber as respostas a perguntas que deve fazer a si mesma.

Nessa abordagem, você pensa racionalmente, apesar da ansiedade que pode estar sentindo com relação ao desenrolar do relacionamento. O mais provável é que você tenha emoções e sentimentos muito intensos a respeito dessa importante questão na sua vida, mas seu melhor plano é separar os pensamentos de ansiedade relacionados ao futuro e tentar compreender a situação. Você já sabe que os casos amorosos não são todos iguais e que as diferenças podem ser cruciais. No meu livro *Surviving Infidelity*, os casos amorosos foram colocados em um *continuum* de acordo com o grau do envolvimento emocional do marido com a amante ou do quanto ele investe emocionalmente nela. Vamos usar agora esse modelo para entender o que o caso amoroso significa para cada um de vocês. Isso lhe dirá algo a respeito de si mesma e do seu amante. É importante saber se você e ele estão vivenciando ou não da mesma maneira essa relação.

O caso amoroso em série

O primeiro caso no *continuum* é o caso amoroso em série, que é uma sucessão de envolvimentos casuais sem que haja apego emocional a qualquer das amantes. O homem que é um amante em série tem muitos encontros sexuais casuais ou uma série de casos breves. A procura por prostitutas também pode fazer parte desse comportamento. Os relacionamentos extraconjugais acontecem normalmente porque ele não tem a capacidade de sustentar um relacionamento íntimo emocional, nem com a esposa nem com a amante. Ter os dois relacionamentos ao mesmo tempo evita que ele se aproxime de uma delas. O caso extraconjugal é outra maneira de ele se distanciar da esposa e, com isso, evitar intimidade. Consciente ou inconscientemente, o homem não quer compromisso ou intimidade, mas deseja a emoção do momento.

Os homens que se encaixam nessa categoria são parceiros que não merecem o risco por uma série de razões. Alguns podem ter características dessa personalidade que se manifestaram na infância e continuam a fazê-lo até hoje. Esse homem é, em geral, narcisista e egocêntrico e não se preocupa nem um pouco com a maneira como o comportamento dele afeta você. Em outras palavras, não sente nenhuma empatia, provavelmente por não ter recebido nem um pouco dela, ou talvez por tê-la recebido em excesso, na infância e na adolescência. Alguns amantes que não merecem que você corra o risco podem ser fascinantes e enganá-la facilmente com o que parece ser o prazer que têm em viver. São chamados de playboys. Depois que o brilho do encanto deles se desgasta, as mulheres ficam desapontadas, e algumas até desgostosas, porque ele dá pouco de si, isso porque sua energia é usada para lidar com a ansiedade. Aquelas que dão seguimento a um relacionamento com esse tipo de homem precisam se perguntar por que toleram esse comportamento.

Outros parceiros que não merecem o risco podem se comportar de maneira instável. Você nunca tem certeza se ele vai estar meigo e carinhoso ou irritado e desprezível. Esse comportamento geralmente resulta da incapacidade dele de lidar com a ansiedade que tem origem em seus próprios problemas emocionais. Esse homem, em geral, tem dificuldade de se relacionar, frequentemente discute com os amigos e tem problemas no trabalho. Você pode sentir que está pisando em ovos, por nunca saber o que esperar em seguida.

A pessoa sexualmente compulsiva também pode se encaixar nessa categoria. Graças ao trabalho e às publicações do psicólogo Patrick Carnes e de outros que contribuíram para nosso entendimento acerca da compulsão sexual, hoje sabemos que aqueles que sofrem desse transtorno sentem vergonha de seu comportamento. O Dr. Carnes descreve o comportamento como cíclico, começando com a preocupação com pensamentos sexuais, o aumento da ansiedade e depois alguma forma de alívio sexual, seguida da autorrecriminação, da culpa e da vergonha — até que o ciclo novamente tem início. Algumas pessoas que se encaixam nessa categoria podem ter sofrido abuso sexual na infância.

As pessoas com esse tipo de problema emocional precisam de atenção, pois sofrem por conta disso. No entanto, se você está envolvida com alguém assim, a probabilidade de um relacionamento satisfatório não é muito boa.

No filme *Ray*, a respeito da vida de Ray Charles, o jazzista cego, vemos um amante em série em busca de uma mulher com a qual pretende fazer sexo. Nós o vemos tocar a mão da provável parceira e em seguida deslizá-la sobre o pulso e o braço dela para avaliar o quanto é atraente. Esse tipo de cena é mostrado repetidamente porque Ray tinha muitas parceiras sexuais. Embora cego, seu principal critério para a escolha de uma amante era a aparência. Ele não tinha nenhum envolvimento emocional com as inúmeras mulheres que avaliava e rejeitava ou aceitava, e um pulso delgado é uma indicação de um corpo esbelto.

A aventura

Mais adiante no *continuum* situa-se a *aventura*, que se caracteriza por pouca, ou nenhuma, ligação emocional. Esse caso pode ser um encontro sexual casual ou durar mais tempo. Nesse arranjo, uma das pessoas pode considerar o caso uma aventura, mas o parceiro pode facilmente interpretar de forma equivocada o relacionamento e achar que este tem uma conexão muito maior do que a que realmente existe. Um dos motivos para isso é que a paixão gerada pelo envolvimento é estimulante, inebriante e eleva a autoestima de ambos. Eles criam um mundo desprovido dos problemas cotidianos para si mesmos. Ele não dorme no sofá depois do jantar e ela não precisa lidar com um vaso sanitário entupido enquanto uma das crianças está com febre, as outras duas estão chorando e ela está o tempo todo preocupada com a reunião que terá no dia seguinte. O caso amoroso se torna um oásis que permite uma escapada do cotidiano no abraço carinhoso de um novo e excitante amante.

É possível que as características do que começa como uma aventura se modifiquem e esta se transforme no tipo seguinte de caso amoroso, que é *o caso de amor romântico*.

O caso de amor romântico

Este caso envolve uma grande intensidade porque os amantes se apaixonaram e estão preocupados com a maneira como isso deverá se incorporar à vida dos dois. Eles vão se casar? Haverá um divórcio? Questões relacionadas à família, aos filhos e até mesmo às finanças tornam-se fundamentais para o processo de decisão.

Você e o seu amante encaram o caso da mesma maneira? Ou não passa de uma *aventura* para um de vocês e um *caso de amor romântico* para o outro? Existe uma série de combinações, e compreendê-las é vital para que a pergunta "Será que ele vai mesmo deixar a mulher?" seja respondida. Se você estiver tendo um caso de amor romântico e ele, uma aventura, ambos estão fora de sincronia. Há a possibilidade de que o que é aventura para ele se transforme em um caso de amor romântico, mas, de acordo com minhas observações, a chance de isso ocorrer é pequena, porque a ligação emocional é fraca ou inexistente. Você pode achar essa afirmação desconcertante, já que tem consciência da paixão dele, do prazer que sente ao vê-la, e carrega consigo na ausência dele as palavras carinhosas que escuta. Se ele for um amante em série e encarar o que está havendo como um caso de amor romântico, a probabilidade de ele deixar a esposa é pequena, porque o pior pesadelo dele é o compromisso. Se vocês tiverem um caso de amor romântico, as chances aumentam, porque a conexão emocional é forte. Se for esta a situação, as ligações dele com a família também podem ser fortes, e muitas variáveis influenciarão a decisão que ele tomará. Muitas pessoas passam por um conflito intenso por causa do amor que sentem uma pela outra e precisam decidir se permanecem no casamento ou terminam o compromisso e se casam com a amante. Outras não conseguem se decidir, mas, mesmo assim, não são capazes de terminar o caso por uma série de motivos. Por isso o relacionamento pode continuar e tornar-se um *caso de longa duração*.

O caso amoroso de longa duração

No filme *The Pilot's Wife*, escrito por Anita Shreve, a esposa descobre, depois da morte do marido em um acidente de avião, que ele tinha um caso com uma mulher na Irlanda. Ela voa para a Irlanda e vai até a casa da amante, sendo recebida por uma mulher muitos anos mais jovem que ela. Ao entrar na casa, vê uma menina, um bebê e a foto de um casamento em uma igreja na Irlanda. Para seu desalento, a esposa do piloto compreende que o marido tinha uma vida paralela com a jovem "esposa" irlandesa e os filhos que teve com ela. Talvez o golpe mais atordoante tenha sido o fato de ela descobrir que a segunda esposa sabia tudo a respeito dela e de sua filha, e que o marido compartilhava informações com a irlandesa que jamais dividira com ela. A esposa ficou surpresa quando a jovem lhe contou que a mãe do seu marido ainda estava viva e morava em uma casa de recuperação. Parecia que ele compartilhava mais coisas com a amante do que com a própria esposa.

Em busca do verdadeiro amor

Então o marido amava as duas esposas? Existem muitos conceitos a respeito do que realmente é o amor; cada um, à sua maneira, é proveitoso e nos confere um entendimento do que poetas, filósofos e artistas há séculos vêm tentando descrever. Na minha opinião, a abordagem mais proveitosa no que diz respeito aos casos amorosos é o conceito triangular do Dr. Robert J. Sternberg, no qual ele identifica três componentes do amor: a paixão, a intimidade e o compromisso. Cada um deles forma um dos lados do triângulo, e o Dr. Sternberg considera os três necessários para o verdadeiro amor.

A paixão

O primeiro componente desse conceito é a paixão. É o sentimento inebriante que logo chega ao ponto máximo e é muito intenso no início do relacionamento. É em geral o primeiro componente a desaparecer, mas pode manter níveis altos em um relacionamento bem-sucedido. Os casos amorosos envolvem um conteúdo elevado de paixão e uma vontade intensa de ver o amante. Este é o ponto no qual o amante é idealizado. O Dr. Sternberg acredita que a paixão seja semelhante a um vício e, portanto, o componente motivacional do triângulo. As pessoas viciadas em álcool ou drogas são obcecadas pela substância. Lembro-me de certa mulher que me disse o seguinte: "Penso repetidamente na bebida, tomo a bebida, me recupero dela e depois começo novamente a pensar nela." É dessa maneira que muitas mulheres envolvidas com um homem casado pensam. Ele não sai da cabeça dela, e ela passa grande parte do tempo pensando nele, desejando vê-lo, e depois relembrando o que fizeram e o que ele disse. Ela fica então obcecada pela ideia de encontrá-lo novamente.

Intimidade

O segundo componente da abordagem do Dr. Sternberg é a intimidade. Ele se refere à intimidade emocional, e tomarei a liberdade de usar esse termo para que fique claro que não se trata de intimidade física. As mulheres valorizam a intimidade emocional e dão enorme importância a ela quando a encontram no amante. Elas são encorajadas desde pequenas a falar sobre seus sentimentos, enquanto os meninos aprendem a ser mais analíticos.

Um dos aspectos da popular série da televisão *Sex and the City* que agradou às mulheres foi a estreita amizade entre as protagonistas. Elas compartilhavam tudo umas com as outras. Cada uma delas tinha certeza de que continuaria a ser muito respeitada pelas outras mesmo depois de compartilhar suas preocupações, seus receios e suas inseguranças. Poucos homens fazem isso uns com os outros, mas, quando homens e mulheres se sentem seguros o suficiente para se abrir e mesmo assim continuar a ser aceitos, ficam encantados com essa experiência de intimidade emocional. A intimidade aumenta gradualmente e é o segundo componente a atingir o auge. Para o Dr. Sternberg, esse é o aspecto emocional do triângulo do verdadeiro amor.

Frequentemente ocorre confusão a respeito desse segundo componente do verdadeiro amor porque ele é às vezes associado apenas à intimidade física. No filme *O Aviador*, Katharine Hepburn (Cate Blanchett) tem uma conversa com Howard Hughes (Leonardo DiCaprio) na qual ela o adverte de que eles são diferentes da maioria das pessoas. Ela diz que têm consciência tanto de suas excentricidades quanto das dele, e que isso poderia fazer com que se tornassem objeto de zombaria na publicidade a seu respeito. Hughes fica em silêncio e pensativo antes de responder. Ele também tem consciência do quanto é diferente e revela que às vezes acha que está ficando louco. A abertura e o compartilhamento deles não modificam o que sentem um pelo outro. Esse é um momento comovente de intimidade entre duas pessoas. No final do diálogo, eles ainda se amam e se respeitam, e ficam ainda mais próximos.

Compromisso

O terceiro componente do triângulo é o compromisso, ou comprometimento. Na opinião do Dr. Sternberg, esta é a parte cognitiva do seu conceito. O compromisso cresce mais devagar, mas pode alcançar os mesmos patamares dos outros componentes. Ele começa em zero e leva algum tempo para aumentar. Quando o noivo e a noiva fazem os votos na cerimônia do casamento, estão assumindo um compromisso. No entanto, na verdade, ele demora para se desenvolver.

Embora esses três componentes constituam o que o Dr. Sternberg chama de verdadeiro amor, ele identifica algumas combinações deles. Quando o compromisso e a intimidade estão presentes, temos o "amor companheiro"; quando a paixão e o compromisso estão presentes, temos o "amor insensato"; e quando a intimidade e a paixão estão presentes, temos o "amor romântico".

No que diz respeito aos tipos de caso amoroso, qualquer pessoa que esteja tendo um caso em série não está sentindo verdadeiro amor, e sim paixão. O triângulo do amante em série só tem um lado: a paixão. Devido aos problemas emocionais, muitos amantes em série consideram que aliviar a ansiedade substitui a paixão. A aventura também se caracteriza pela paixão. É no caso de amor romântico que o triângulo está quase completo. A paixão e a intimidade estão presentes, mas é o terceiro componente, o compromisso, que está faltando. Isso, é claro, é a chave da questão. "Será que ele vai mesmo deixar a mulher?" No caso amoroso de longa duração, a paixão e a intimidade estão presentes, mas o terceiro componente, o compromisso, é problemático. Pode ser que haja um entendimento claro ou tácito com o amante de que o relacionamento continuará como está, o que é, em certo sentido, um compromisso, mas que não inclui deixar a esposa para se casar com a amante.

Em *The Pilot's Wife*, temos a presença de um duplo comprometimento? Ele "se casou" com a mulher irlandesa e continuou a viver com a esposa americana e a filha do casal nos períodos em que estava no país. O filme revelou que ele tinha problemas na vida que levava nos Estados Unidos, de modo que podemos pressupor que um dos componentes do verdadeiro amor estava ausente nesse casamento, ou que ele era um homem que não conseguia alcançar a intimidade. Para ele, viver com duas famílias era uma maneira de resolver essa questão. Faremos uma análise mais profunda desse filme mais adiante neste livro.

No filme *Ray*, encontramos uma situação semelhante. Além de ser um amante em série, Ray tinha duas famílias. Uma que o mundo conhece e que está estabelecida em segurança em Los Angeles — sua mulher e seus filhos —, e outra, a "esposa", Margie, com quem teve um filho. Quando Margie diz a Ray que está grávida e pede a ele que se case com ela, ele se recusa e diz: "Você conhecia muito bem as regras." Quando ele recebe um telefonema no qual é informado da morte de Margie, sua mulher pergunta (surpreendendo tanto Ray quanto a audiência): "E o bebê?" A esposa de Ray, à semelhança de muitas mulheres cujos maridos estão envolvidos em um caso amoroso de longa duração, sabia da vida paralela dele. Ray era um amante em série que não era capaz de ser fiel a nenhuma de suas mulheres.

Casos confusos

Todos os casos discutidos até aqui são aqueles que reconhecemos e estão claramente definidos, mas hoje sabemos que existem outros envolvimentos que diferem do que viemos a considerar como a infidelidade tradicional.

Casos emocionais

Vamos examinar a situação a seguir:

Em um restaurante tranquilo, pouco iluminado, Jeff fala intensamente para Rose, que escuta, sorri e se concentra em tudo que ele diz.

> *Jeff*: Eu realmente estava ansioso para conversar com você e ouvir sua opinião a respeito de tudo isso.
> *Rose*: Bem, e como andam as coisas?
> *Jeff*: Mais ou menos na mesma. Nós não nos relacionamos, nem estamos na mesma sintonia. Eu desisti.
> *Rose*: O que você decidiu com relação às férias?
> *Jeff*: Gostaria de ficar por aqui, mas Lindy quer visitar a mãe e não acho que vou conseguir suportar isso. É um saco.
> *Rose*: O que você queria fazer?
> *Jeff*: Sumir. Não sei... algo diferente. Me divertir um pouco para variar.
> *Rose*: E como você pode fazer isso?
> *Jeff*: Bem, não posso fazer isso com Lindy. Ela tem suas próprias ideias e nunca pensa no que eu posso querer.

Se Jeff e Rose não estivessem em um restaurante, você talvez imaginasse que ele estava falando com o seu terapeuta. Tente adivinhar de novo. Jeff e Rose trabalham para uma empresa de capital de risco. Eles têm estado profundamente absortos em formar uma nova empresa e obter financiamento para ela. O trabalho frequentemente os obriga a permanecer no escritório depois do horário normal. Eles almoçaram e jantaram juntos várias vezes nos últimos meses e agora conhecem muitos detalhes íntimos a respeito da vida um do outro.

Jeff sabe que Rose é solitária. Ela é filha única, teve alguns relacionamentos sérios e não pode ter filhos. Isso a deixa muito triste e faz com que se entregue de corpo e alma ao trabalho. Rose considera Jeff diferente de todos os homens que conheceu porque ele fala sobre sua vida, e não apenas sobre a bolsa de valores, os carros que gostaria de ter ou o último evento esportivo. Ela também sabe que ele tem tido muitos problemas no seu relacionamento com Lindy nos últimos cinco anos, desde que o filho mais novo deles saiu de casa para ir para a faculdade.

Jeff e Rose têm um caso emocional. O caso não é sexual, mas tem praticamente todas as características de um caso extraconjugal tradicional. No livro *NOT "Just Friends"*, a psicóloga Shirley Glass identifica a intimidade emocional, a química sexual e o sigilo como os três componentes de um caso emocional. O componente sexo físico está ausente, mas a possibilidade de ele acontecer está no ar.

Vamos examinar novamente Jeff e Rose.

Jeff: Acho que eu teria que ir para uma pequena ilha no **paraíso com** uma pessoa realmente interessante.

Rose: Você tem alguém em mente? *(rindo)*

Jeff: Na verdade, eu tenho. *(sorrindo e piscando o olho)*

Jeff estende o braço sobre a mesa e cobre a mão dela com a sua. Rose sente um arrepio, igual ao que experimentou nas outras vezes em que ele a tocou dessa maneira.

Jeff: Eu gostaria que essa escapada fosse com você.

Ele espera uma resposta. Rose responde com um sorriso, que aumenta à medida que ele continua falando.

Jeff: Conheço a cena. Eu já a imaginei várias vezes. Consigo nos ver deitados juntos na praia, tomando uma margarita, aproveitando o sol e ouvindo as ondas, sem pensar na droga desta fusão.

Jeff e Rose nunca fizeram sexo. Mas, sem que o outro saiba, são obcecados um pelo outro. O trabalho os aproximou e eles têm uma intimidade mútua confortável, algo que Jeff não tem mais com a mulher, Lindy. Eles conhecem as preocupações, os antecedentes e os sonhos um do outro. Conseguem sentir a química sexual, mas nenhum dos dois age em função dela; no entanto, Jeff pensa em Rose quando faz sexo com Lindy. A ligação dos dois é revestida de sigilo. Eles não acreditam que alguém no trabalho saiba de alguma coisa e, embora Lindy não esteja satisfeita com o fato de Jeff trabalhar tantas horas, não desconfia que o homem que é seu marido há 26 anos esteja tendo um romance com uma mulher de 26 anos.

Rose acredita estar apaixonada por Jeff e que seus sentimentos são retribuídos. Ela tem muita vontade de dizer isso a ele, mas se contém. Entretanto, não se refreia nos pensamentos mais íntimos. Ela quer que ele deixe a mulher e se case com ela. Para Rose, isso parece uma possibilidade viável, levando em conta tudo que sabe a respeito do casal.

A ausência do sexo não diminuiu a intensidade dos sentimentos. Eles se encontram em um ponto no qual o caso emocional poderia tornar-se sexual e, se isso viesse a acontecer, provavelmente se transformaria em um caso de amor romântico. Tudo indica que esse caso emocional está prestes a ser tornar um caso sexual. O fato de Jeff discutir os problemas de seu casamento e de Rose não o desencorajar quando ele a toca evidencia que eles estão cruzando um limite.

Esse cenário tornou-se mais comum agora do que era há 25 anos porque existem mais mulheres no local de trabalho hoje do que jamais houve. A historiadora social Sheila Tobias afirma no livro *Faces of Feminism* que, em 1950, 34 por cento das mulheres trabalhavam, e que foi somente em 1994 que mais da metade das mulheres com idade entre 16 e 68 anos, ou seja 60 por cento, estavam no mercado de trabalho. Esse percentual vem aumentando em um ritmo constante. Seria de se esperar que homens e mulheres trabalhando juntos alcançassem certo grau de intimidade e respeito que conduziria a mais casos amorosos no local de trabalho e, de fato, o número de envolvimentos nesses locais aumentou.

Em um estudo clínico, a Dra. Shirley Glass relata que, "de 1982 a 1990, 38 por cento das esposas infiéis tinham casos extraconjugais no trabalho. Já de 1991 a 2000, esse percentual subiu para 50 por cento". Segundo ela, para 55 por cento dos maridos e para 50 por cento das mulheres era primeira vez que tinham relacionamentos no local de trabalho — local extremamente propício para o surgimento de casos emocionais.

Casada ou não, a mulher que está vivendo um caso amoroso emocional pode estar tão centrada nele quanto a mulher que está tendo um caso amoroso tradicional. Ela pode ficar ainda mais obcecada quando trabalham juntos, porque seu contato com ele costuma ser mais frequente do que o da mulher que está tendo um caso sexual. A ausência do aspecto físico não a impede de ter fantasias ou de querer que ele deixe a esposa e se case com ela.

Existem algumas maneiras de testar a realidade que lhe dirão se você está tendo um caso emocional:

O questionário do caso emocional

1. Você evita falar muito a respeito dele com sua família ou com os amigos.
2. Você não revela o que sente por ele a sua família ou a amigos.
3. Você guarda histórias especiais para contar a ele.
4. Você compartilha com ele informações extremamente pessoais.
5. Se outras pessoas o conhecem, você tem medo de que poderá trazer o nome dele à tona um número excessivo de vezes e deixar transparecer os sentimentos especiais que nutre por ele.
6. Você não para de pensar nele.
7. Você tem fantasias a respeito de um futuro junto com ele.
8. Você se lembra de detalhes pessoais a respeito dele.
9. Deseja que ele a toque, a beije e faça amor com você.

O mesmo vale para o homem. Ele fica especialmente alerta para não falar a seu respeito com a esposa, e a mulher casada que está tendo um caso desse tipo é igualmente cautelosa.

Enquanto Jeff e Rose estão sentados em um restaurante em Bethesda, Maryland, olhando nos olhos um do outro e desejando muito estar juntos, bem distante dali, em Nevada City, na Califórnia, Sadie está "virtualmente" nos braços de Gregg, embora ele esteja em Manassas, Virgínia. Esse é outro tipo de relacionamento confuso: o caso virtual, que não acontece em um restaurante pouco iluminado, e sim no ciberespaço na internet.

Os casos extraconjugais na internet

O ciberespaço substituiu as maneiras mais antigas e tradicionais de os homens e as mulheres se conhecerem. Alguns o descrevem como "um drinque na internet". As pessoas podem desenvolver uma vida paralela on-line, vivendo uma fantasia que não está relacionada com a vida delas de verdade. Essa nova realidade pode tornar-se muito importante para elas e pode ser uma maneira de satisfazer algumas de suas necessidades, mas à custa da vida cotidiana. A internet é capaz de criar um comportamento de dependência em uma população que anteriormente não corria esse risco.

O psicólogo Alvin Cooper, que pesquisou amplamente essa nova tecnologia, escreve a respeito de três propriedades da internet que ele considera importantes para que possamos entender seu impacto na nossa vida: a Acessibilidade, o Baixo Custo e o Anonimato.

Acessibilidade

A primeira dessas propriedades é a *acessibilidade*. Para muitas pessoas, os locais de encontro do passado, como o shopping center, o bar e a livraria, foram substituídos por esse milagre da tecnologia, a internet. A rede está sempre aberta, permitindo que as pessoas se conectem a qualquer hora, em qualquer lugar, e encontrem alguém com quem conversar. Tudo que precisamos é de um computador, e sempre há alguém no ciberespaço com quem podemos interagir.

Baixo Custo

A segunda propriedade identificada é o *baixo custo*. A não ser pela mensalidade do provedor de acesso à internet, quase não há despesa. Se você tiver vontade de conhecer alguém e não quiser passar pelo incômodo de sair sozinha, simplesmente ligue o computador e verifique quem está disponível para bater papo. Se você não gostar da pessoa que conhecer, pode encerrar a noite com bastante rapidez com apenas um clique do mouse. E, se você conhecer alguém interessante, não há jantares dispendiosos, roupas caras, entradas para o cinema ou taxas de estacionamento. E esqueça aquele dia em que tudo parece dar errado. Isso não existe na terra mágica da internet!

Anonimato

A terceira propriedade é o *anonimato*. Com um pseudônimo que você mesma cria, é possível ir a qualquer lugar e dizer qualquer coisa que deseje, e ninguém saberá ao certo se você é realmente quem afirma ser. Isso pode ser útil se você sente que é rejeitada na vida real por causa de sua aparência. As pessoas gordas relatam que isso acontece repetidamente com elas quando estão off-line, mas não on-line. Os tímidos se sentem mais à vontade no computador do que quando se encontram em um "desespero silencioso" para tomar um drinque. O lado negativo dessa situação é que as pessoas mentem ou distorcem a verdade, de modo que nunca podemos ter certeza da veracidade do que lemos na internet.

Dr. Cooper e seus colegas realizaram um questionário em grande escala em 1998, chamado MSNBC On-line Sexuality Survey, baseado nas respostas de 9.177 pessoas que tiveram pelo menos uma experiência sexual on-line. O levantamento nos fornece muitas informações a respeito da utilização da internet. Alguns resultados encontrados foram: 5 por cento dos entrevistados declararam mentir a respeito do gênero, 20 por cento afirmaram que, com muita frequência, mentiam a idade e 61 por cento disseram que *ocasionalmente* mentiam a respeito da idade.

No filme *Closer* — *Perto Demais*, Dan (interpretado por Jude Law) atrai Larry (Clive Owen), via internet, para um encontro, mentindo a respeito do seu gênero. Ele finge ser uma mulher loura, e digita frases com um conteúdo sexual muito explícito, o que desperta a curiosidade de Larry. No dia seguinte, Larry se dirige ao local designado e procura a "mulher" que ele acredita ter conhecido on-line. No entanto, ao chegar lá, encontra Anna (Julia Roberts). Dan tinha "aprontado" com Larry fingindo ser uma mulher para que este último encontrasse Anna. Foi algo muito fácil de fazer. Larry e Anna iniciam um relacionamento repleto de traição e infidelidade, bem como de uma linguagem e um comportamento degradantes com relação às mulheres.

As pessoas que querem conhecer alguém on-line têm a opção de procurar uma agência de namoro ou uma sala de bate-papo. Existem muitas agências de namoro, e algumas oferecem apoio ao relacionamento. Há um sentimento maior de controle devido ao questionário que vários deles oferecem, mas outros sites parecem mais uma lista de anúncios pessoais. Centenas de salas de bate-papo contêm "temas", muitos dos quais talvez não lhe tivessem ocorrido, mesmo que você tentasse. Algumas são estruturadas para reunir pessoas com interesses em comum e atrair para o site aquelas cujas intenções são sinceras. Outras são essencialmente um lugar no qual as pessoas paqueram, usando um pseudônimo, e sem ter de preencher nenhum questionário.

O romance que atravessa o país

O alarme de Sadie dispara às quatro horas da manhã em Nevada, Califórnia, três horas mais cedo do que ela costumava acordar durante a semana. No entanto, sua rotina mudou; agora ela se levanta a essa hora às segundas, quartas e sextas-feiras para enviar uma mensagem instantânea para Gregg, que está em Manassas, Virgínia. Ele se conecta por volta das sete horas, quando sua esposa ainda está dormindo. Gregg é engenheiro, casado há sete anos e tem dois filhos. Sadie e Gregg se conheceram em uma sala de bate-papo, mas a atração que sentiram foi tão forte e imediata que logo começaram a manter um chat privado. Depois de algum tempo, começaram a se comunicar diretamente através de e-mails.

Eis como Sadie vê a situação:

"Eu sei que ele está dizendo a verdade porque tudo que ele fala faz sentido, e, se estivesse mentindo, tenho certeza de que teria tropeçado em algum momento. Já estamos juntos on-line há sete meses. Quero conhecê-lo, mas ele não pode dar uma escapada por causa da mulher e dos filhos. Gregg é muito sincero porque me disse de cara que era casado. Ele me enviou uma foto dele por e-mail. Eu sei como ele é e o acho muito bonito. Temos várias coisas em comum. Ambos moramos em cidades pequenas e estamos realmente desligados da vida social que outras pessoas têm.

"Ele é realmente agradável e muito romântico. Escreve coisas que me fazem estremecer. Fizemos sexo virtual e o acho maravilhoso. Jamais imaginei que isso pudesse ser tão incrível. Ele mudou a minha vida. Eu me sinto viva. Antes, eu me sentia deprimida. Agora, penso em Gregg o tempo todo. Tenho muita vontade de conhecê-lo pessoalmente. Embora nunca tenhamos nos visto, sinto que o conheço e quero me casar com ele."

Sadie talvez esteja certa a respeito da sinceridade de Gregg, mas é difícil para ela ter certeza. Ele poderia ter enviado a foto de qualquer pessoa, e Sadie jamais saberia.

Não parece que Gregg esteja interessado em algo mais do que um relacionamento sexual on-line. Ele pode ser um amante em série, mas é extremamente provável que esteja tendo uma aventura, e o componente para ele é a paixão. Sadie, por outro lado, está vivendo a situação como um caso de amor romântico. Ela sente que eles desenvolveram um sentimento de intimidade porque ele foi honesto a respeito de seu casamento. Gregg sente paixão e expôs alguns detalhes de sua vida, mas Sadie não pode ter certeza de que o que ele está dizendo é verdade ou se foi planejado para evitar que eles se encontrassem pessoalmente. Não existe nenhum sinal de comprometimento da parte de Gregg.

Os relacionamentos na internet se desenvolvem muito rápido, e as pessoas descobrem que, sem os impedimentos que estão presentes na vida real, expõem informações que não revelariam em um encontro pessoal. Elas se sentem sozinhas e, quando se comunicam umas com as outras, desenvolvem um tipo especial de proximidade que confundem com intimidade. Para que a intimidade emocional se desenvolva, as duas pessoas precisam interagir pessoalmente na vida real. Para que a verdadeira intimidade aconteça, elas têm de estar uma com a outra em várias circunstâncias, conhecer os pontos fracos e fortes umas das outras, e se sentir suficientemente seguras no relacionamento para compartilhar seus sentimentos mais profundos.

Outro fator ligado ao desenvolvimento da intimidade emocional on-line tem a ver com a projeção. O amante pode projetar suas necessidades e seus desejos no outro com mais facilidade do que em tempo real porque a tela do computador faz com que isso seja muito fácil. Na realidade, ela o estimula e possibilita que as pessoas preencham os espaços vazios de suas necessidades. E o amante se torna outra pessoa, alguém que ela deseja recriar a partir de outras pessoas do seu passado ou alguém que vem procurando e nunca encontrou. A comunicação on-line é instantânea, elimina palavras e avança rapidamente para o pensamento seguinte. Ela também é lida depressa e é como fast-food: não tem muito sabor.

Assim, Sadie encontra-se na difícil situação de ter sido conquistada no estilo misterioso da internet. Ela está tendo um caso *virtual*, mas seus sentimentos são *reais*. Acha que está apaixonada por um homem que, na verdade, nem conhece e que não parece estar nem um pouco interessado em encontrá-la pessoalmente, muito menos em se casar com ela. Coisas desse tipo podem acontecer com facilidade na internet. As pessoas dizem ficar surpresas com a intensidade dos seus sentimentos e com o quanto se tornam abertas. É uma combinação da pseudointimidade experimentada on-line com a projeção das necessidades da pessoa na tela do computador. A dor de Sadie será intensa quando ela compreender que não se casará com Gregg, assim como a mulher de Gregg sofrerá muito ao perceber que o marido está fazendo sexo virtual, às sete horas da manhã, com outra mulher. Não é o mesmo que pornografia, porque, em vez de a pessoa estar olhando para uma foto, existe uma interação com outro ser humano que, por sua vez, faz o possível para conduzir o amante ao orgasmo. Mas, até onde sabemos, "Gregg" poderia ser um adolescente cuja mãe não tem a menor a ideia do que ele está fazendo às sete horas da manhã. Ele também poderia ser outra mulher ou um homem trinta anos mais velho que Sadie.

※

No final do primeiro seminário que ministrei sobre *Surviving Infidelity* há mais de vinte anos, uma mulher permaneceu no local depois que todas as outras tinham ido embora. Ela parecia aturdida e veio falar comigo.

Tivemos a seguinte conversa:

Elas estavam falando sobre mim.
Sobre você? Não estou entendendo.
Eu sou a mulher sobre quem estão falando.
Percebo que você está tendo um caso com um homem casado.
Exatamente.

Pensei na dor que estivera presente naquela sala alguns minutos antes, no desespero das mulheres que tinham ido embora. Lembro-me, em particular, do silêncio abafado de uma mulher que descreveu o doloroso tratamento médico ao qual precisou se submeter porque pegara do marido uma doença sexualmente transmissível.

Eu não entendo. Por que você veio?
Também preciso sobreviver a essa infidelidade. Na verdade, eu não entendo. Como cheguei aqui?

No próximo capítulo vamos examinar este tema. Embora possa achar que sabe, é fundamental para seu autoconhecimento compreender como você chegou ao ponto em que está. Se o seu caso amoroso satisfaz uma necessidade emocional, é preciso descobrir outra maneira capaz de satisfazer essa necessidade, que lhe proporcione felicidade, em vez de sofrimento.

Capítulo Dois

Como você chegou a esse ponto?

Em seu escritório em Nova York, Beth analisa uma planilha no computador. Ela está se preparando para a apresentação de uma nova linha de sapatos para a sofisticada rede de butiques em que trabalha há dez anos. Beth tem 35 anos e está prestes a assumir um cargo na alta administração da empresa. Ela sente que esse é um grande momento de sua vida.

Linda, do outro lado do rio, em Nova Jersey, recebe um telefonema de um motel em New Hope, Pensilvânia, sobre um problema na reserva para o primeiro fim de semana de outubro. Ela fica preocupada quando se dá conta de que esse é o fim de semana em que ela e a filha, Marcie, vão para o Maine visitar a faculdade para a qual Marcie está pensando em se candidatar. Desesperada, Linda passou horas examinando antigas contas de telefone, faturas de cartões de crédito e arquivos no computador, e chegou à conclusão de que a reserva era para o marido, Roger, e outra pessoa. Essa constatação foi acompanhada de um confronto choroso e furioso por telefone com o marido, que confirma estar tendo um caso. Linda agora sabe da existência de Beth. Linda e Roger desligam, zangados, o telefone.

Roger, no seu escritório em Manhattan, liga para Beth. Esta afasta os olhos atentos da tela do computador, atende o telefone e ouve Roger dizer:

— Ela sabe.

Silêncio.

— Ela está furiosa. Muito irritada. Examinou todas as contas de telefone e sabe a respeito de New Hope — Roger completa.

— Então ela sabe. Que bom que finalmente está tudo às claras! Não precisamos mais nos esconder. Agora você pode contar a ela sobre nossos planos para o futuro. É uma boa notícia, não é, Roger?

"O que está acontecendo, Roger? Nós podemos lidar com isso.

E Beth continua:

— Olha, eu sinto muito. Mas isso já iria acontecer mesmo, mais cedo ou mais tarde. E pronto: Agora está feito.

Mais silêncio.

— Diga alguma coisa, pelo amor de Deus!

— Não sei o que dizer — responde Roger.

Beth suspira.

— Você não sabe o que dizer. Não acredito no que estou ouvindo.

— Beth, não é tão fácil assim. Linda está transtornada. Meus filhos vão descobrir. Talvez tudo isso tenha sido um grande erro.

— Não acredito que você está dizendo uma coisa dessas!

Roger era o cara inteligente e bonito que Beth sempre quis conhecer e nunca achou que o faria. E não parecia haver muitos homens disponíveis entre os quais ela pudesse escolher. Beth nunca conhecera ninguém como Roger, um homem com quem pudesse compartilhar o que sentia e ser simplesmente ela mesma. Assim, embora soubesse que ele era casado quando o conheceu em uma reunião de vendas, não conseguiu ficar longe dele. Eles tinham uma vida sexual maravilhosa e conversas incríveis. Tinham planos de ficar juntos e de se casar assim que a filha mais nova de Roger saísse de casa.

Beth está confusa, magoada e zangada. Ela já não sabe mais o que é real no relacionamento dos dois e não para de perguntar como foi que chegou a esse ponto.

Sabemos que a necessidade de intimidade de Beth estava sendo satisfeita pelo caso que ela mantinha com Roger e que o fato de se concentrar na carreira a impedira de lidar com o motivo dessa necessidade. Também é importante compreender o que faz você chegar a esse ponto. As decisões que você toma e a maneira como escolhe viver serão favorecidas com a leitura atenta deste capítulo.

As histórias que se seguem mostrarão várias das razões pelas quais uma mulher tem um caso com um homem casado. Essas situações podem ser muito complexas e, às vezes, pode haver mais de um motivo.

Intimidade

A necessidade de intimidade pode ser uma das razões que levam a mulher a ter um caso. Foi o que aconteceu com Julie e o marido, Hank. Eles marcaram uma consulta comigo para discutir um relacionamento que ele tivera com Ruth, repórter de uma revista da cidade em que moravam. Ruth era uma pessoa que Hank encontrava em reuniões de negócios. Julie estava narrando a dor que o caso extraconjugal lhe causara quando o marido a interrompeu para dizer:

— Quero comentar que ela não está mencionando o relacionamento amoroso dela.

Depois que conheci a história do casal, uma imagem complexa emergiu. Julie e Hank estavam casados havia 25 anos e ambos reconheceram que o casamento não ia bem há algum tempo. Hank achava que o motivo eram as longas horas que passava no escritório. Mas Julie disse que, embora isso não lhe agradasse, estava cansada do fato de Hank ser extremamente controlador a respeito de quase tudo na vida deles. Ambos passaram então a descrever como a situação começara a piorar e o sexo se tornara pouco frequente.

Foi então que, há dois anos, Hank teve um caso extraconjugal.

— Não foi nada, absolutamente nada. Ruth não significou nada para mim nem naquela época nem agora. Julie é tudo para mim. Só durou poucas semanas, mas Julie e eu estamos casados há um quarto de século. Eu nem mesmo sei por que fiz aquilo. Tudo isso já deveria ter sido esquecido a esta altura. Aconteceu há muito tempo. Eu fui um completo idiota.

— Quando descobri tudo, foi a gota d'água — acrescentou Julie.

Ela prosseguiu explicando que, em decorrência dos problemas que enfrentavam e da infidelidade de Hank, procurara um advogado para conversar sobre um possível divórcio. Ela contou ao advogado, Thomas, muitas preocupações pessoais — bem mais, como depois percebeu, do que realmente precisava fazer.

— Thomas influenciou a maneira como eu estava me sentindo — disse Julie. — Ele me escutou, e finalmente senti que era compreendida. Fui receptiva à sua atenção e compaixão. Na segunda vez em que nos vimos, ele me abraçou quando eu estava indo embora e as coisas evoluíram a partir daí. Começamos a nos encontrar para almoçar e, depois, passamos a frequentar motéis. Eu estava confusa a respeito do que estava fazendo. Minha justificativa era que Hank tinha feito o mesmo, mas, na verdade, a situação era diferente. Eu gostava da delicadeza de Thomas e da maneira como podíamos conversar. Era difícil parar, já que estava me sentindo tão feliz. Tentei acabar com tudo em duas ocasiões, mas depois recomecei.

— Eu descobri o que estava acontecendo e é por isso que estamos aqui, completou Hank.

Essa é uma história que foge do padrão. Julie era ao mesmo tempo a esposa e a amante. Quando Julie contou a Thomas que Hank sabia de tudo, Thomas recuou, ficou frio com ela e disse que amava a esposa e não deixaria o seu casamento. Ele encaminhou o caso jurídico de Julie para o seu assistente.

— Não pense que o que tivemos não foi importante para mim, porque foi. Mas há em jogo fatores profissionais e familiares — disse Thomas a Julie.

— Quando ele falou isso, me senti usada — declarou Julie. — Não sabia bem o que fazer. Nada no meu casamento mudara. Na realidade, ficara pior, porque Hank descobrira a traição. Percebi que eu estava muito deprimida.

Com o tempo, Julie e Hank chegaram à conclusão que tinham investido muito um no outro e precisavam trabalhar o casamento. Hank não era como muitos homens que vão embora quando descobrem que a mulher está tendo um caso. Isso exigiu um esforço considerável, mas eles conseguiram fazer várias mudanças para melhorar o casamento.

O fascínio do relacionamento extraconjugal para Julie, exatamente como fora para Beth, como já discutimos, era o fato de alguém estar presente para ouvi-la e compreendê-la. É a esse tipo de situação que a socióloga britânica Annette Lawson se refere quando afirma que a infidelidade representa uma ameaça maior ao casamento quando as esposas são infiéis do que quando os maridos o são.

Se ele não se sente à vontade com a intimidade, o caso extraconjugal da esposa pode satisfazer as necessidades dela que o casamento não satisfaz. Como a necessidade de intimidade é extremamente forte na mulher e o casamento não a está proporcionando, quando a encontra em um caso extraconjugal, pode mostrar-se relutante em desistir dele.

Solidão

Lisa estava sentada em silêncio no meu consultório. Era nossa primeira consulta e ela estava tendo dificuldade em iniciar a conversa.

— Não sei por onde começar, confessou.

Lisa começou a descrever comportamentos que eram sintomas de depressão. Ela me dissera que fazia pouco tempo que morava na cidade, tendo aceito o cargo de assistente do diretor de um laboratório de prestígio na sua restrita área de interesse.

— Adoro o meu trabalho — disse Lisa. — Foi uma boa escolha e tive a sorte de conseguir o emprego. O inconveniente é que conheço poucas pessoas aqui e não sou muito expansiva. Trabalho muitas horas por dia e não estou saindo com ninguém. Um dos cientistas mais velhos ficou meu amigo. Certo dia, perguntou se poderia se sentar comigo quando me viu almoçando sozinha. Embora ele seja muito expansivo e eu, mais reservada, temos muito em comum. Então, passamos a almoçar juntos quase todos os dias e, às vezes, ele me chamava para fazer uma pausa e tomar um café. Com o tempo, ele começou a me convidar para jantar, e eu aceitava.

Quando perguntei a Lisa o que sentia por ele, ela respondeu:

— Ele é maravilhoso. Tem sido um mentor para mim no trabalho. Adoramos ópera e ajudamos um ao outro com relação a problemas pessoais.

— E — repeti — o que você sente por ele?

— Temos muito em comum.

— Ele parece muito importante para você. Diga-me como se sente com relação a ele.

— Não sei. Bem, ele tem 55 anos, o que o torna 23 anos mais velho que eu. Tem uma esposa, três filhos e cinco netos.

— E?

— Há mais ou menos um mês, a esposa dele foi diagnosticada com um estranho vírus que a deixará debilitada durante algum tempo. Isso o abalou muito, e ele me disse que não iria mais almoçar comigo. Parou de me procurar. Quando o encontro no trabalho, ele se mostra muito educado, exatamente como é com todos.

— Como você se sente com relação a isso?

— Penso nele o tempo todo. Acho que estou magoada. Apesar de a mulher dele estar doente, não vejo motivo para não almoçarmos juntos.

— Você mandou um cartão para ela?

— Não. Como eu poderia fazer isso?

— Como assim? — questionei.

— Porque ele é casado. O que ela iria pensar?

— Então ele parece ser mais do que um amigo.

Lisa começou a admitir para si mesma que estava envolvida com um homem casado — muito mais do que se permitira acreditar.

— Ele era meu amigo. Eu não encarava a amizade como um conflito com o casamento dele. Acho que ele estava se tornando mais importante para mim do que eu imaginava.

Lisa estava deprimida porque vivenciara a perda de uma pessoa que se tornara muito importante em sua vida. Ao mesmo tempo, ela era uma recém-chegada que pouco fizera para se envolver na comunidade. Por esse motivo, não tinha um sistema de apoio que pudesse ajudá-la quando precisou. Ela estava se sentindo extremamente sozinha.

Essa "amizade especial" era um caso emocional, de modo que a perda da atenção dele e da participação que ele tinha em sua vida foi muito dolorosa. Na realidade, eles vinham compartilhando suas experiências, e, ao fazer isso, desenvolveram uma intimidade semelhante à dos casais comprometidos. Lisa deixou de se sentir dolorosamente sozinha.

Nem todas as mulheres sozinhas são solitárias, e ser casada não é uma garantia contra a solidão. Conduzi muitas vezes um grupo chamado Loneliness in Marriage [Solidão no Casamento]. As pessoas se sentem muito isoladas quando têm poucas ligações sociais e emocionais.

Collette, um dos membros do grupo, disse o seguinte a respeito do assunto:

"Eu me sinto muito desligada do mundo ao meu redor. Moro com meu marido na casa que herdei dos meus pais em uma pequena cidade. Trabalho em casa, consertando bonecas velhas, fazendo roupas para elas e vendendo-as nos fins de semana em bazares e feiras de artesanato. Sempre achei que deveríamos nos mudar para uma cidade maior. Estou com 45 anos, e, embora seja casada, tenha um lar e faça algo que realmente amo, tenho a impressão de que a vida está simplesmente passando por mim.

"Estou mantendo um relacionamento com um funcionário do bazar. Combinamos que o nosso envolvimento não afetaria os nossos respectivos casamentos. Afinal de contas, ninguém sabe a nosso respeito. Nos encontramos fora da cidade. No entanto, ele passou a significar tanto para mim que agora quero que nos divorciemos e nos casemos. Ele quer manter nosso acordo inicial e diz que podemos ser felizes do jeito que estamos vivendo. Para mim, não é suficiente. De algum modo, me sinto magoada e continuo achando que a vida está passando por mim."

É óbvio que Collette, assim como Lisa, estivera esperando que o relacionamento a ajudasse a lidar com sua solidão. Ele fez isso. Só que agora, ele lhe causou outro problema: o amante não quer se casar com ela.

A antiga paixão

A autora Anita Shreve, no romance *The Last Time They Met*, conta a história de um caso amoroso que se desenvolve quando dois ex-amantes se encontram por acaso. O romance dos dois havia terminado depois de um dramático acidente de carro que sofreram anos antes. Embora ambos tivessem um casamento feliz com outras pessoas quando se conheceram, se envolveram emocionalmente. Linda, a outra, escreve uma carta para o amante.

O que me deixa perplexa é o meu amor por você. Gostaria de pensar que o que temos poderia existir fora do tempo real, que seria uma coisa separada que não invadiria nada. Esse é um pensamento tolo e perigoso, porque já invadiu todas as partes da minha vida.

Quando antigos amantes ou cônjuges se reencontram, o sentimento, as memórias e as experiências que um dia compartilharam e desfrutaram retornam à sua mente. Na verdade, encontrar uma antiga paixão pode evocar memórias ternas, e com frequência sensuais, capazes de competir de um modo mais favorável ou menos favorável com a realidade atual. Uma reunião de turma, por exemplo, frequentemente acende uma centelha em antigos namorados que julgavam há muito estar extinta, o que os deixa confusos, porque hoje estão casados e felizes com outras pessoas. Eles podem reagir ao passado tendo um caso amoroso no presente.

Bev e Tony vieram ao meu consultório com uma situação não tão incomum. Tony, à semelhança dos amantes do romance de Shreve, encontrou por acaso sua antiga paixão, Liz, em uma reunião na sua empresa. Trocaram números de telefone, e Tony prometeu ligar para Liz para que jantassem juntos sempre que estivesse em Chicago.

Tony mencionou os encontros para Bev, caracterizando-os como dois amigos que se reúnem para relembrar os velhos tempos. Bev não expressou em voz alta objeção alguma, embora na verdade tivesse muitas. Ela me disse que queria ser legal, por isso não disse nada. Bev viu por acaso alguns e-mails que Tony e Liz trocaram e constatou que claramente não eram mensagens de uma amiga, e sim de uma amante. Eles tinham retomado o relacionamento amoroso do ponto em que haviam parado. Liz queria que Tony terminasse com Bev, mas esse não era o desejo dele.

Tony, que pensara que poderia lidar simultaneamente com a mulher e a antiga paixão, ficou alarmado com a maneira como Bev e, consequentemente, o seu casamento estavam sendo afetados pela situação. Juntos, Bev e Tony escreveram um e-mail para Liz informando-lhe que o relacionamento estava acabado. Como Liz não se conformou, eles bloquearam seus e-mails. E então, Bev e Tony iniciaram o processo de cura.

Antigas paixões podem se encontrar por acaso, como aconteceu com Tony e Liz, ou uma pessoa pode procurar outra usando a internet e suas habilidades investigativas. Quando isso ocorre, a mente já trouxe à lembrança as memórias do passado.

Nem todos os envolvimentos com antigas paixões ou ex-cônjuges acabam dessa maneira. Às vezes é o casamento que termina, e não o caso extraconjugal.

A Síndrome de Tony Soprano

Na premiada série de tevê *Família Soprano*, o chefe da máfia Tony Soprano é um dos homens mais poderosos da cidade, e tem um bando de "goomahs" (gíria da máfia para "a outra" ou "amante fixa"), sobre as quais Carmella, a sua mulher, tem conhecimento. Algumas "goomahs" conhecem muito bem os fatos, ou seja, sabem que o relacionamento não dará em nada, mas algumas se apaixonam por Tony. Os fãs do programa talvez se lembrem de que Tony não se apaixona por nenhuma delas, a não ser por Gloria, uma bela vendedora de carros que ele conhece quando compra um Mercedes de presente para Carmella. Gloria correspondeu aos sentimentos de Tony e teve um caso com ele. Deixar Carmella não era uma opção para Tony, porque, de acordo com seu código de comportamento, a família é sagrada. Mas Tony representa aquele homem poderoso por quem muitas mulheres se sentem atraídas.

O ex-secretário de Estado Henry Kissinger disse o seguinte: "O poder é o grande afrodisíaco." Algumas mulheres se sentem atraídas por homens em posições de liderança que são em geral extremamente empreendedores, competentes, encantadores, carismáticos e admirados por muitas pessoas. Esse homem pode ser o presidente dos Estados Unidos, um membro do Congresso, um cantor de ópera, um astro de rock, um membro do clero, um diretor-presidente de uma empresa, um atleta ou uma celebridade, citando apenas algumas das possibilidades. Mesmo que seja casado, muitas mulheres são atraídas por ele e facilmente se tornam sua amante quando ele corresponde ao interesse delas. As mulheres sentem-se lisonjeadas pelo interesse de uma pessoa tão importante e especiais devido à atenção que foi retribuída. Algumas chegam a acreditar que irão se casar com essa pessoa.

No relatório divulgado pelo investigador especial Kenneth Starr, Monica Lewinsky teria dito que estava apaixonada pelo presidente Bill Clinton, "que ele era, de certa forma, a minha alma gêmea sexual" e que ela achava que em algum momento do futuro eles iriam se casar. O caso deles terminou de uma maneira triste para todos os envolvidos. Infelizmente para ela e para a família Clinton, Monica Lewinsky foi uma jovem que cometeu os erros publicamente. Como consequência, foi submetida ao ridículo, em vez de ter a privacidade necessária para entender por que estava tendo aquele caso e tentar resolver tanto os problemas que levaram a ele quanto os que foram causados por ele.

Embora a probabilidade de que um homem poderoso deixe a esposa e se case com a amante seja pequena, isso acontece de vez em quando. O ex-deputado Newt Gingrich deixou a mulher e se casou com a amante. Na verdade, ele fez isso duas vezes: com a primeira esposa e, depois, com a segunda. O homem poderoso em geral tem muito a perder profissionalmente quando o caso extraconjugal se torna público, mas a exposição também acarreta importantes problemas para a mulher.

Isso foi o que aconteceu com Rachel, que se sentiu atraída pelo pastor da sua igreja. Ela frequentava regularmente os cultos e era um membro muito ativo da congregação. Rachel não era uma jovem estagiária, e sim uma mulher madura, mãe de dois adolescentes.

> Eu realmente pensei que ele estava apaixonado por mim e acreditei que, por me amar com tanto ardor, ele desejava se casar comigo, assim como eu queria me casar com ele. Fomos atraídos um pelo outro porque estávamos interessados nos mesmos assuntos. Ele me disse o quanto admirava minha inteligência e dedicação a causas importantes. Fiquei muito lisonjeada, mas depois fomos descobertos e o meu mundo desabou à minha volta. O caso se tornou público e todos nós ficamos envergonhados. Atingiu os meus filhos, e eles ficaram mortificados. Meu marido não conseguia manter a cabeça erguida. Acho que continuou casado comigo para poder estar presente para as crianças. Nosso pastor foi obrigado a fazer terapia, foi dispensado da congregação e enviado para "onde Judas perdeu as botas". Parece que não fui o primeiro caso dele. E não sei o que vai acontecer com o meu casamento. Estamos vivendo um dia de cada vez.

Nos exemplos anteriores, nem o advogado nem o pastor haviam feito promessas de casamento, mas é comum as mulheres acreditarem que vão se casar com o amante, seja por causa de uma suposição, de uma alusão indireta ou de uma promessa efetiva de casamento.

A promessa de casamento

Muitos relacionamentos são alimentados pela promessa de um casamento no futuro. Para inúmeros homens, trata-se de uma aventura de longa duração, mas, para a mulher, é um caso de amor romântico. Ela permanece no relacionamento porque está apaixonada pelo amante. Algumas acreditam nas palavras dele, outras têm dúvidas. Mas todas têm a esperança de que ele mantenha a palavra. Ele poderá contar a ela sobre o seu casamento infeliz, dizer que a esposa é fria e incompetente, e prometer que em breve estará livre para se casar com ela.

Isso aconteceu com Laura. Ao contar ao seu grupo de apoio que estava tendo um caso com um homem casado havia seis anos, todos ficaram em silêncio, até que alguém perguntou:

— Mas então, qual o plano de vocês?
— Ele está esperando que o último filho vá para a faculdade.
— E quando será isso?
— Daqui a cinco anos.
— E quantos anos você terá então?

Enrubescendo e sem sorrir, Laura respondeu:

— Quarenta e dois.
— Imagino que você não queira ter filhos.
— Claro que quero!

Uma das mulheres aventurou-se a dizer o que todas as outras estavam pensando.

— Laura, é possível que ele não se case com você. Em função do que nos contou, não parece que ele queira deixar a família. O que você fará se o último filho for para a faculdade e ele, ainda assim, continuar casado? Você terá desistido de 11 anos da sua vida e, provavelmente, da chance de ter filhos.

Laura é uma das mulheres que têm um caso porque se sente fortemente atraída pelo amante e acredita na história do casamento infeliz que ele conta, bem como na promessa de um futuro casamento com ela.

Algumas mulheres começam a se relacionar com um homem sem saber que ele é casado. Quando essa realidade vem à tona, surgem também as promessas, como a de que ele vai se divorciar da esposa e se casar com ela. O tempo certo, quase sempre, está no futuro, e geralmente envolve um evento como o casamento de uma filha ou a concretização de uma promoção há muito aguardada. Em geral, o casamento continua mesmo que aconteça o que supostamente o deixaria livre para se casar com ela. Ele então apresenta outra data ou motivo, bem como outro período de espera.

O casamento dele continua apesar da formatura do filho, do casamento da filha, da quitação da hipoteca ou de qualquer coisa que o impeça de tomar uma atitude. Nesse ínterim, em muitas situações, ele e a esposa fizeram planos para o período seguinte da vida. Em vez de deixar o casamento, o homem leva a esposa para uma viagem à Europa, compram uma segunda casa ou, de algum modo, ele sinaliza que o casamento não está acabando.

Para poucas mulheres, acontece o divórcio, a promessa do casamento é cumprida e eles passam a viver juntos. Para a maioria, no entanto, trata-se de uma promessa vazia. Outras, lamentavelmente, podem vir a constatar que ele terminou tanto o casamento quanto o caso extraconjugal por causa de uma terceira mulher. Quando esse desfecho ocorre, a amante compartilha algumas das emoções que a esposa sente, como abandono, traição e raiva.

"Como você pôde fazer isso comigo?", ela pergunta. Ela investiu muitos anos importantes da sua vida no relacionamento e sacrificou muitas coisas. Foi traída, fica deprimida, zangada e perplexa. No entanto, por ser a outra, recebe pouca solidariedade ou apoio. E existem poucas pessoas, quando existe alguma, em quem ela pode confiar e a quem revele seus sentimentos. Ela se sente muito sozinha enquanto tenta lidar com essa traição.

Autoestima

Em sua casa em Washington, Estados Unidos, Lois examina os números na lista telefônica relativos ao nome Howard. Embora o relacionamento deles fosse muito recente, ela sentiu saudades e teve vontade de falar com ele. Naquela semana, ele ia viajar para uma cidade próxima, na Virgínia, para a inauguração de uma loja da empresa. Seu celular não estava recebendo chamadas, Howard dissera a Lois que era o único telefone que tinha. Por impulso, Lois procurou na lista e achou o número de telefone da casa dele. Ficou surpresa ao ver onde ele morava, porque era uma área normalmente habitada por famílias jovens. Ele lhe dissera que morava em um condomínio na zona sudoeste de Washington. Ela olhou de novo. Talvez não fosse Howard. Era o único número ao lado do sobrenome dele, que era muito incomum. Resolveu discar, e uma mulher atendeu. Lois achou que tinha ligado errado.

— Howard está? — perguntou.
— Não.
— Oh. Ele está na nova loja?
— Está. Você quer deixar recado?

Lois desligou, aturdida com o que ocorrera. Ela se perguntou quem seria a mulher. Nesse momento, seu telefone tocou.

A mulher que a atendera discara um número que lhe permitiu rastrear o número de Lois. Ao atender o telefone, Lois ouviu a mulher dizer:

— Eu sou a esposa de Howard. Acho que devemos conversar.

Lois tão aturdida que não conseguia dizer nada, mas ao mesmo tempo curiosa demais para desligar.

— Ele não vai se casar com você. Ele nunca se casa com nenhuma de vocês.

Lois ficou arrasada com o que ouviu. Embora conhecesse Howard há pouco tempo, ele a fizera se sentir bem a respeito de si mesma e mais feliz do que fora em anos. A atenção que lhe dedicava era de alguém apaixonado. Ele a procurava com insistência, e ela adorava. Ninguém jamais fizera isso. Eles tinham ficado juntos praticamente desde o primeiro encontro, e sua atitude com relação a si mesma havia melhorado bastante. O único senão é que ela não sabia que ele era casado. Mesmo depois de descobrir, não estava bem certa se iria parar de vê-lo. Na verdade, Lois acreditava que o relacionamento deles estava tomando o rumo do casamento.

Uma das razões pelas quais as mulheres têm casos amorosos é o fato de que a atenção e a emoção do relacionamento fazem com que se sintam melhor em relação a si mesmas. Lois procurou um grupo de apoio para falar a respeito de seus sentimentos. Foram necessárias várias sessões para que ela contasse sobre o desespero que sentiu ao descobrir que Howard era casado.

— Eu o conheci em uma livraria. Tomamos café e ele pediu o número do meu telefone. Entramos imediatamente em sintonia. Achei que ele gostava de mim.

Mas Diana, um dos membros do grupo, expressou muito bem a situação, dizendo:

— Querida, você está procurando o amor nos lugares errados. Procure dentro de você. Você precisa amar a si mesma.

Lois se encontrava no ponto decisivo, em que as mulheres descobrem que a pessoa amada é casada e ela precisa decidir se vai ou não levar o relacionamento adiante. Com a história de Howard, a situação não parecia promissora. Se ela tivesse continuado, poderia ter vivido em um caso com a promessa de um casamento que provavelmente nunca iria ocorrer.

É só química ou existe outra coisa?

O fato de os meus clientes começarem a se referir aos episódios da série de tevê *Sex and the City* nas sessões de orientação psicológica é uma indicação de como a nova geração cresceu com uma atitude diferente em relação a sexo. É divertido assistir a um programa de televisão que retrata a vida das mulheres na grande cidade, no qual elas vestem roupas sedutoras, usam sapatos de grife e têm uma vida sexual ativa. No entanto, ele em geral não tem muito a ver com a realidade que os telespectadores estão vivendo.

Constato que, tanto nos grupos quanto nas sessões individuais de orientação pré-conjugal, é raro que os parceiros já não estejam morando juntos. Essa mudança de atitude com relação ao sexo abriu a porta para que algumas mulheres pensassem na possibilidade de ter um caso. A aliança pode não ser um impedimento para um envolvimento amoroso sem culpa, mas o ponto de vista do homem em relação a se casar com a amante poderá ser, se ela se apaixonar por ele.

Sempre ligada

Gina era animada e estava sempre rindo. Na verdade, paquerar era quase um estilo de vida para ela. Era uma mulher em busca do amor, quer o homem fosse casado ou solteiro.

Gina declarou ao seu grupo:

— É só uma brincadeira. Gosto de me divertir, de sentir a energia.

Era dessa "energia" que Gina precisava para seguir em frente. Por dentro, ela se sentia vazia, solitária e triste, mas esses sentimentos pareciam desaparecer quando um homem lhe dizia que ela era desejável. O homem era como um espelho no qual ela podia olhar e ver que estava bem. Gina não entendia que o seu comportamento era motivado pela sua baixa autoestima e reforçado pela reação dos homens com quem se envolvia. Ela não sentia culpa ou remorso por manterem caso com um homem casado porque não tinha a menor experiência com a compaixão — muito menos a capacidade de enxergar alguma coisa a partir do ponto de vista de outra pessoa. No filme *Atração Fatal*, Alex Forrest (Glen Close) diz para Dan Gallagher (Michael Douglas):

— Você achou que poderia simplesmente entrar na minha vida e virá-la de cabeça para baixo sem pensar em ninguém, apenas em si mesmo.

Na verdade, o comportamento dela durante o relacionamento fez exatamente isso com Dan, mas ela era uma pessoa que não sentia nem remorso nem empatia por ninguém, e só conseguia enxergar os acontecimentos em função da maneira como se sentia.

Isso também era verdade com relação a Gina. Ela não sentia nenhuma simpatia ou interesse pela esposa. Ninguém jamais demonstrara empatia por Gina na infância, de modo que ela nunca soube como demonstrá-la por ninguém. A necessidade predominante dela era desviar a atenção dos seus sentimentos interiores. Quase todos os seus casos duravam pouco, porque seus amantes não conseguiam tolerar a carência dela por muito tempo.

Gina se apegou a muitos homens e queria que eles se casassem com ela, mas sua exigência de uma constante atenção e sua necessidade de ser tranquilizada, aliadas à dependência emocional, geralmente se tornavam um fardo no relacionamento. Na realidade, em *Família Soprano*, Gloria, que mencionei anteriormente, por ter se sentido atraída por Tony Soprano, o homem poderoso, era uma pessoa exatamente assim. Sua dependência emocional e seu comportamento exigente precipitaram o fim do relacionamento.

Gina não conseguia entender por que o casamento se esquivava dela. Era como se ela estivesse presa em uma porta giratória, repetindo sempre o mesmo comportamento. Quando alguns relacionamentos duravam, mais do que outros, Gina achava que estava a caminho do altar, mas não conseguia chegar lá. Algumas mulheres como ela chegam a vestir o cobiçado vestido branco, mas o problema de fato persiste e pode começar a afetar o casamento.

Abuso sexual na infância

Sharon tem 28 anos, é técnica de laboratório e teve muitos casos amorosos. A seguir, narro a sua história, como me foi lentamente revelada na terapia, ao longo do tempo.

> "Nós três — minha mãe, meu pai e eu — dávamos a impressão de ser uma família unida. Frequentávamos juntos a igreja aos domingos e às vezes comparecíamos a eventos comunitários em

nossa pequena cidade rural. Minha mãe era uma pessoa quieta e meiga. Eu sentia pena dela porque, devido a um problema congênito no quadril, ela mancava e frequentemente tinha dores nas costas por causa dele.

"Eu tentava ajudá-la sempre que possível. Tinha de voltar para casa logo depois da aula e não podia participar das atividades extracurriculares, porque, se o fizesse, perderia o ônibus e minha mãe não dirigia.

"Meu pai era gerente de uma loja numa cidade próxima, que ficava a vinte minutos de carro da nossa casa. Ele era muito divertido. Tocava piano, e eu cantava e dançava. Minha mãe ficava sentada no sofá assistindo e batendo palmas ao fim de cada música, e eu agradecia, orgulhosa.

"Mas não éramos uma família normal, porque meu pai abusou sexualmente de mim dos meus 7 anos até os 12. Ele começou bem cedo a me dar atenção. À noite, ele me colocava para dormir e fazia em mim uma 'massagem relaxante'. Lembro-me de certa vez em que eu era bem pequena e tive febre durante a noite. Ele foi até o meu quarto quando me ouviu chorando. Percebi que a braguilha do pijama dele estava aberta. Quando ele me viu olhando, sorriu e me deu um abraço apertado. Depois disso, eu me lembro que nas noites em que ele chegava mais tarde do trabalho, ia até o meu quarto de pijama, sempre com a braguilha aberta, e eu sempre olhava.

"Mais tarde, compreendi que ele se comportava como um amante, caminhando passo a passo, acariciando-me, beijando-me com sensualidade e, quando completei 12 anos, suas ações se intensificaram, mas não duravam muito tempo.

"Meus sentimentos eram confusos. Eu sentia que havia algo errado com o que ele estava fazendo. Tudo era muito sigiloso, e meu pai me disse para não contar a ninguém o que estava acontecendo, caso contrário, não poderíamos continuar a ter aqueles agradáveis momentos. Além disso, se eu falasse alguma coisa, ele talvez tivesse de ir embora. Mesmo que tudo isso me deixasse pouco à vontade, eu ficava excitada com as massagens e a atenção. Eu me sentia amada e, quando ele me tocava, a sensação no meu corpo era maravilhosa.

"Aos 12 anos, outra coisa aconteceu. Meu pai morreu em um acidente de carro quando voltava para casa em uma das noites que trabalhou até mais tarde. Minha dor pareceu insuportável. Finalmente, minha mãe achou melhor que nos mudássemos porque estava com medo de aprender a dirigir, e era impossível para ela cuidar sozinha da casa. Nós nos mudamos para a cidade onde o meu pai trabalhava. Fiz amigos no novo bairro e a minha vida pareceu se tornar bem mais normal

"Quando fiquei mais velha, compreendi o que meu pai tinha feito comigo e talvez seja por isso que me sinto atraída por homens casados."

Algumas mulheres que sofreram abuso sexual na infância tornam-se sexualmente reprimidas quando adultas, mas outras como Sharon aprendem a associar o sexo a um sentido "especial", de modo que continuam a ter um amante depois do outro. Frequentemente procuram terapia quando a vida não está caminhando bem e conseguem entender de que maneira seus problemas atuais estão relacionados ao abuso sofrido na infância.

O comportamento sexual de Sharon foi uma tentativa de recriar os sentimentos especiais que tinha quando criança, provavelmente não de um modo consciente, embora compreendesse a impropriedade do comportamento do pai. Ela não tem conseguido confiar em nenhum dos homens com quem se relaciona, tampouco tem sido capaz de encontrar um homem com quem consiga manter um relacionamento maduro. Na ausência de confiança, a pessoa não consegue alcançar intimidade, que é extremamente fundamental para um relacionamento maduro.

Em busca do amor dos pais

Alguns casos resultam da reação da pessoa a um pai ou mãe ausente ou que a rejeitou. A necessidade de carinho e proteção e a falta de um relacionamento com os pais na infância são uma privação que continua a afetar a pessoa por toda a vida. É importante ter o apoio decorrente do fato de saber que existe alguém presente, alguém que nos ama incondicionalmente. Quando esse apoio está ausente, a vida pode ser uma busca interminável pela mãe ou pelo pai que a criança desejava e precisava.

A busca pelo amante indisponível também pode resultar da competição com a Mamãe pelo afeto do Papai que procede da experiência da infância. Assim, o prêmio é sobrepujar a Mãe, só que ele é estabelecido mais tarde no contexto de um caso amoroso. A vitória acontece sobre a esposa do amante, que se torna uma Mãe substituta.

Nem todos os adultos têm casos por estar buscando, de uma maneira ou de outra, esse amor; alguns lidam com a situação de um modo diferente.

A oportunidade perto ou longe

Tanto a distância quanto a proximidade geográfica podem causar tensão nas pessoas e no casamento. Ficar perto demais ou longe demais pode preparar o terreno para um caso amoroso quando uma necessidade está presente.

Separados por milhares de quilômetros
Carly enviou um e-mail ao marido, Joel, dizendo que tivera um dia extremamente difícil. Ela estava em uma escavação antropológica em Israel, a milhares de quilômetros de distância de casa. Havia meses que não se viam, e mandar e-mails se tornara cada vez mais difícil. Nada fora do comum acontecera, porque seu trabalho era rotineiro — importante, porém rotineiro.

Ela desligou o computador, escovou o cabelo, deu uma olhada no espelho e deixou o local no qual trabalhava para se encontrar com Samuel. Este também era um cientista graduado do projeto. Faltavam poucos meses para ele se aposentar.

Eles estavam tendo um caso.

Ele era mais velho, mais sábio e mais equilibrado do que qualquer pessoa que Carly conhecera até então. O tempo que passavam juntos era maravilhoso. Carly temia a iminente separação, tanto por causa da aposentadoria dele quanto por sua volta para casa. Ela queria resolver a situação antes que isso tudo acontecesse e não desejava que cada um fosse para um lado. Mas as coisas não aconteceram como Carly esperava.

Eles foram descobertos. Samuel disse a Carly que eles precisavam terminar o relacionamento. Acrescentou que arcava com toda a responsabilidade e que estava se sentindo muito mal por causa do constrangimento que a situação causara a ambos.

É o fato de estarmos longe de casa e da família que faz uma coisa assim acontecer. Nosso caso não é o primeiro nem será o último.

Para Carly, a separação foi traumática devido a questões de abandono na infância. Ela teve de contar a Joel, seu marido, que estava tendo um caso, e ele não aceitou o fato com facilidade. Foi nessa ocasião que os dois me procuraram para obter orientação conjugal.

Entretanto, os casos de amor podem acontecer quando o marido e a mulher estão juntos, em vez de geograficamente separados.

Atração à queima-roupa

Paradoxalmente, os casos amorosos podem acontecer quando não existe uma separação, quando as pessoas vivem e trabalham muito próximas. Esse tipo de envolvimento ocorre frequentemente e causa enormes problemas quando a outra mulher tem um relacionamento especial com a esposa. A situação pode ser muito perigosa. Às vezes uma irmã ou cunhada pode se envolver com outro membro da família. A enormidade de casos amorosos dentro da família podem repercutir por gerações. Um divórcio nem sempre consegue eliminar as repercussões.

A esposa sofre um duplo golpe, porque as pessoas que ela julgava desejar o melhor para ela traíram sua confiança. Um desses triângulos, que ocorre com frequência, envolve a melhor amiga.

Ellen é a melhor amiga de Lola e manteve um relacionamento com o marido desta, Jim. Ellen acredita que o caso tenha começado lentamente, ao longo do tempo, e que as ações de Lola prepararam o terreno para que isso ocorresse.

Lola ocupava um cargo dinâmico e importante em uma empresa de relações públicas de âmbito nacional sediada em

Washington, Estados Unidos. Ela conhecera Ellen em uma clínica de estética na hora do almoço, e iniciaram uma amizade que se tornou muito íntima. Nas palavras de Ellen:

> "Passávamos grande parte do tempo juntas. Éramos realmente como irmãs. Comprávamos presentes uma para a outra. Os presentes que Lola me dava eram muito caros; custavam mais do que eu jamais poderia gastar com ela. Ela tinha uma função executiva e podia se dar ao luxo de fazer isso. Também tinha muitos privilégios, ganhava várias entradas para shows e eventos, aos quais frequentemente ia com Jim, e me levava junto. Quando Lola não podia ir, eu ia com Jim.
>
> "Nós três começamos a passar mais tempo juntos. Saíamos para jantar, íamos a feiras de arte e a todos os tipos de eventos. Eu era frequentemente incluída nos programas noturnos dos dois.
>
> "Jim era muito bonito, porém, mais do que isso, era uma companhia encantadora. Ele sorria, brincava e era tão cordial e sociável que até pessoas que ele nem conhecia frequentemente puxavam papo com ele.
>
> "O ponto crítico foi quando o trabalho de Lola começou a exigir mais dela, e ela passou a dedicar mais tempo às tarefas profissionais. Ela e Jim tinham ingressos para a orquestra sinfônica, para o teatro e para jogos de basquete. Sempre que descobria que teria de trabalhar até mais tarde no dia de algum evento, Lola me dava o ingresso dela e eu acompanhava Jim. Duas coisas aconteceram. Primeiro, Lola ficou estressada por causa das mudanças no trabalho e muito irritadiça. A outra foi que eu comecei a sentir uma forte atração por Jim. No início, eu ficava pouco à vontade saindo com ele, mas pouco a pouco pas-

sei a esperar ansiosa por essas saídas — até torcia para que Lola tivesse de trabalhar no dia.

"Jim e eu nos tornamos amantes. Nunca fui tão feliz. Eu nunca tivera um relacionamento sério. Sei que sou gorda, e a maioria dos homens não se sentem atraídos por mim. Lola era muito bonita e enérgica. Mas no fundo eu sabia que Jim não me amava. Ele estava apenas reagindo à mudança que Lola sofrera.

"Lola descobriu que estávamos tendo um caso e ficou furiosa. Ela me escreveu uma carta longa e repleta de indignação a respeito da minha traição. Jim nunca mais me telefonou. Lola parou de frequentar a clínica de estética na hora do almoço.

"Tentei ligar, mas eles tinham mudado o número do telefone para um que não constava na lista. Jim não atendeu os meus telefonemas no trabalho. Escrevi para ele, mas as cartas foram devolvidas ainda fechadas. Alguns meses depois, escrevi novamente, e a carta que voltou veio com o carimbo "destinatário não encontrado". Telefonei para o trabalho de Lola e descobri que ela não trabalhava mais lá.

"Eles simplesmente desapareceram da minha vida. Sinto uma grande perda."

As pessoas que estão muito próximas, seja por causa do trabalho, das amizades, da família ou pelo fato de serem vizinhos, podem vir a se conhecer intimamente. Essa proximidade sem consideração pelos limites faz com que o relacionamento corra um grande risco de se transformar em um caso sexual.

Problemas de transição

Como sabemos, as pessoas passam por estágios na vida e por muitos períodos de transição — quando saem de casa, quando se formam no ensino médio ou na faculdade, quando ficam noivas, se casam, têm filhos, se aposentam e envelhecem. Qualquer transição pode nos deixar ansiosos. Isso vale também para uma transição feliz pela qual esperamos com prazer. A ansiedade surge porque estamos assumindo um novo papel, novas responsabilidades e novos desafios.

A psicóloga Nancy Schlossberg definiu "transições" de uma maneira que leva esse fato em consideração. Em seu artigo "A Model for Analyzing Human Adaptation to Transition" [Modelo para a Análise da Adaptação Humana à Transição], publicado em *The Counseling Psychologist*, ela diz que "uma transição é um evento ou não evento que resulta em uma mudança nas suposições a nosso respeito e a respeito do mundo". Entendemos que as transições óbvias podem causar estresse devido à incerteza provocada pela mudança. Mas as transições também ocorrem quando alguns desses eventos *não* acontecem. Precisamos nos ajustar ao não evento porque passaremos a olhar para nós mesmos de maneira diferente. Se o casamento não acontece, o bebê não é concebido ou o cargo não é oferecido, houve uma transição porque precisamos pensar em nós mesmos de maneira diferente.

As transições também ocorrem com eventos inesperados, como ser demitidos de um emprego quando estamos nos sentindo bastante seguros ou quando perdemos um filho. Esses eventos mudam a nossa vida e causam estresse. Quando estamos estressados, somos mais vulneráveis e temos reações emocionais mais intensas. Podemos não ter a capacidade de lidar com a ansiedade com a segurança que gostaríamos.

Transições individuais da vida
A história de Jackie envolve uma transição causada por um não evento, embora ela tivesse adivinhado o que viria em seguida.

"O que mais quero na vida é me casar e ter filhos. Fiz tudo para conhecer a pessoa certa. Depois que terminei a pós-graduação, percebi que as oportunidades de encontrar alguém haviam diminuído. Fiz o que outras mulheres estavam fazendo na época: respondi a anúncios pessoais, passei a frequentar bares, e depois salas de bate-papo na internet e sites de relacionamento. Finalmente, procurei agências de casamento. Mas também não funcionou e eu desisti. Aceitei o fato de que provavelmente não iria me casar e definitivamente não seria mãe. Foi quando conheci Bill em uma reunião profissional. Sabia que ele era casado, pois tinha visto sua aliança. Mas ele era divertido e atraente, e acabamos nos tornando amantes.

"Minha vida com ele é limitada, mas o tempo que passamos juntos é incrível. O que eu quero? Quero a vida que a mulher dele tem."

O não evento de Jackie — não se casar — causou-lhe ansiedade e infelicidade. As pessoas podem deparar com certas dificuldades que demandam atenção. Se não forem feitas correções, o problema pode piorar ou a pessoa buscar reduzir a ansiedade de outra forma. Às vezes envolvendo-se excessivamente com o trabalho, ou tornando-se alcoólatra, ou dependente de drogas, viciada em jogo — e, às vezes, tendo um caso. Uma mulher pode conhecer um homem que esteja tentando resolver algum problema pessoal por intermédio de um caso amoroso, ou ela própria procurará a solução agindo desse modo.

Estágios e transições familiares

Assim como as pessoas, as famílias passam por diferentes estágios. Cada um deles é, na verdade, uma transição que pode causar estresse enquanto a família tenta ajustar-se a ela. Isso pode acontecer quando nasce o primeiro filho ou quando o último sai de casa. Nosso mundo muda com as transições, e precisamos incorporar esse fato à nossa vida, mas isso requer habilidade. Quando a mudança não acontece suavemente, pode causar insatisfação. Em vez de lidar com os problemas, um dos parceiros pode ter um caso. Às vezes, é a mulher que procura outra pessoa, ou ela pode tornar-se receptiva às investidas de outro homem.

Há ocasiões em que o desejo sexual diminui ou o casal se sente insatisfeito com sua vida sexual. Algumas vezes, isso pode ser causado pelo estresse e pelas pressões da família e/ou da vida profissional. Outras, as causas são expectativas irrealistas com relação ao que é um casamento e ao que ele é capaz de proporcionar. Em todos os relacionamentos, a paixão inicial diminui e a pessoa poderá achar que não está mais apaixonada. Essas ideias são perturbadoras. Nessas ocasiões, a mulher ou o marido pode tornar-se mais receptivo a buscar um relacionamento extraconjugal por causa da emoção que isso proporciona, dos níveis elevados de paixão e do aumento da autoestima.

As declarações seguintes indicam o estresse que pode acompanhar os estágios e as transições da vida:

"Completo 38 anos no mês que vem e quero que Lloyd deixe Sara e se case comigo. Tenho vontade de ter filhos, e o tempo não está do meu lado."

"Não sei por que passei tanto tempo me preparando para essa profissão. Estou profundamente desapontada. Alguma coisa está faltando na minha vida."

"Estou imensamente entediada. Bob e eu não parecemos ter muito para dizer um ao outro. A casa está tão quieta. Ben, nosso filho mais novo, foi para a faculdade. As pessoas que eu conheci pela internet estão muito mais interessadas em mim do que Bob."

"Charles se ressente do meu envolvimento com o trabalho. Ele quer que comecemos uma família. Como eu poderia fazer isso? Não tenho tempo para uma gravidez, e ele simplesmente se recusa a entender isso."

"Eu me sinto tão sozinha depois que John morreu. Não consigo acreditar que isso tenha acontecido. Achei que iríamos envelhecer juntos, e não que ele fosse morrer pouco antes de completar 50 anos. Já se passaram três anos, e acho a solidão muito opressiva. Sou jovem demais para isso. Os homens solteiros não têm interesse em uma mulher da minha idade."

"Eu me sinto infeliz e não sei por quê."

Em todas essas situações, o terreno está preparado para um caso amoroso. Essas declarações indicam um problema que talvez precise apenas de um desabafo e de uma boa conversa para ser resolvido. Mas uma análise mais atenta pode revelar um real desespero. A questão é fazer essa análise.

É tão importante saber as razões que levaram o seu amante a ter um caso quanto conhecer as suas. Um homem que esteja passando por uma transição que o afete intensamente pode tentar lidar com a dor tendo um caso amoroso. Se você estiver presente na ocasião em que isso ocorrer, poderá envolver-se emocionalmente com ele. Isso pode acontecer em qualquer idade e é exemplificado no filme *Feitiço da Lua*. Cosmo Castorini (interpretado por Vincent Gardenia) é um homem mais velho que tem um caso com uma mulher mais jovem. Rose (Olympia Dukakis), sua esposa, o interpela a respeito de sua infidelidade e diz que ele está envelhecendo e que irá morrer de qualquer jeito — tendo ou não aquele caso. Ele finalmente compreende, e desiste do relacionamento.

Esse tipo de caso, entre o homem mais velho casado e a mulher mais jovem, é muito comum e pode ser exatamente o que Rose deduz no filme: uma reação ao envelhecimento, que, para alguns, é uma difícil transição. O inverso também é verdadeiro: muitas mulheres estão tendo casos com homens casados mais jovens que elas.

O aborrecimento crônico

Outra variação do trabalho do Dr. Schlossberg sobre as transições é o que ele chamou de "aborrecimento crônico", que se refere a um problema permanente que uma pessoa ou um casal pode ter. Como esses problemas são sérios, implacáveis e constantes, podem modificar a maneira como uma pessoa vê a si mesma e o mundo, sendo, portanto, por definição, uma transição.

Com frequência ouço histórias que me são narradas por homens e mulheres a respeito dos desafios que enfrentam desde o minuto em que abrem os olhos de manhã até quando voltam a fechá-los à noite. Muitos desses desafios implacáveis estão relacionados com saúde, situação financeira, criar uma criança com uma doença crônica, conviver com um cônjuge alcoólatra, lidar com um adolescente dependente de drogas, morar com um membro da família que tem uma doença mental ou ficar desempregado por muito tempo.

Alguns clientes me disseram que seus aborrecimentos crônicos dão origem a uma ansiedade bastante desconfortável. Às vezes, o alívio para essa situação assume a forma de um caso amoroso.

Leslie tem 32 anos e é mãe de duas meninas bem pequenas portadoras de uma grave doença genética. A doença requer atenção constante e provavelmente elas não atingirão a idade adulta. Leslie está envolvida com um homem casado que tem um filho com o mesmo problema. Eles se conheceram em um grupo de apoio para pais.

Leslie me contou com os olhos cheios de lágrimas:

— Eu o amo. Sem ele, como poderia me levantar de manhã? É impossível expressar o quanto é difícil olhar para os nossos filhos e saber que o futuro deles é tão desolador. Ele e eu temos muita coisa em comum. A esposa dele é fria, não comparece às reuniões do grupo. Ele me ama, mas não acha que deva deixá-la com o fardo de cuidar do filho sozinha. De certo modo, eu sei o que isso significa, porque meu marido deixa tudo nas minhas costas.

Os sentimentos positivos resultantes desse caso são em si reforçadores. A causa do aborrecimento crônico permanece, mas a fuga para o caso amoroso é algo que ambos aguardam ansiosamente. O caso pode se tornar intenso, como ocorreu com Leslie.

A vida é uma série de transições, e é nessas ocasiões que as pessoas vulneráveis podem procurar conforto nos braços de alguém. Nessas horas, a mulher pode se dar conta de que está envolvida com um homem casado, principalmente porque ele está tendo dificuldades para resolver a própria transição. Ou o inverso pode ser verdade, ou seja, é ela quem está confusa.

Se você for essa pessoa, a pergunta é a seguinte: você encontrará esse conforto independentemente da razão pela qual está tendo o caso? Ou esse relacionamento trará ainda mais ansiedade para a sua vida?

Essa é uma das perguntas que continuaremos a investigar juntas neste livro.

Parte II

O triângulo amoroso

Capítulo Três

Ela

Você pode ser uma total desconhecida para a mulher dele. Ou então ela pode desconfiar que você existe, ou talvez saiba quem você é. Pode ter contratado um detetive particular para confirmar as suspeitas que alimentava, ou talvez tenha seguido o marido e descoberto sua identidade. Ou, ainda, pode desconfiar da sua existência, mas não ter certeza ou, na verdade, não querer saber que você existe. Esse estado de confusão foi descrito por Joyce Carol Oates no romance *As cataratas*, com relação ao caso amoroso do marido de Ariah: "Ariah sabia, mas não sabia. Da maneira como uma esposa não sabe, e no entanto sabe. Ou acredita que sabe."

Ou você pode ter alguma ligação com ela. Pode tê-la conhecido em uma comemoração de Natal da empresa ou pode até mesmo ter estado na casa deles. Na condição de amiga, você pode tê-los visitado, pode trabalhar com ela, ser uma vizinha ou a melhor amiga dela. Se ela descobrir quem você é, ficará zangada. E se ela a conhece, poderia já estar desconfiada ou ficar surpresa. De qualquer modo, ela irá considerar o seu relacionamento com o marido dela uma dupla traição. Sabina, por exemplo, conhecia a amante do marido:

"Não consigo acreditar que tenha sido April. Ela trabalha com ele e já esteve em nossa casa. Conhece os nossos filhos. Estou furiosa com ela, mas estou igualmente irritada com a secretária dele, Lee, por organizar os encontros e me telefonar para transmitir as desculpas dele. O tempo todo rindo pelas minhas costas. Agora, quando Lee telefona, ela é um doce, mas não me engana mais. Não tenho memória curta."

Se a esposa do seu amante descobrir você, depois do choque inicial, começará a buscar informações. Poderá fazer algumas das seguintes perguntas a ele:

Você a ama?
Você quer se casar com ela?
Quem mais sabe?
O caso acabou?
Como ela é na cama?
Como ela é?
Como vocês se conheceram?
Como ela se veste?
O que ela estava usando quando vocês se conheceram?

Se ela procura por informações a seu respeito, é porque está com ciúmes. E você, é claro, provavelmente sente o mesmo em relação a ela. Você quer estar com ele no aniversário dele, no Natal e no Dia dos Namorados, mas isso é impossível. Você receberá um cartão, um presente, um telefonema ou terá uma comemoração substituta em uma data posterior. Ela ficará com a verdadeira celebração, e também com a companhia dele. Você poderá ficar obcecada, querendo saber o que eles fazem juntos nessas ocasiões, e também se perguntando como ela é.

> *Candice:* "As festas de fim de ano são difíceis. Fico muito triste, eu me sinto rejeitada. Os membros do meu grupo de apoio se reúnem, o que me ajuda a parar de pensar que ele está com ela. Eu realmente odeio essa parte."

Como ela é?

Quer você conheça ou não a mulher dele, talvez esteja muito interessada nela. Ela é sua concorrente e, sob seu ponto de vista, está atrapalhando a sua felicidade. Você acha que, se ela não estivesse presente, ele estaria livre para vocês se casarem. Frequentemente, você sente ciúme dela. Sabe o que ela costuma fazer e se ressente de seu estilo de vida. Você certamente se ressente da atenção que ele dá a ela. Nas palavras de Diane: "Ela está vivendo a vida que eu gostaria de ter."

Grande parte das informações que você tem lhe é fornecida por ele, que pode se queixar de que ela gasta demais com roupas ou que o azucrina porque acredita que ele não gasta o suficiente em casa. O comportamento dele varia muito; ele pode dizer que a esposa se comporta de maneira horrível e que o casamento está muito mal, ou pode compartimentar os dois mundos de modo que você não ouve nada a respeito dela. Ele pode até omitir o nome da esposa. Você pode fazer o mesmo. Embora queira saber o máximo possível sobre sua concorrente, você pode não mencioná-la, no esforço de evitar a lembrança da existência dela.

O que ele diz a você

Se ele falar a respeito da mulher, você não tem como saber se o que ele lhe conta é verdadeiro. No entanto, você quer acreditar nos comentários negativos, por achar que eles fortalecem a probabilidade de ele deixá-la. Você acredita nisso, apesar do fato de que eles talvez estejam casados há muitos anos. Se você a conhece, talvez tenha formado a própria opinião, e às vezes a versão dele pode não corresponder à sua.

A experiência de Helen reflete exatamente esse tipo de incongruência:

> "Não sei o que pensar. Eu a vejo no trabalho e ela não parece ser o bicho-papão que Steve descreve."

Talvez Steve esteja dizendo para Helen o que deseja que ela pense, e não descrevendo a realidade de sua vida no lar. Por que ele faria isso? O fato de acreditar que as coisas estão realmente difíceis no casamento dele faz com que você tenha a esperança de pensar que, já que a situação em casa está tão terrível, há uma grande possibilidade de que ele vá deixá-la. Para o homem é vantajoso que você pense que a vida conjugal dele é problemática, porque isso lhe confere esperança e garantia — para que ainda queira agradá-lo. Você se esforça para tornar os momentos em que ele está longe dela os melhores possíveis, bem como para evitar que ele alimente preocupações a respeito do relacionamento de vocês dois. Se ele der a entender que tudo na casa dele é magnífico, mas ainda assim está sendo infiel, é bem provável que você o ache um canalha.

Jill: "Não creio que eu já tenha conhecido uma pessoa mais doce. Valorizo muito as ocasiões que passamos juntos e procuro torná-las perfeitas. Sei que passo muito menos tempo com ele do que ela, mas posso compensar isso com a qualidade dos momentos que temos juntos. E eu faço isso. Planejo tudo o mais perfeitamente possível. Minha intenção é criar lembranças — boas lembranças."

Quando você escuta as inúmeras reclamações que ele faz a respeito da mulher, pode acabar tentando mostrar que você é o oposto dela, receosa de exibir algumas das terríveis características que ele menciona. Isso pode ser muito difícil, porque parte do que ele descreve pode na verdade ser a reação dela ao comportamento dele. E quando ele se comporta com você da mesma maneira, você se dá conta de que está reagindo, ou está com vontade de reagir, como a mulher dele. Você quase a compreende nesse aspecto.

Jan: "Ele é tão desorganizado que está me levando à loucura. Comprei uma bela agenda para ele no Natal e mandei gravar nela as iniciais dele. Eu adoraria ter colocado uma dedicatória, mas não tive coragem. Às vezes ele esquece a agenda em casa ou a deixa aqui. Quando você está tendo um caso extraconjugal, tem que ser organizado!"

Segundo ele, a esposa lhe causa tantas dificuldades que você se dá conta de que está sendo a conselheira dele, que está tentando ajudá-lo com a vida no lar, pois sente que ele precisa de compreensão. Ele se queixa de que a esposa não o compreende. Assim, você se esforça ao máximo para fazer isso. Se for casada, provavelmente se unirá a ele, compartilhando a infelicidade no casamento. Vocês se tornam um sistema de apoio um para o outro no que diz respeito aos problemas que ele tem com a esposa, e você com o seu marido. Embora o apoio emocional oferecido seja confortante, evita as questões que podem ter levado vocês dois a ter um caso.

Depois de um exame de consciência, Dee compreendeu que talvez ela e Brad tenham sido atraídos um para o outro por motivos diferentes desses, e que o ideal seria que ela entendesse quais eram:

> "Eu estava tão apaixonada que não conseguia parar de pensar nele, mas alguma coisa me dizia que havia algo de errado na situação. Ambos temos queixas com relação aos nossos cônjuges. Decidi então fazer terapia para tentar entender melhor o que estava acontecendo. Depois de algumas sessões, tive certeza de que eu tinha de parar de me encontrar com Brad até entender melhor a mim mesma e saber por que estou tão descontente com a minha vida. É muito difícil, porque ele não para de me telefonar; às vezes, nos encontramos. Eu sei que isso deve ser confuso para Brad, mas não quero sair de uma situação ruim para uma pior."

Dee está certa ao tentar entender os problemas de seu casamento e chegar à origem deles. Afinal, o índice de divórcios é mais alto para o segundo casamento do que para o primeiro. Ela sabe que não pode avaliar seu relacionamento baseando-se na emoção de um caso amoroso. A emoção e o aumento da autoestima resultantes de um relacionamento extraconjugal podem ocultar as razões pelas quais ela está tendo um caso. Seria sensato que Brad fizesse a mesma coisa. Ele pode estar insatisfeito com a sua vida por várias razões. Brad e a esposa, por exemplo, podem estar passando por uma difícil transição. Podem ter expectativas ilusórias a respeito um do outro, ou um dos dois pode estar carregando alguns problemas emocionais da infância que precisam ser resolvidos. Portanto, Dee está certa em achar que poderia estar saindo de uma situação ruim para outra pior.

O que ele não diz a você

Por outro lado, se ele separa as duas vidas que leva, fala pouco a respeito da esposa. Assim, você se pergunta como ela é e percebe que tem poucas informações para avaliar o rumo que seu relacionamento está tomando. Sua mente trabalha sem cessar em busca de pistas.

> *Marti:* "Faço perguntas a respeito dela de uma maneira que considero sutil, mas ele simplesmente não dá atenção, me distrai com beijos ou diz que está do meu lado naquela hora e que é isso que importa. Mas eu fico preocupada e gostaria de saber por que ele não fala a respeito dela."

Você pode até mesmo se perguntar se ela não seria uma pessoa encantadora, e se ele está tendo um caso por outros motivos, e não em decorrência dos problemas que tem com ela. Algumas das razões pelas quais os homens têm um caso amoroso são as mesmas das mulheres que examinamos anteriormente, mas existem motivos adicionais.

Se você é o tipo de mulher que deseja ter informações sobre a mulher dele e ele raramente a menciona, você talvez passe um tempo considerável perguntando a seus botões exatamente o que existe *nela* que o levou a ter um relacionamento extraconjugal — para confirmar a sua convicção de que *é* tudo culpa dela.

A culpa é dela?

Reza a lenda que, se o marido está tendo um caso, a culpa é da esposa. Todo mundo sabe que ela é um fracasso como mulher quando ele começa se envolver com outra mulher. Talvez ela não seja boa de cama ou, o que é mais provável, simplesmente não o entenda. Em geral, ele não tem culpa de nada. Você provavelmente cogita a possibilidade de ela *não ser* o motivo de ele estar tendo o caso. Talvez ela seja atraente, interessante e sexy; por que então ele está tendo um caso comigo? Ele não a ama mais e se apaixonou por mim?

É importante, para todos os envolvidos, saber por que ele está tendo um caso, assim como é importante para você saber por que está envolvida com ele.

Ela não é mais desejável

Você precisa entender a esposa dele e os antecedentes dela. Ela pode ser muito sexy e fazê-lo muito feliz na cama. Relatos indicam que o marido não está necessariamente em busca de um sexo melhor. O que ele tem em casa pode ser magnífico, e não é o sexo que ele tem com você que necessariamente o atrai. A esposa dele pode ser até mesmo mais atraente que você!

> *Clarice:* "Eu sabia que ele estava tendo um caso, e finalmente o peguei. Eu o segui quando ele foi ao apartamento dela, de onde os dois saíram juntos. Não fiz uma cena porque fiquei aturdida com a aparência dela. Ela era uma pessoa comum, bem diferente do que eu imaginara. Não era feia; só não era o que eu esperava. Quando eu o interpelei, ele não conseguiu dar uma explicação. Eu lhe disse: 'Você quer emoção, eu lhe darei emoção!' e o rosto dele ficou pálido."

Na condição de uma terapeuta que já ajudou muitos casais a resolver seus problemas de infidelidade, eu lhe direi que quase todas as esposas eram atraentes, encantadoras e agradáveis. Constatei que a segunda mulher no triângulo nem sempre tem essas características.

Então, a culpa é mesmo dela?

Ela não o compreende

A verdadeira atração então não diz respeito à beleza e ao sexo. Será então que a desculpa dele de que "ela não me entende" é realmente verdadeira? Depois de viver anos com ele, a esposa talvez o compreenda melhor do que qualquer outra pessoa. E esse talvez seja o problema. Talvez ela o compreenda e simplesmente não goste do que vê. Lembre-se de que ela o conhece no mundo real. Ela sabe como ele trata os outros, se é justo, bondoso, ou se é desrespeitoso com mulheres, crianças e idosos. Ela sabe como ele trata os pais, os irmãos e os colegas de trabalho. Conhece sua maneira de lidar com a raiva, com as crises e os mal-entendidos. Existe, portanto, a possibilidade de que ela o compreenda. Na realidade, ela pode ser uma autoridade no que diz respeito a ele. Então, é mesmo culpa dela?

Ela é uma chata

Ela é uma chata? Talvez. Ou será que está se sentindo frustrada por causa de problemas que existem entre os dois ou problemas pessoais que não foram resolvidos e estão afetando o relacionamento do casal? O importante é determinar como esse homem se sente a respeito de si mesmo. De que maneira o relacionamento extraconjugal satisfaz as necessidades dele? Ele pode estar esperando que a esposa satisfaça os problemas emocionais ou psicológicos dele, mas ela não consegue, e, provavelmente, você também não o consiga. Essas necessidades podem não ter nada a ver com as mulheres da vida dele, e ter tudo a ver com ele, e já estarem presentes muito antes de ele ter conhecido vocês duas. O caso amoroso pode ser uma distração que o afasta da solução dos problemas pessoais. O psiquiatra Frank Pittman escreve o seguinte em *Man Enough*: "As origens da infidelidade estão no relacionamento defeituoso entre um homem e seu pai, e não em um casamento defeituoso." Você precisa pensar na possibilidade de que talvez não seja ela a culpada. Ele pode ter imaginado que o casamento ou a esposa iriam resolver esses problemas ou o fariam se sentir melhor com relação a si mesmo. Se ela não for capaz de fazer isso, ele pode estar esperando que você e o relacionamento que vocês construíram resolvam esses problemas. Ela não será a esposa má se não puder fazer isso por ele. Ele precisa enfrentar esse desafio. Se ele for um parceiro que não merece o risco, é extremamente provável que ela tenha sérias dificuldades com ele. Então, a culpa é mesmo dela?

O refúgio romântico

Ela não pode oferecer a ele o refúgio agradável que um caso amoroso proporciona. Como a maioria das esposas, precisa lidar com os dois períodos mais agitados do dia para uma família: o início e o final. Se tiverem filhos, ela precisa cuidar deles. Pode ficar irritada e preocupada com as tarefas. Fazer o café da manhã e o almoço, supervisionar as crianças, resolver pequenos problemas para conseguir aprontar todos para o dia que têm pela frente. À noite, quando todos voltam para casa cansados e com fome, ela tem muito o que fazer antes de descansar. Precisa preparar ou supervisionar o jantar, o banho e o dever de casa das crianças, e muitos afazeres domésticos podem ocupar seu tempo. Mesmo quando o casal não tem filhos, essas etapas do dia podem ser agitadas. É uma hora em que ela gostaria de chegar em casa do trabalho, relaxar, tomar uma taça de vinho com ele e conversar sobre o que aconteceu durante o dia. Mas isso não é possível, porque o segundo turno dela já começou. Com você, no entanto, ele pode tomar essa taça de vinho e conversar.

Compare a vida da esposa dele com os momentos tranquilos e serenos que vocês passam juntos. Vocês saem para jantar, pedem comida em um restaurante ou um dos dois cozinha. Ninguém está estressado. Meia-luz, uma música suave e vocês têm tempo para se concentrar um no outro. Tudo é divertido, discreto, íntimo e romântico — e é pouco provável que uma criança vá jogar uma escova de cabelo no vaso sanitário e você precise lidar com um desentupidor ou com água suja espalhada pelo chão. O máximo que é exigido dele é que use um saca-rolhas para abrir a garrafa de vinho.

Portanto, o caso pode ter pouco a ver com a esposa, já que o pior crime dela é cuidar das obrigações que tem. Então, é mesmo culpa dela?

Estágios do relacionamento

A causa pode não ser realmente ela, e sim o estágio do casamento. O mais provável é que o casamento deles não esteja no estágio em que a paixão é intensa, mas o seu relacionamento sim. O caso com você confere a ele a euforia sexual da qual ele tanto gostava nos primeiros anos do casamento. À medida que o casamento vai progredindo, o relacionamento ultrapassa a fase inicial da paixão. Nesse ponto, algumas pessoas acham, como mencionei anteriormente, que não estão mais apaixonadas e não percebem que o casamento está atravessando um de seus inúmeros estágios. O caráter do amor muda com o passar dos anos. O homem deseja voltar ao estágio da paixão. A discreta intimidade e o sentimento especial que vocês sentem representam algo difícil para ela, e uma situação com a qual não pode competir, a não ser que eles reconhecessem o impacto da vida em família e dos estágios do casamento na vida conjugal e buscassem juntos uma solução. Se fizessem isso, descobririam que existem maneiras de trazer emoção e renovação para o casamento.

Essa questão precisa ser equilibrada com a longevidade da união e a intimidade que os dois construíram. Como nos relacionamentos a paixão sempre declina com o tempo, você poderá se ver no futuro na mesma posição em que ela se encontra agora. Então, a culpa é mesmo dela?

Diferenças de gênero

Às vezes, os homens têm um caso porque encaram os relacionamentos de maneira diferente das mulheres. O motivo principal que leva as mulheres a ter um caso não é o sexo — como as pessoas acreditam ser o que ocorre com os homens —, e sim outras razões. As mulheres sentem que precisam amar o homem ou nutrir sentimentos especiais por ele. Raramente ouvimos um homem dizer que não poderia fazer sexo com alguém porque para ele o sexo e o amor se confundem, como afirmam as mulheres. Ele não vê dessa maneira. Embora pareça muito másculo ter um caso, esse comportamento diz muito mais respeito à satisfação das necessidades emocionais do homem do que à mulher com quem ele está saindo. Quase todas as mulheres estão interessadas em intimidade, motivo pelo qual um grande número de casos estão desequilibrados, com o homem tendo uma *aventura* e a mulher, um *caso de amor romântico*. Isso significa que você e a esposa dele desejam a mesma coisa: manter um relacionamento permanente com ele.

Em *Sex in America: A Definite Survey*, Robert T. Michael apresenta suas constatações sobre o comportamento sexual adulto com base em entrevistas realizadas com 3.432 pessoas entre 18 e 59 anos. Eles escrevem o seguinte sobre a questão das diferenças entre os gêneros: "Um número muito maior de mulheres do que de homens está em busca do amor e considera o casamento um pré-requisito para o sexo... Muito mais homens que mulheres estão em busca de diversão e prazer sexual, sem que o casamento ou mesmo o amor façam necessariamente parte dele."

Ninguém obriga outra pessoa a ter um relacionamento extraconjugal. Ele está tendo o caso porque decidiu tê-lo, mesmo que não tenha uma vida sexual satisfatória no casamento, que a esposa o aborreça e não o compreenda — ou mesmo que a vida sexual dele *não* precise de algum ajuste, ela *não* o aborreça e o compreenda. Em primeiro lugar, ela pode ser o oposto do que ele lhe diz, em segundo, o caso dele tem mais a ver emocionalmente com ele do que com ela ou com você. Além disso, existem outras soluções para os problemas do casal. Ele não precisa ter um relacionamento extraconjugal. O mais importante é que você saiba se ele considera o caso de vocês mais importante do que o casamento dele. Também é fundamental ter informações a respeito dela para poder calcular melhor se ele a deixará para ficar com você.

Informações que você precisa ter

Informação é poder. Quanto mais você souber a respeito dela, dele e de si mesma, mais fácil será encontrar a resposta para sua pergunta: "Será que ele vai mesmo deixar a mulher?" Existem sinais de perigo que você pode detectar e que irão adverti-la de que sua atenção se faz necessária.

Infidelidade na família dela

Informações sobre a família, especialmente sobre infidelidade, é outra peça proveitosa do quebra-cabeça para todos os envolvidos no triângulo amoroso. Os casos extraconjugais frequentemente podem ser encontrados ao longo de gerações de uma família. Em muitas delas, o caso amoroso torna-se uma maneira de lidar com o estresse ou exibe um padrão de relacionamento. Se a família da esposa tem um padrão de infidelidade, a maneira como outros membros da família reagem quando a descobrem lhe dará mais informações sobre o que ela provavelmente fará. O fato de as mulheres da família fazerem vista grossa ao que está acontecendo, não enfrentarem a situação e a aceitarem poderá ajudá-la a encontrar a resposta para a sua pergunta.

Durante várias gerações, por exemplo, praticamente todas as mulheres da família do Presidente John F. Kennedy aceitaram a infidelidade. Não que ela fosse perdoada; as mulheres simplesmente optavam por fazer vista grossa.

Se ele nunca falar sobre o assunto, você pode ter dificuldade em descobrir informações sobre a família dela. Mas, se ele contar algo a respeito, você terá a oportunidade de conhecer a reação das mulheres da família da esposa dele à infidelidade do marido e terá mais dados sobre o que pode esperar. O fato de as informações sobre a família serem tão importantes é o que leva os terapeutas familiares a querer conhecer a história *das gerações*. Este assunto será discutido detalhadamente mais adiante neste livro.

De onde vem o poder dela?

A esposa se encontra em uma posição de poder, embora a maioria fique excessivamente fragilizada para perceber esse fato quando descobre um caso amoroso do marido. O poder dela é oriundo de várias fontes. A principal é a história que eles compartilham. Se convivem há um tempo considerável, têm um grande investimento emocional um no outro devido aos altos e baixos da vida que tiveram juntos: os filhos que conceberam, criaram, desfrutaram e com os quais se preocuparam, as adversidades que superaram e as alegrias que compartilharam. Eles têm famílias que participaram de tudo isso, bem como amigos. Acumularam memórias, algumas provenientes de grandes experiências que tiveram juntos e outras decorrentes das adversidades. Você pode ter dificuldade em acreditar em tudo isso devido às histórias que ele lhe conta sobre ela. O crucial é que eles desenvolveram uma ligação que ele pode ter dificuldade em romper e até mesmo só perceber que existe quando contemplar a ideia de deixar a esposa.

O medo que ele tem de que o caso se torne público

Muitos homens não querem que os filhos, os pais, os sogros e os amigos tenham conhecimento de que eles estão sendo infiéis. Se o caso estiver acontecendo em um ambiente profissional, sua revelação poderia ser desastrosa para a carreira do amante. A esposa sabe disso, e detém poder nessa situação. Ela pode ameaçar tornar o caso público ou revelá-lo a alguém cuja opinião é muito importante para ele. Minhas observações mostram que a esposa, na luta por manter o marido e proteger os filhos, poderá fazer ameaças e efetivamente cumpri-las, caso ele insista em continuar com o relacionamento extraconjugal.

Charlene é um bom exemplo. Quando percebeu que o marido, Scott, um pediatra, estava tendo um caso com a mãe de um de seus pacientes, ela o interpelou chorosa. Ele pediu desculpas e prometeu acabar com tudo, mas Charlene logo descobriu que o marido não cumprira a promessa. Ela procurou o dono da clínica na qual o marido trabalhava e contou tudo a ele. Este ficou preocupado com a possibilidade de que o caso de Scott pudesse afetar a reputação da clínica que ele construíra e promovera com muito cuidado ao longo dos anos, de modo que deu a Scott um prazo para ele encontrar outro emprego.

O conforto do casamento

As razões que ele apresenta para não deixar a mulher, bem como as futuras datas pelas quais você precisa esperar, ou são indícios de que ele se sente mais à vontade no casamento do que você imagina — e esses motivos são táticas para evitar a sua insistência — ou são sinais da ambivalência dele. Na primeira hipótese, existe pouca esperança de que ele saia de casa; na segunda, a probabilidade de que isso aconteça é maior, porque ele pode estar em dúvida. Ele talvez esteja pensando no processo. A esposa ganha poder quando ele sente remorso e acha que cometeu um erro.

Os filhos e a família

Os filhos e a família são importantes fontes de poder para a esposa. Quase todos os homens se importam bastante com a opinião dos filhos, que se torna uma força dissuasiva para alguns ou até mesmo um obstáculo. Muitos homens que orientei sentiram enorme vergonha ao ter de enfrentar os sogros por causa de um relacionamento extraconjugal. Um deles me disse, em prantos, que ouvira as seguintes palavras do pai da esposa: "Agora também não posso confiar em você. Estou me sentindo traído. Entreguei a vida da minha filha nas suas mãos, e você nos desapontou."

Outros sogros não dizem nada, mas os maridos notam a diferença na maneira como se relacionam com eles.

"Já faz dois anos que aconteceu, e até hoje existe uma reserva desconfortável entre nós que nunca houve antes. Sei que eles não conseguem me perdoar, nem esquecer a mágoa que causei à filha deles. Eu os decepcionei."

Ajudei vários homens a se preparar para conversar com a família da esposa e escutei cartas de desculpas dirigidas aos pais da esposa. Muitos tiveram de discutir o assunto com os próprios pais e sentiram vergonha. Esta é uma fonte de poder para a esposa.

A situação financeira do casal

A situação financeira é uma questão extremamente importante para muitos casais. Conheço alguns que decidiram permanecer juntos apenas pelo dinheiro. Antes de as mulheres progredirem nos negócios, no meio acadêmico e no governo, ficavam preocupadas por não saber como iriam sobreviver sozinhas se o casamento terminasse. O progresso reduziu esses receios, mas não muito. O homem também pode estar preocupado em como será capaz de viver sem a dupla renda do casal. A esposa tem as mesmas preocupações. A não ser que o homem seja consideravelmente rico, o estilo de vida dos dois poderá mudar de maneira significativa.

O casal também pode ter chegado a uma situação financeira estável que depende de o marido e a mulher permanecerem juntos. Mudanças expressivas no estilo de vida de ambos poderão acontecer caso o divórcio ocorra. Essas mudanças podem se tornar uma séria barreira que o homem irá considerar, e também aumentar a influência da esposa. Eles podem chegar à conclusão de que é melhor permanecer casados. Para alguns, isso fornece o impulso para que se dediquem mais ao casamento. Na série *Família Soprano*, até mesmo o abastado Tony se queixa das finanças e das mudanças no estilo de vida que a separação e o possível divórcio estão lhe causando. Esse fato, é claro, aumenta o poder da esposa.

Outras complicações adicionais atuam a favor da esposa e também elevam o poder dela. O homem pode estar envolvido com os negócios da família da esposa ou o pai dela pode ter sido uma forte influência no desenvolvimento profissional dele. Ele pode sentir que tem uma dívida com os sogros devido à ajuda recebida por meio de empréstimos ou do pagamento do sinal da casa ou das despesas da faculdade dos filhos.

O sistema de apoio da esposa

As mulheres frequentemente recebem o apoio da família e dos amigos. Elas também estão mais propensas a encontrar respaldo da parte de um terapeuta ou grupo de mulheres. Esses cuidados a ajudam bastante. O apoio é poderoso e quase uma necessidade.

Existem outros tipos de apoio além do emocional. Muitas mulheres procuram um advogado, não para iniciar um processo de divórcio, e sim para conhecer seus direitos e o que podem esperar caso venham a entrar com o pedido. Elas também consultam um contador e um planejador financeiro porque sentem que o casamento está muito instável e poderá desmoronar a qualquer instante, deixando-as sem recursos. Elas não confiam mais no marido e, quando se recuperam do choque inicial, muitas acreditam que precisam começar a cuidar de si mesmas se o casamento acabar.

> *Rachel:* "Imagine que ele gastou grande parte de nossa poupança com ela. Preciso me proteger e farei o que for necessário. Ele está furioso comigo devido a algumas mudanças financeiras que efetuei, mas não as fiz a troco de nada. Simplesmente fiquei apavorada. Estou com 53 anos e não será fácil recomeçar. Preciso cuidar de mim mesma se eu contemplar um futuro sem ele."

O trabalho dele

Dependendo da situação profissional do marido, a esposa pode deter um poder considerável. Se o fato de ele ter um caso for lhe causar excessivo constrangimento e a perda de confiança da parte de clientes, consumidores ou colegas, ela pode ganhar poder. O mundo está mudando em muitos aspectos, mas as pesquisas de opinião revelam que a maioria dos americanos continua a desaprovar os casos extraconjugais. Na pesquisa apresentada em *Sex in America: A Definitive Survey*, 76,7 por cento dos entrevistados concordaram com a declaração: "Sexo extraconjugal está sempre errado."

A infidelidade pode afetar a carreira de um homem. Harry C. Stonecipher, executivo da Boeing, foi obrigado a renunciar depois que a empresa descobriu que ele estava envolvido com Debra Peabody, uma das vice-presidentes do escritório de Washington. Depois de trabalhar na empresa durante vinte anos, o Sr. Stonecipher também foi forçado a desistir dos benefícios do emprego em decorrência do caso, segundo o *New York Times*

(19 de março de 2005). Agora, todos os funcionários da empresa precisam assinar um código de conduta ética. Será interessante observar se isso se tornará o novo teste para os executivos. Seu amante o assinaria?

Uma esposa frágil

Alguns maridos pensam duas vezes antes de deixar uma esposa doente ou que está sofrendo por uma perda. Se ela tem um histórico de tentativas de suicídio ou depressão crônica, ele pode temer que ela seja incapaz de lidar com a rejeição. Às vezes, há na família uma criança com uma doença crônica debilitante que precisa de cuidados. Como esse poder advém de circunstâncias infelizes, raramente é reconhecido como tal e a esposa nem mesmo precisa usá-lo: é a consciência do marido que lhe confere essa característica. Quer reconheça ou não o próprio poder, ela é devastada pela sua infidelidade. Ela sofre física e emocionalmente. Muitos maridos relutam em infligir essa dor a suas esposas.

Depois da descoberta

A mulher que descobre o relacionamento extraconjugal do marido fica muito diferente e, em geral, o marido também muda.

A reação dela

Ela está arrasada, perplexa e oscila entre a raiva e a depressão. Não consegue dormir nem comer, ou passa os dias dormindo ou comendo em excesso. Não é raro ver uma mulher perder 20kg em pouco tempo. Ela fica obcecada pelo caso do marido, bombardeia-o com perguntas o dia inteiro. Ela não confia mais nele e quer que ele preste contas do que está fazendo para ter certeza de que ele não está se encontrando com você.

Ruth: "Quando descobri que ele estava mantendo um relacionamento com outra mulher, eu me perguntei o que eu tinha feito de errado. O que eu poderia modificar? Queria uma mudança completa. Tentei tocar uma música suave durante o jantar, mas como isso poderia dar certo na presença de crianças pequenas? Depois, fiquei zangada. Ele não tinha o direito de me colocar naquela situação. Afinal de contas, ele é pai e sabe o que acontece em uma família."

Ruth não é diferente da maioria das mulheres quando descobre que o marido está envolvido com outra mulher. Ela assume a responsabilidade pelo comportamento dele. Ela se sentiu culpada e tentou mudar, mas o caso que ele estava tendo nada tinha a ver com ela. Tinha tudo a ver com um marido que a abandonara emocional e sexualmente porque não era maduro o bastante para lidar com responsabilidades adultas. Nenhum casamento consegue manter para sempre os estágios iniciais de um romance. O casamento se modifica e fica mais profundo à medida que amadurece. A dor, que aumenta, sempre estará presente, mas o mesmo acontecerá com a alegria.

Tracy: "Eu simplesmente não posso estar 'linda e cheirosa' quando ele chega em casa. Passo o dia dando aulas e correndo de um lado para outro cuidando de vários assuntos. Não posso competir com a namorada dele, não é mesmo?"

Dottie: "Não sei como ele pôde fazer isso conosco. O Dia dos Pais é na semana que vem. Que paizão, não é mesmo? Ele tirou a alegria da nossa vida."

Ele ouvirá esse tipo de declaração muitas vezes depois da descoberta. O fato de isso perturbá-lo de alguma maneira e ele sentir culpa ou remorso contribuirá para que o casal permaneça unido. Mas se o marido não demonstrar solidariedade ou remorso, o casamento estará correndo perigo.

A reação dele

É nesse ponto que os casais geralmente procuram uma orientação conjugal. A reação é tão intensa que muitos sentem que não podem ficar curados se não procurarem ajuda. Curar a infidelidade não é uma tarefa fácil, e contar com a ajuda de um profissional experiente que oriente os parceiros durante o processo é uma escolha sensata. Será pedido a ele que desista do relacionamento que está mantendo com você, que seja monogâmico e que trabalhe nas questões que influenciaram o desenvolvimento de um caso extraconjugal. A situação poderá se desenrolar de diversas maneiras, e ele poderá reagir à descoberta do relacionamento extraconjugal que está mantendo de muitos modos diferentes.

Surpresa diante da reação dela

Com frequência, os homens ficam realmente surpresos e confusos com a intensidade com a qual o envolvimento com outra afeta a sua mulher, o que às vezes os leva a sentir verdadeiro remorso. Uma vez mais, isso se deve às diferenças entre os sexos. Quase todos os homens veem o caso extraconjugal a partir da perspectiva do sexo e acreditam que ele nada tem a ver com o seu casamento ou com o amor que sente pela esposa. Eles não são tão introspectivos quanto elas, de modo que não examinam as questões subjacentes.

Várias mulheres me disseram que só fariam sexo com um homem se o amassem ou se tivessem sentimentos muito especiais por ele. Por conseguinte, têm muita dificuldade em acreditar que o caso do marido não teve nada a ver com amor. Por causa dessa opinião tipicamente masculina, que é totalmente contrária à delas, as mulheres ficam arrasadas quando tomam conhecimento do comportamento do marido. Tendo em vista o sistema de crenças dele a respeito dos casos extraconjugais, o homem fica perplexo com a reação da esposa.

Michael: "Estou perplexo com a maneira como ela reagiu."

Mark: "Não importava o que eu dissesse, ela simplesmente não parava de chorar."

Frank: "Fiquei assustado. Eu simplesmente não sabia o que fazer. Quero dizer, achei que talvez devesse ligar para o número de emergência. A coisa não foi nem de perto tão tranquila como mostram os filmes."

Larry: "Eu nunca a vi dessa maneira. Ela está fisicamente doente por causa do que está acontecendo."

O marido se senta diante de mim sem conseguir acreditar na reação da esposa. Ele sente remorso e culpa porque simplesmente não consegue acreditar que o caso possa tê-la afetado com tanta intensidade. Ele faria qualquer coisa para reverter suas ações e fazer com que o relacionamento não tivesse acontecido.

Não significa nada para mim

A frase que eu mais ouço dos maridos — e que reluto em escrever por causa da dor que sei que ela causará na leitora — é: "Não significou nada para mim."

Se o marido afirmar que o fato de ter mantido um caso fora do casamento não significa nada para ele, concordará em interrompê-lo imediatamente e nós discutiremos juntos a melhor maneira de fazer isso. Se você está se envolvendo com um homem casado, imagino que esteja percebendo como é importante saber a verdade o mais cedo possível. O homem que está tendo apenas uma aventura é aquele que pode dizer com facilidade: "Ela não significou nada para mim."

Eu a amo e quero me casar com ela
Outra situação é aquela na qual o marido se apaixonou pela amante e está indeciso entre o que tem vontade de fazer e o que sente que deveria fazer. Quase todos os homens tomam uma decisão nesse ponto. Se ele decide ir embora, a esposa continuará com a orientação psicológica para entender melhor o motivo pelo qual isso aconteceu e para poder lidar melhor com as dolorosas consequências.

> *Jeanine:* "É um grande choque pensar que ele desistiria de tudo por outra mulher. Temos filhos e uma vida em comum. Nunca pensei que isso fosse acontecer comigo. O único consolo que eu tenho é que ele se importa o suficiente para fazer terapia comigo para me ajudar a entender. Eu a odeio, mas basicamente acho que ela tem sorte."

Eu a amo, mas está tudo acabado
Se o homem desistir do caso que está tendo com uma mulher por quem se apaixonou, irá lamentar a perda. É um período muito doloroso para ele e para a esposa que precisa presenciar a dor do marido. O mesmo acontece com a amante. É particularmente

mais difícil para esta se ela for casada, porque precisa continuar a agir como esposa e mãe, só podendo entregar-se à sua dor quando está sozinha. Todos os que fazem parte desse triângulo experimentam dor e perda.

Nita: "Ver a mudança nele está me deixando maluca. Ele perdeu a alegria de viver. Rezo diariamente para ter forças para conseguir superar esta situação. Creio que podemos voltar ao ponto em que estávamos. Acredito nisso porque ele está realmente arrependido e porque o nosso casamento não era tão ruim assim. Até que era bom. Poderia ter sido melhor, mas era bom."

Não vou terminar o caso

O homem que está vivendo a situação como um caso de amor romântico é aquele que poderá deixar o casamento. É aquele que tomará a decisão se deve permanecer no casamento, ir embora ou simplesmente deixar que as coisas continuem como estão. A esposa poderá fazer vista grossa e permitir que o caso continue e, depois, pedir o divórcio. Ela não aguenta mais! Em geral é a esposa que, mais tarde, toma essa decisão, quando se sente emocionalmente mais forte. Entende por que tudo aconteceu e não tem mais esperanças de que o marido termine o relacionamento com a amante.

Nancy: "Minhas ideias estão mais claras agora e sei que esta é a melhor decisão. Mas ainda amo o meu marido."

Sempre existe a possibilidade de que ele acabe com o relacionamento quando percebe que a mulher está seriamente pensando em deixá-lo, mas, de acordo com a minha experiência, isso é raro. Se ele o fizer, é porque a situação é boa para ele. Muitos homens que têm relacionamentos extraconjugais e não desistem deles, mas também não se esforçam para melhorar o casamento, são narcisistas. Isso quer dizer que eles só se interessam pela maneira como os acontecimentos o afetam. Tenha cuidado: um marido narcisista e egocêntrico não merecem estar com você!

Problemas para ela

Ela estará passando por um período muito difícil no qual tem de lidar com emoções intensas e com a decepção, além de tentar encontrar uma solução para o comportamento do marido e incorporá-lo à própria vida. Assim como você tentou compreender como a esposa é e qual o papel dela no seu futuro, a esposa está fazendo o mesmo a seu respeito. E, assim como você pode ter chegado a algumas conclusões errôneas, ela pode ter feito exatamente a mesma coisa.

O ciúme

As duas mulheres nesse triângulo sentirão ciúme e inveja. Você provavelmente tem inveja da posição dela como esposa, com todos os direitos e privilégios que lhe são inerentes. Ela vai sentir ciúme porque você conseguiu atrair o marido dela, o que faz com que ela se sinta insegura de diversas maneiras. A autoestima dela vai ficar abalada. Ela vai querer saber coisas a seu respeito, como é sua aparência, qual a sua idade e que encanto especial atraiu o marido dela.

Se ela a conhece, ficará ainda mais zangada, mas mesmo assim desejará saber as respostas a essas perguntas. Se você é a melhor amiga dela, passará a olhá-la de maneira diferente e recapitulará obsessivamente todas as interações que tiveram, em busca dos indícios que deixou escapar.

> *Janice:* "Quando penso em quando deixei os dois juntos e fui fazer uma excursão com as crianças, ou em quando eu estava no trabalho e eles estavam "fazendo sexo", tenho vontade de gritar! Por quê? Ela é um traste. É gorda. Não consigo entender."

Ela também vai sentir muito ciúme da intimidade que vocês dois possam ter desenvolvido. Vai querer saber o que conversaram a respeito dela. Se ele tiver fornecido informações sobre seu casamento, o relacionamento sexual dos dois, as fraquezas dela, ou feito qualquer outra confidência, ela se sentirá profundamente traída.

A culpa

Algumas esposas sentem que conseguem lidar melhor com a situação se você ficar com toda a culpa ou pelo menos com uma parte considerável dela. De acordo com a minha experiência, é mais comum que a esposa considere você e o marido culpados, mas, para muitas mulheres, é mais fácil continuar a conviver com ele e não desfazer o casamento se sentir que a culpa é sua. Ela poderá acreditar que você o seduziu com o sexo. Poderá achar que você é muito mais bonita e atraente do que ela, mas não a respeita. Por outro lado, ela talvez não seja capaz de entender o que aconteceu, porque afinal você não é tão bonita assim.

> *Ellen:* "Não entendo a escolha dele. Ela é mais velha do que ele. Quem já ouviu falar nisso, ter um caso com uma mulher mais velha? Ele é como o Príncipe Charles, que traiu Diana para ficar com Camilla e depois se casou com ela. Pessoalmente, acho isso simplesmente nojento!"

Ela acredita que você está tentando privá-la de tudo que ela mais preza e que você violou algo sagrado. Acha que você trapaceou e maculou as lembranças dela.

Diane: "Bob e eu costumávamos ir para Nova York no Dia dos Namorados. Era uma tradição. Nós nos hospedávamos no Ritz-Carlton, pedíamos serviço de quarto e íamos a algum balé, a alguns shows, e visitávamos os museus. Ele sempre me comprava uma camisola ou uma roupa íntima sexy. Este ano fiquei muito desapontada porque ele precisou viajar a negócios. Descobri que ele tinha feito tudo isso com ela. Ou seja, levou-a para o Ritz-Carlton. Não consegui acreditar! No íntimo, acredito que ele estivesse fazendo aquilo para ser sádico, por saber que um dia eu iria descobrir. Veja bem, ele destruiu uma lembrança e, se continuarmos juntos, jamais poderemos voltar àquele lugar."

As mulheres devem se conhecer?

Em diferentes ocasiões, uma das mulheres tem vontade de conhecer a outra, por curiosidade ou por desejar transmitir alguma informação amarga para a outra.

Diane: "Eu só queria lhe dizer que ela não o valoriza tanto quanto eu. Que ela não merece um marido assim."

Cindy: "Eu estava simplesmente com vontade de matá-la. Queria perguntar que direito ela tinha de tentar acabar com uma família. Existem outras coisas na vida além do sexo."

Um confronto não vai resolver o problema. Poderá até proporcionar certo prazer durante alguns momentos, mas a satisfação será apenas temporária. Como regra geral, um encontro com gritos e agressões mútuas não é uma boa ideia.

Dinheiro gasto com o caso extraconjugal

Ter um caso extraconjugal custa caro. Em vez de sair muitas vezes, vocês procuram se afastar da cidade porque isso reduz a chance de que sejam descobertos. Você recebe presentes dele e, com frequência, alguma ajuda financeira quando passam a se conhecer melhor. Esse dinheiro sai da reserva da família, e a esposa dele ficará muito irritada com isso, porque se lembrará dos sacrifícios que fez e dos prazeres que você usufruiu.

> *Justine:* "Encontrei um recibo na cesta de lixo. Ele me chamou a atenção para os cuidados que vêm sendo tomados em relação à falsificação de identidade. O papel estava todo amassado; eu o abri e vi que era a nota de uma suéter de cashmere de uma loja sofisticada no El Paseo Drive. Certamente era um presente que ele iria me dar no meu aniversário daí a três semanas. Imaginei que por esse motivo ele pagara em dinheiro para que eu não visse a compra na fatura do cartão de crédito. Em geral, não faço cerimônia. Começo a falar sobre o meu aniversário antes da hora e faço comentários a respeito do que eu gostaria de fazer, mas este ano não fiz isso, pois pensava que meu marido estava cuidando de tudo. Fiquei muito animada, mas o meu aniversário passou, ele nem se lembrou da data nem me deu nenhuma suéter de cashmere. Bem, tivemos uma briga e agora eu sei de tudo.

Ele estava indo para a cama com uma mulher que conhecera pela internet. Estou simplesmente arrasada.

Quando o tempo passou e o choque inicial se dissipou, Justine voltou a tocar no assunto da suéter de cashmere.

"Ele me enganou e frustrou as minhas expectativas com relação ao casamento. Imaginar os dois fazendo sexo me faz muito mal. Depois, penso no nosso dinheiro que ele gastou com ela e fico simplesmente desesperada. Sou muito criteriosa com relação aos gastos. Existem coisas que queremos, mas que eu não compro. Que direito ele tinha de privar nossos filhos de alguma coisa por conta de um caso extraconjugal?"

Obsessão

A esposa é assolada por uma contínua revisão mental do que ela imagina ser o envolvimento do marido. Mais do que isso, procura pistas que lhe possibilitem ver como o relacionamento se desenvolveu e por que ela nada soube a respeito dele.

Justine: "Não consigo dormir. Fico relembrando a conversa que tivemos, quero dizer a briga, no meu aniversário. Penso em como eles poderiam estar se encontrando. Eu me lembro de que ele ia atender na sala ao lado muitos dos telefonemas de negócios que recebia no celular. Acho que era ela quem estava ligando. Algumas vezes eu atendia o telefone quando ele estava na garagem cuidando do carro e desligavam na minha cara. Não tenho certeza. Fico relembrando tudo isso o tempo todo. Acho que estou ficando maluca. Acima de tudo, não consigo parar de imaginar os dois na cama, e o que estão fazendo um com o outro. Sempre achei que tínhamos uma boa vida sexual. Hoje, quando fazemos sexo, fico paralisada. Sinto que eu deveria ser mais sexy agora. Tento ser provocante, mas não estou reagindo a ele; estou representando. E depois eu me descontrolo porque não consigo esquecer a imagem dos dois juntos."

Assim como você recapitula o tempo que passaram juntos e tenta se lembrar das palavras dele e do significado delas, a esposa age de modo parecido. Vocês duas estão tentando entender a situação, estão tentando compreender como será a partir de agora.

Confiança

Ela foi traída, e passará a desconfiar das idas e vindas do marido. A primeira reação interior dela é de incredulidade, pois está aturdida e abalada. A segunda, é desejar um relato de como ele passa o tempo, e saber se você faz parte dele. Isso não é um absurdo. Em uma escala de confiança de um a dez, ela o coloca agora em zero. Conheci mulheres que pediram ao marido para se submeter a um teste no polígrafo (detector de mentiras) para verificar se o caso extraconjugal havia acabado ou não. Para que o casamento seja reconstruído, a esposa precisa ter certeza de que pode confiar nele. De que maneira a confiança pode ser restabelecida? Ela não é reconstruída com facilidade ou rapidez. Dois elementos são necessários para dar início a esse processo. O marido precisa expressar sentimentos de remorso e estar disposto a cooperar para reconstruir o casamento.

Se o relacionamento dele com você for uma aventura, e ele não quiser que o casamento acabe, se submeterá a esses dois requisitos. Quase todos os homens mostram-se bastante dispostos a cooperar no início do processo de criação da confiança. Porém, mais tarde, em algum momento, podem fazer objeções. Começam a ficar desanimados, achando que isso nunca terá fim.

Steve: "Sempre vou me sentir muito mal com relação a isso. Quando ela vai parar de ficar me controlando?"

Entretanto, esse procedimento é necessário para a recuperação dela. O marido precisa agora tornar-se parte do processo de cura.

Se ele não parar de se encontrar com você, é porque pode estar confuso a respeito do casamento ou do relacionamento de vocês. Pode estar vivenciando o relacionamento com você como um caso de amor romântico ou pode ser um parceiro que não merece o risco, que não é sincero nem com você, nem com a esposa.

O pedido de desculpas

Ele pedirá desculpas a esposa repetidamente, mas elas não serão aceitas no início desse processo. Ele precisará se desculpar muitas vezes e, para que sejam aceitas, as desculpas precisarão ser abrangentes e abarcar questões importantes. Na minha opinião, ele também precisa se desculpar com você e, se o relacionamento estiver terminando, ele precisa encerrá-lo com objetividade, sinceridade e respeito.

Ele e ela levarão cerca de dois anos para resolver os problemas que possam ter, esquecer o caso que ele teve, e reconstruir e fortalecer o casamento.

Se estiver nessa situação, você também terá de se submeter a um processo de cura. Sentirá a perda dele e dos sonhos que eram uma parte integrante do tempo que passavam. Você pode se curar e ficar mais forte. Na última parte deste livro, vamos mostrar como fazer isso.

Capítulo Quatro

Ele

Você o encontrou. Ele é o homem com quem você quer se casar e passar o resto da vida. Mas ele prometeu honrar outra mulher e ser fiel — a esposa dele. Apesar do brilho do amor e da felicidade que você possa estar sentindo na relação que está vivendo, precisa parar e pensar um pouco para compreender o homem com quem está se envolvendo e entender o comportamento dele diante de você. Existem muitas coisas que você tem de saber a respeito dele para obter a resposta à seguinte pergunta: "Será que ele vai mesmo deixar a mulher?"

Você precisa explorar três importantes questões sobre ele: qual a intensidade da ligação dele com você? Qual a verdade a respeito do casamento dele? Por que ele não deixou a esposa para se casar com você?

Qual a intensidade da ligação dele com você?

Presentes, beijos carinhosos e jantares à luz de velas não lhe darão essas informações. É preciso entender o que o caso de vocês significa para ele. Isso é determinado pelo tipo de relacionamento que ele está tendo com você. Vamos examinar novamente os tipos de envolvimentos para ver se você consegue determinar como ele está vivenciando o relacionamento de vocês.

O caso em série

Se se trata de um caso em série, a ligação não é forte. Você é uma entre muitas, e pode estar certa de que haverá muitas outras depois de você.

Se você constatar que esse amante, ou qualquer outro, a vem tratando de forma inadequada e desrespeitosa, precisa determinar se desenvolveu um padrão de se envolver com homens que não serão capazes de se unir a você em um relacionamento feliz e saudável. O primeiro sinal de alerta é que, apesar de ser casado, ele está tendo um relacionamento com você. Se está envolvida com ele, deveria saber a resposta às três perguntas seguintes:

Ele teve outros casos antes de conhecer você?
Ele paquera outras mulheres?
Ele está saindo com outra mulher fora do casamento além de você?

Se essas respostas forem afirmativas, você está se colocando em uma posição na qual poderá não ser tratada como merece. Nem todas as mulheres que mantêm um caso com homens casados têm um recanto oculto idílico, um refúgio que as protege do mundo exterior. Algumas vivem um relacionamento que é verbal, físico ou emocionalmente abusivo — ou uma combinação dos três. Pode ser difícil identificar o homem que costuma praticar abuso, porque ele também pode ser muito charmoso, além de ser um membro respeitável da comunidade. Pode ser famoso e receber prêmios pelo trabalho que executa, mas, mesmo assim, ser egocêntrico, ameaçador e desrespeitoso. Se você já esteve envolvida com um homem assim no passado, precisa fazer uma análise cuidadosa para verificar se não está repetindo o mesmo erro. Esse tipo de relacionamento só pode terminar trazendo uma dor emocional e/ou física para você.

Como reconhecer o parceiro que não merece o risco

O parceiro que não merece o risco não é um bom candidato a marido ou a amante. Um número considerável de mulheres me disse que houve indícios aos quais não deram atenção e somente mais tarde perceberam o quanto eram importantes.

Susan: "Era como olhar através do buraco de uma fechadura. Eu via uma bela sala, mas não prestava atenção aos detalhes. Tinha consciência de que haveria consequências se eu não fizesse o que ele queria. Ele simplesmente desaparecia durante algum tempo, o que me deixava louca. Ele não me ligava de volta quando eu telefonava, mas, quando finalmente retornava, era encantador, e eu ficava tão agradecida por poder vê-lo que simplesmente continuávamos a partir desse ponto."

Susan está descrevendo uma situação de abuso emocional na qual ela se sentia controlada. Existem semelhanças com a situação de abuso físico, em que a tensão se acumula até que ele agride a amante e depois demonstra estar arrependido. Depois do remorso, vem o período de lua de mel, até que a tensão volta a se acumular e o ciclo se repete. Nem todos os relacionamentos com parceiros que não merecem o risco são fisicamente abusivos, mas de modo geral são emocionalmente abusivos. Dar falsas esperanças a uma mulher é uma forma de abuso. Na verdade, ele pode ser tão charmoso que você deixa de dar atenção a outras situações que podem indicar que ele não é um bom companheiro para você. As seguintes perguntas podem ajudá-la a reconhecer o parceiro que não merece o risco:

1. **Raiva.** Ele expressa raiva de maneira não agressiva e analisa a situação para tentar compreendê-la, ou fica furioso, clama por vingança, atira coisas ou a machuca?
2. **Estabilidade.** Ele parece ter um temperamento equilibrado, ou é instável, isto é, um dia está zangado e no outro carinhoso?
3. **Pisando em ovos.** Você se sente à vontade com ele, ou fica ansiosa porque não sabe o que esperar?
4. **Comunicação.** Ele presta atenção à sua opinião, tenta entendê-la e depois vocês chegam a um acordo, ou se expressa sem dar atenção aos seus desejos e depois age de acordo com as próprias decisões?
5. **Empatia.** Quando alguma coisa acontece a você, ou a vocês dois, que o deixa irritado, ele leva em consideração a maneira como você está sendo afetada, ou se concentra apenas na própria reação?
6. **Mulheres.** Ele trata as mulheres com respeito ou costuma depreciá-las por meio de palavras e do comportamento?
7. **Apoio.** Ele ouve o que você diz, tenta ajudar e se preocupa enquanto você lida com a situação, ou desconsidera e minimiza suas necessidades emocionais?
8. **Futuro.** Quando você quer discutir sobre seu futuro, ele evita a conversa, fica irritado ou diz para você esperar?

9. **Responsabilidade.** Ele aceita a responsabilidade pelos erros que comete, ou tenta jogar a culpa em outra pessoa?
10. **Generosidade.** Ele paga ou divide as despesas envolvidas no relacionamento de ambos, ou é você quem paga por tudo?
11. **Histórico.** Essa é a primeira vez que ele traiu a esposa ou a parceira em relacionamentos pré-conjugais, ou ele tem um histórico de infidelidade em todos os relacionamentos anteriores?
12. **Fidelidade atual.** Você acha que ele é fiel, ou ele a traiu no passado ou a está traindo agora?
13. **Sinceridade.** Você acha que a única mentira que ele está pregando é para a esposa com relação ao caso de vocês, ou acredita que ele também minta a respeito de outras coisas?
14. **Do jeito que ele quer.** Ele coopera com as decisões que são tomadas em conjunto, ou elas precisam ser do jeito que ele quer, pois, do contrário, ele faz cara feia?
15. **Abuso.** Quando está zangado ou de mau humor, ele arranja um jeito de lidar com isso, ou grita com você ou a intimida de alguma maneira?
16. **Lei.** Ele tem sido um cidadão honrado e honesto, ou tem tido problemas com a justiça e passou algum tempo na cadeia?
17. **Crianças.** Ele trata as crianças com respeito, ou as deprecia com palavras e ações (como, por exemplo, deixando de pagar pensão alimentícia para os filhos de um casamento anterior)?
18. **Sexo.** Você está segura de que ele não passará para você uma doença sexualmente transmissível, ou no íntimo se preocupa com a possibilidade de ele estar fazendo sexo com outra pessoa sem proteção?

Se você foi capaz de responder "sim" à primeira parte de cada frase, então o seu amante provavelmente *não* é um parceiro que não merece o risco. A segunda parte de cada frase indica que ele é um homem com problemas e que, portanto, a possibilidade de que seja um parceiro que não merece o risco é bem grande. Você talvez não perceba essas características enquanto o seu contato com ele for limitado. No entanto, elas se tornarão mais óbvias, irritantes e, possivelmente, perigosas se ele deixar a mulher e você passar mais tempo com ele. É importante avaliar tudo isso agora!

A aventura

Se o seu caso for uma aventura, é bem provável que seu amante seja muito sexy e que vocês reajam com uma crescente autoestima à presença um do outro. Pode ser confuso para você aceitar o que está acontecendo apenas como uma aventura, porque é óbvio que ele adora estar ao seu lado e a considera muito especial. Não se trata, entretanto, de um caso de amor romântico. *Adorar estar com você e amar você não é necessariamente a mesma coisa.*

John adorava estar com Darlene. Ele falava a respeito dela com extremo respeito e admiração.

> "Não tenho palavras para lhe dizer o quanto adoro a presença dela e o que sinto quando estou com ela. Mas não posso deixar Isabelle e me casar com Darlene. Não tenho coragem de dizer isso a Darlene, porque eu a perderia. A vida fica simplesmente muito complicada. Isabelle e eu não deveríamos ter nos casado, mas foi o que aconteceu e ainda estamos juntos, e tenho de lidar com essa situação. Por mais difíceis que estejam as

coisas, sei que a reação dela seria péssima. Tenho de pensar também na parte financeira. Compramos uma casa maravilhosa em Rockville e tivemos muita sorte, porque um bairro realmente sofisticado e elegante se desenvolveu ao lado do nosso, o que fez com que a nossa casa tivesse uma valorização estupenda. Somos ambos executivos e estamos subindo na carreira. A soma dos nossos salários nos proporciona um estilo de vida muito agradável. Sou realista. A separação significaria que tudo isso iria mudar, e acho que estou muito satisfeito com o que tenho."

Assim, embora John diga que ama Darlene, ele não consegue transformar o caso em um verdadeiro amor com compromisso, e não é sincero com ela a respeito do que sente. Ele não é nem mesmo ambivalente, porque tem certeza do que quer; apenas não revela a Darlene essa posição. Não é justo que não conte a ela que não tem a menor intenção de deixar a esposa. Darlene consegue perceber que ele adora estar com ela e pressupõe que seja apenas uma questão de tempo para que ele deixe Isabelle.

O fato mais difícil para você enfrentar é que, para ele, o caso pode ser uma aventura. É importante que você consiga distinguir uma aventura de um caso de amor romântico. A armadilha mais perigosa para você é confundir os dois.

É importante avaliar o quanto seu amante está sendo sincero se ele prometeu se casar com você, se o relacionamento não parecer estar caminhando nessa direção. Ele provavelmente considera o caso uma aventura se qualquer uma das seguintes condições se aplicar à situação:

1. Ele ocultou ou tentou ocultar de você o estado civil dele.
2. Ele não fala ou reluta em falar a respeito do futuro de vocês dois.
3. Quando ele conversa sobre o futuro, parece estar fazendo promessas, e não planos.
4. Quando você diz que gostaria que passassem mais tempo juntos, ele tem dificuldade em atender o seu pedido.
5. Ele evita conversas a respeito do casamento de vocês.
6. Ele tem uma ligação emocional muito forte com a família.
7. Quando você precisa dele em uma crise, sente que ele está emocional e fisicamente indisponível.
8. Você sabe que ele mente para você.
9. Você sente que o seu desejo de estar com ele é maior do que o dele de estar você, mesmo levando em consideração as dificuldades que têm para estar juntos.
10. Você frequentemente tem a impressão de que o sexo é mais importante para ele do que o fato de estarem juntos.
11. Ele às vezes desaparece durante várias semanas.
12. Você não tem como entrar em contato com ele.
13. As condições anteriores que o descrevem ainda perduram depois de estarem juntos há um ano ou mais.

Um ano é um período arbitrário, que escolhi apenas para indicar que o relacionamento pode não estar evoluindo. Como você sabe, uma aventura pode ascender no *continuum* e se tornar um caso de amor romântico. Se você deseja uma indicação de que ele vai deixar a mulher mas não consegue perceber nenhuma mudança, é bem possível que esteja vivendo algo que para ele é uma aventura. O homem que está tendo um caso de amor romântico fica dividido e confuso com relação ao que sente por você e ao que fazer, e então discute com você o que está sentindo.

O caso de amor romântico

Se o homem está vivenciando o relacionamento que tem com você como um caso de amor romântico, o sentimento dele é intenso. E ele demonstra desejando estar com você, tocá-la, beijá-la, e pensa em você quando está longe. No entanto, mais do que isso, ele se interessa pelo seu bem-estar, seu futuro, crescimento e desenvolvimento. Ele quer que você atinja o máximo do seu potencial.

Ele está inebriado por você. Isso não significa exatamente que ele seja um grande amante, mas para ele você é um grande amor. Ele demonstra intimidade emocional. Você não sente ansiedade com relação a compartilhar suas fraquezas, porque sabe que ele irá aceitá-la e mostrará interesse, e que mesmo assim vocês continuarão a respeitar um ao outro.

Alguns erros comuns

Embora uma aventura possa se transformar em um caso de amor romântico, não existe nenhuma garantia de que ele vá deixar a esposa. Para alguns homens, a decisão de acabar com o casamento é um conflito compartilhado com a amante, mas para outros não.

Usando o controle

Rick: "Não tenho palavras para descrever o quanto eu amo Carrie. Não consigo decidir o que vou fazer, mas estou pensando em dar um tempo no casamento. Deixar a mulher e três filhos é uma decisão muito importante. Conversei sobre isso muitas vezes com Carrie. Devo a ela uma resposta, mas preciso fazer as coisas de maneira responsável. Quero que os meus filhos me respeitem. Jean ficará muito magoada. Não é nada fácil."

Rick deseja dar um tempo para testar seus sentimentos e verificar se realmente deseja terminar o casamento. Este é um passo em direção a um compromisso com Carrie, mas, se não for dado com cuidado, pode trazer problemas. Ele não está sendo sincero com a esposa, já que não lhe disse que está mantendo um relacionamento extraconjugal. Ele a está deixando fora da equação. Rick pretende chegar a uma conclusão e só contar a ela se decidir terminar o casamento. Está tentando controlar mais do que pode, ou que deveria.

Em algumas situações é possível pensar em uma separação experimental como uma experiência científica, no sentido de que as variáveis precisam ser controladas. Isso significa que, no final, saberemos o que nos levou a determinada conclusão. As separações experimentais são difíceis, porque as pessoas não são como substâncias químicas em uma experiência, e existem variáveis que estão além do nosso controle, como os direitos das pessoas. Se Rick de fato deseja compreender profundamente o que está acontecendo, quando a separação experimental terminar, ele terá de interromper o caso extraconjugal. Dizer à esposa por que está fazendo isso, permanecer em contato com a família, e depois de um período combinado, avaliar seus sentimentos. A esposa certamente reagirá intensamente à notícia.

Se Rick optar pela separação experimental, a esposa vai querer saber o motivo. Ninguém quer se separar sem explicação. Ela ficará preocupada e tentará entender as razões do marido. É bem provável que ela sugira que ambos procurem orientação conjugal.

Ele precisa estar preparado para participar dessa orientação, a fim de ajudar a esposa durante a crise. Se eles estão tendo problemas, ou se ela sente que o marido tem estado distante, poderá desconfiar e perguntar se existe outra mulher. O terapeuta ajudará a definir os parâmetros e as expectativas a respeito da separação, mas precisa ser informado do caso extraconjugal para poder ajudar o marido a determinar as diretrizes. Sem esse conhecimento, nem o terapeuta nem a esposa irão entender por que não está havendo progresso.

O melhor que Rick tem a fazer é procurar primeiro uma orientação psicológica individual para entender por que não consegue desistir nem do caso nem do casamento, e também para descobrir mais a respeito de si mesmo. Depois, ele e a esposa deverão recorrer a um terapeuta para analisar os problemas comuns. Embora você possa ter dificuldade em entender esse processo, ele fará com que Rick sinta que fez todo o possível para resolver os problemas conjugais se decidir, com a esposa, terminar o casamento. Se ele se casar com Carrie, fará isso se conhecendo melhor, sentindo menos culpa e, tiver cometido um erro no casamento, terá agora conhecimento suficiente para não repeti-lo.

Mais deslealdade

Kurt não conseguia desistir de Marla, mas não renunciava ao casamento:

> "Marla e eu nos conhecemos no trabalho e nos tornamos amantes pelo simples fato de estarmos juntos. Descobrimos que gostávamos um do outro e apreciávamos as mesmas coisas. Somos sexualmente íntimos há um ano. Sou mais feliz com ela do que com a minha mulher, mas sinto que não posso ter-

minar o meu casamento. Eu disse isso a Marla e ela ficou arrasada. Assim, voltamos a ser apenas amigos. Almoçamos juntos às sextas-feiras, mas não existem mais fins de semana ou almoços furtivos. Não fazemos sexo; o máximo que acontece é um beijinho no rosto. Aguardo ansioso o nosso almoço nas sextas-feiras."

De certa maneira, Kurt decidiu interromper o caso extraconjugal, mas não de um modo justo para com a esposa ou a amante. Ele e Marla começaram um caso emocional no trabalho. Quando a sexualidade passa fazer parte de um caso emocional, o relacionamento automaticamente se torna um caso de amor romântico, porque a intimidade emocional já se desenvolveu. Agora que Kurt chegou à conclusão de que não quer desistir do casamento, ele se deu conta de que tampouco deseja abrir mão de Marla. Assim, concebeu uma maneira de permanecer em contato com Marla e ao mesmo tempo sentir que não está tendo um caso. Na verdade, eles voltaram ao mesmo ponto e estão novamente mantendo um *caso emocional*.

Lembre-se de que os três componentes de um caso emocional são química sexual, intimidade emocional e sigilo. Quando examinamos a situação a partir do modelo do verdadeiro amor do Dr. Sternberg, podemos perceber como eles estão relacionados. A química sexual é análoga à paixão, e a intimidade emocional está presente em ambos os modelos. A diferença importante encontra-se no terceiro lado do triângulo: o compromisso. Este último não pode existir na presença do sigilo. No relacionamento de Kurt e Marla, a paixão não será mais expressa fisicamente, mas estará presente sob a forma de química sexual. A intimidade emocional existe. Quando um verdadeiro compromisso é assumido, o sigilo muda.

Os relatos anteriores de Kurt e Rick demonstram o conflito, bem como a tentativa deles de encontrar uma solução. Nenhuma das duas soluções é justa para com a esposa ou a amante. Então, em que ponto isso os deixa — e, o que é mais importante, para onde isso os levará? No caso do primeiro casal, Carrie poderá, com o tempo, se ver em uma luta de poder com Rick, porque ele deseja controlar o relacionamento que estão mantendo, assim como seu casamento, agindo sempre da maneira dele e não sendo sincero. Na situação do segundo casal, Kurt e Marla poderão continuar do jeito que estão durante algum tempo e, depois, recomeçar o envolvimento amoroso. Se a indecisão continuar, o relacionamento poderá se estender por anos e tornar-se um *caso de longa duração*.

O caso de longa duração

Quando um casal mantém um caso de longa duração, eles decidiram deixar as coisas como estão, por inúmeras razões. Uma delas é a indecisão por parte do marido. Muitos casos nunca chegam a uma transição ou a um ponto final.

Quase todas as pessoas têm dificuldade em manter um caso extraconjugal de longa duração. Esse tipo de relacionamento apresenta problemas específicos que serão tratados no Capítulo 8, intitulado "Quando o caso continua".

Você deseja que ele deixe a esposa, mas ele não se comprometeu a fazer isso. Se você sente que estão vivendo o relacionamento como um caso de amor romântico ou um caso de longa duração, e ele não foi capaz de deixar a esposa para ficar com você, algo o está refreando. O que é?

Por que ele não deixou a mulher para se casar com você?

Você não consegue entender por que vocês dois têm repetidamente a mesma conversa. Para você, está claro que ele deseja que fiquem juntos. No entanto, há sempre um obstáculo, uma data ou um motivo pelo qual isso não é possível. Ele parece desejar as duas coisas, e você não consegue entender esse sentimento, que chamamos de ambivalência.

Ambivalência

A ambivalência é uma importante fonte de frustração para a mulher que deseja que o homem termine o casamento dele e se case com ela. A ambivalência da parte dele significa que ele está passando por um conflito, sem saber se deve ou não se separar. Ele diz, ou indica, que vai terminar o casamento, mas não faz absolutamente nada. Você pode partir do princípio de que ele está hesitante em consideração à família. Talvez ele diga que está esperando que um evento aconteça, depois do qual ficará livre para deixar a esposa. O fato de todas essas datas e eventos passarem e ele não tomar nenhuma atitude para acabar com o casamento, ou o fato de ele evitar conversar a respeito do futuro de vocês como um casal, pode ser um indício da ambivalência dele.

Ele pode ter medo da opinião de outras pessoas importantes na vida dele, como parentes, amigos, membros da comunidade ou colegas de trabalho. Às vezes o evento futuro apenas faz com que ele ganhe tempo, porque acha que depois será capaz de deixar a mulher.

Para outros homens, essa é uma desculpa que se destina a ganhar tempo para que o caso de vocês continue. Ele não está planejando deixar a esposa, ou talvez *esteja* planejando deixá-la, *mas é possível que não seja para ficar com você!*

Apego à família

A ambivalência dele pode ser causada por muitos nativos dos quais você não tem consciência. Às vezes a razão pode ser o fato de ele amar a esposa, mas não ter sido capaz de resolver os problemas que tem com ela, nem mesmo os dele próprio. O apego ao casamento é mais forte do que ele imagina. Ele também pode estar se sentindo culpado a respeito da relação de vocês e de falar em deixar a família.

Ele vive há anos com a mulher, e lembranças boas e más os mantêm juntos. Se há filhos, essa é uma importante fonte de apego que muitos homens têm dificuldade de enfraquecer ou romper. Mesmo que o casamento tenha sido difícil e ele sinta que seria mais feliz se não fosse casado, esse apego desempenha papel relevante na incapacidade dele de deixar o casamento.

A ideia de um ninho de amor secreto no qual vocês podem se esconder dos outros talvez proporcione a ele uma sensação estimulante, da qual não quer abrir mão. Ele não vive nada semelhante com a esposa por causa da realidade da vida cotidiana em família. No entanto, a longo prazo, o apego que ele tem à esposa e à família é forte demais para que desista de tudo.

É bom ser o rei!

Ele pode estar relutando muito em abrir mão do relacionamento que está mantendo com você e do mundo secreto que construíram. São momentos estimulantes para ele que podem ser muito diferentes daqueles que ele vive com a família. Com você, ele se sente especial, e a autoestima dele deu um tremendo salto.

Ele pode não ter a menor intenção de se casar com você, mas, se lhe confessar isso, as chances de que você o abandone aumentarão. Assim, ele talvez não tenha vontade de lhe dizer a verdade.

Se isso estiver acontecendo, você pode estar confusa ou zangada. Quando estão juntos, ele é muito amoroso e carinhoso, e você acredita que seu refúgio privado é algo que ele gostaria de tornar permanente. No entanto, para ele, o lugar é perfeito exatamente como está, um reino secreto. É bom ser o rei!

Diferenças entre os gêneros: poder e controle

Por mais que as mulheres desejem acreditar que não existem diferenças entre os sexos, qualquer pessoa que tenha experiência com casais que estão lidando com infidelidade lhe dirá que os homens sentem que são capazes de separar os sentimentos a respeito do casamento dos sentimentos com relação ao caso extraconjugal. É por esse motivo que muitos dizem que o caso não significa nada para eles e que é apenas sexual. Como vimos, quase todas as mulheres equiparam sexo a amor, de modo que o relacionamento encerra mais significado para elas. É por isso que, quando a esposa tem um caso extraconjugal, a ameaça para o casamento é maior. O envolvimento não diz respeito apenas ao sexo, mas também à intimidade e a sentimentos intensos.

Harriett, uma esposa que descobriu que o marido a estava traindo com outra mulher, me disse:

— Não consigo acreditar que ela não signifique nada para ele. Para fazer sexo com outro homem, eu teria que sentir algo muito especial por ele.

O número de mulheres mais jovens que reagem como Harriett está diminuindo em decorrência de mudanças culturais, mas muitas ainda equiparam o sexo ao amor.

Annette Lawson afirma em seu livro *Adultery* que os homens acreditam que podem manter paralelamente um casamento e um caso amoroso, e que um não afetará o outro. Isso representa controle.

Relacionado a esse fato, temos o poder. Em *Man Enough*, o Dr. Frank Pittman escreve o seguinte: "Ela [a infidelidade] é uma disputa pelo poder, um esforço para conseguir ou saber algo que nosso parceiro não sabe."

Ele pode estar "enrolando" você

Um dos problemas da ambivalência é a dificuldade de saber quando ela representa uma indecisão ou uma desculpa para manter a condição atual do relacionamento. Você é capaz de dizer se o comportamento dele e o que ele diz realmente significam que ele está dividido entre você e a esposa? Se ele tivesse tomado a decisão de deixar a esposa, pode não ter certeza se você é a mulher certa para ele. Por outro lado, ele pode estar "enrolando" você.

A partir do ponto de vista dele, ele percebe que você está apreciando o caso tanto quanto ele, e talvez deseje que as coisas continuem exatamente como estão. Ele só reage quando você o pressiona a tomar uma decisão.

Fannie: "Nosso relacionamento estava se deteriorando. Eu queria receber mais dele. Estava cansada de esperar. Ele falava do futuro que teríamos juntos, mas nunca de maneira definida. Estou correndo contra um relógio biológico que não para de bater. Por fim, falei abertamente e disse que queria ter filhos e que isso seria difícil se esperássemos mais tempo. Eu já tinha 38 anos e não era mais jovem. Ele tinha 45 anos e dois filhos, de modo que não sei se isso era tão importante para ele. Tivemos uma briga e, finalmente, enxerguei a luz quando ele disse que eu deveria 'pegar o meu útero de 38 anos e procurar outro cara'. Não sei como posso ter me enganado tanto a respeito dele."

Fannie estava tendo esperanças infundadas, deixando de perceber os sinais e sendo muito desrespeitada pelo amante. É fácil agarrar-se a meias-promessas e imaginar um futuro com uma pessoa, mesmo quando o relacionamento é extremamente desprovido de realidade. Assim como ele, você também é confundida pelas emoções do envolvimento amoroso. É difícil enxergar a realidade quando nenhum dos dois precisa lidar com o mundo fora dos limites estreitos que ambos criaram para si mesmos.

Retaliação

A retaliação ocorre às vezes como uma reação contra o sofrimento ou o sofrimento percebido. A mulher dele pode ter tido um relacionamento extraconjugal, e o fato de ele também ter um estabiliza a situação. Mas talvez ele retalie por causa das duras palavras da esposa, de um sentimento de impotência no casamento ou de uma atmosfera habitual de hostilidade em casa. Ele pode não desistir do casamento porque não pode fazê-lo ou por outras razões. A relação de vocês é uma válvula de escape, que torna o casamento dele mais tolerável. Por mais que ele aprecie o envolvimento de vocês, talvez não tenha a intenção de desistir do casamento, embora o relacionamento seja realmente o de um caso de amor romântico. Ele não está disposto a assumir um compromisso, o componente que o transformaria em verdadeiro amor. As promessas e insinuações a respeito do futuro conjunto precisam ter uma base de sustentação.

O quanto a promessa dele de se casar com você é realista?

Essa é uma das perguntas mais importantes e difíceis que você precisa fazer a si mesma. Se realmente deseja que ele deixe a mulher e se case com você, e está fazendo planos com base nisso, ou deixando passar oportunidades por causa desse desejo, você precisa dar um passo atrás e analisar a realidade. Que ações da parte dele indicam que ele realmente tem a intenção de se casar com você?

> *Amy:* "Ele fala a respeito do futuro, do tipo de casa que vamos ter, do estilo de vida que vamos viver. Ele tem vontade de se mudar para um lugar com um clima mais quente."

O que o amante de Amy descreve é uma vaga imagem de uma vida em comum. Trata-se de um engodo, ou ele está realmente dizendo a verdade? O tempo irá dizer, mas fazer as perguntas certas talvez possa fornecer as respostas. Essas perguntas se concentrariam no que ele deixou fora da descrição, ou seja, os pormenores: quando, como e onde.

Se você tem medo de fazer tais perguntas, precisa saber de si mesma por que está com medo de interpelá-lo a respeito dos detalhes do futuro de ambos.

Amy: "Tenho medo de perguntar. Se eu fizer isso, talvez esteja indo muito rápido, querendo obrigá-lo a ir longe demais, cedo demais."

O medo que Amy expressa pode significar muitas coisas. Talvez a própria Amy seja ambivalente — sabe a resposta e não deseja ouvi-la ou sabe que ele vem mentindo para ela.

É de família

Outra indicação de problemas futuros é a pessoa que serve de exemplo de monogamia para ele. Se ele vem de uma família na qual os homens não costumam ser fiéis às esposas, existe a possibilidade de ele fazer a mesma coisa. Em algumas famílias, a infidelidade pode ser percebida ao longo das gerações. Como já mencionei, a família do Presidente John F. Kennedy é um exemplo. O pai dele, Joseph Kennedy, teve um relacionamento de longa duração com a atriz Gloria Swanson, bem como outros casos amorosos. As filhas de Kennedy se casaram com homens que tiveram casos extraconjugais, e alguns deles vinham de famílias em que os homens eram infiéis. O papel das mulheres era tolerar esse comportamento.

Indicações de que ele não está sendo sincero

Se você notar que ele continua a fazer planos com a família para atividades futuras, já pode desconfiar de que talvez não haja um futuro no qual você estará incluída.

> *Marci:* "Nos três anos de relacionamento, ele foi duas vezes por ano para a Europa com Linda, de férias. Eles redecoraram a casa. Eu sempre arranjava uma desculpa para o que ele fazia. Ele era um homem importante na empresa e precisava receber em casa, dizia eu aos meus botões. Eu atribuía meus sentimentos de mágoa à inveja, porém havia outras razões. Como eu poderia questioná-lo, perguntei a mim mesma, se eu também era casada e participava de atividades com a família? Finalmente, tive com ele a conversa que tanto temia. Ele não ia deixar a mulher por mim. Ele se envolveu comigo porque sabia que eu não causaria problemas, já que tinha marido e um filho. Ele queria que o relacionamento continuasse do jeito que estava."

O dia "D" que nunca chega

Quando você deixa de lado seus planos e desejos porque está esperando que algo aconteça e nada acontece, ou o evento passa e você não está nem um pouco mais perto de uma mudança no relacionamento com ele, você está recebendo um sinal.

> *Denise:* "Esperei que ele fosse promovido no trabalho, depois pelo *bar mitzvah* do filho, em seguida que a mulher se recuperasse de uma cirurgia na coluna para finalmente ficar desconfiada. O mais difícil é que ele parecia sincero e interessado. Sempre achei que o nosso momento chegaria."

Ter medo de questionar é compreensível, mas recear descobrir as intenções dele só fará com que você demore mais a saber o que ele tem em mente e prolongará um relacionamento que a levará de volta ao ponto de partida.

> *Cathy:* "Tenho medo de interrogá-lo porque poderei assustá-lo. E se ele me disser uma coisa que não quero ouvir?"

Se você se sente como Cathy, pergunte a si mesma como se sentiria se esse relacionamento se tornasse um caso de longa duração e um dia ele o terminasse por causa de algum evento futuro inesperado. Se você se sente melhor com isso do que com a possibilidade de assustá-lo, então a próxima pergunta que você deve fazer a si mesma é a seguinte: "Que tipo de homem é esse que não é capaz de ter uma conversa sobre o nosso futuro enquanto estamos tendo um relacionamento sexual?"

Ele está sempre adiando

Uma variação do tema é que um evento é substituído por outro, de modo que o seu tempo de espera aumenta. Você nunca sente que está pisando em terreno seguro.

> *Bobbie:* "Como eu gostaria de ter prestado atenção às dúvidas que tive quando ele me disse que a casa de veraneio que comprou para a família em um condomínio em Bethany era apenas um investimento a curto prazo. Ele a venderia daí a alguns anos, quando os filhos estivessem prontos para ir para a faculdade, e o dinheiro seria nosso. Mas, quando ele efetivamente a vendeu, o dinheiro que ganhou foi direcionado para a educação dos filhos. Onde eu estava com a cabeça? Eu tinha um número sufi-

ciente de amigas divorciadas para saber o que costuma acontecer. Aquele dinheiro deveria ter sido para o nosso futuro. Eu queria acreditar nele. Parecia tão incrível."

Ele evita a conversa séria

Quando sente que ele muda de assunto, adia a conversa ou simplesmente se recusa a tê-la, você pode ter certeza de que ele não quer se definir. No que diz respeito a ele, está tudo indo muito bem, obrigado.

> *Cynthia:* "Ele me prometeu que íamos conversar sobre o futuro. Jantaríamos fora e depois voltaríamos para o meu apartamento para conversar. Saímos para jantar, mas ele precisou comparecer a uma reunião de última hora, de modo que não conversamos. A vida com ele era assim. Sempre surgia alguma coisa. Eu não o pressionava porque tinha medo da resposta. De alguma maneira, sempre adiávamos o assunto.

Ele faz acordos

Fazer acordos que demonstram que você não é uma prioridade indica que ele não está tomando atitude alguma para ficar com você.

> *Ilene:* "Eu queria dar um jeito de passar o Natal com ele. O Dia de Ação de Graças passou e eu fiquei sozinha, apenas imaginando o magnífico jantar que ele e a família certamente estavam

desfrutando. Pedi que me concedesse uma parte do seu Natal. Eu estaria disposta a aceitar qualquer coisa que ele tivesse a oferecer. Sugeri um *brunch*, um almoço, um lanche. Eu também estava apreensiva por causa da véspera de Ano-Novo. Eu sabia que seria horrível. Ele me disse que seria muito arriscado encontrar-se comigo porque Liz estava desconfiada e o vigiava o tempo todo, agora que sabia a nosso respeito. Ele encerrou o assunto quando me disse que, se ele sumisse na véspera de Ano-Novo, o irmão maluco de Liz iria se vingar de mim. Quando perguntei de que maneira, disse que não sabia, mas que achava que ele usava drogas e era imprevisível."

Se você enxerga a sua vida em capítulos, cada um deles definido por uma razão, desculpa ou proteção, em algum ponto questionará a sinceridade dele com relação ao futuro que terá a seu lado.

Se você já chegou à conclusão de que ele é um parceiro que não merece o risco, um mulherengo ou alguém em busca de uma aventura, já sabe que não haverá indícios de que ele esteja sendo sincero a respeito de deixar a esposa e se casar com você. Ele talvez lhe diga que fará isso, mas a probabilidade de que o faça e um casamento bem-sucedido aconteça não é elevada. Por outro lado, pode haver indicações de que ele efetivamente se preocupa tanto quanto você com o futuro de ambos.

Indicações de que ele está sendo sincero

Assim como há sinais de que ele não vai deixar a esposa, existem indícios de que ele está pensando seriamente nessa possibilidade.

Isso geralmente acontece, como já vimos, quando ele está vivendo o relacionamento como um caso de amor romântico.

Conversas abertas

Em vez de evitar a conversa, ele é sincero e lhe diz que deixar a esposa e a família é uma decisão importante e que deseja estar convicto de que está fazendo a coisa certa pelos motivos certos. Então, ele lhe diz que vai pensar seriamente a respeito do que fazer. Ele poderá dizer que ama você, mas que isso não significa que o procedimento correto seja deixar a família para vocês ficarem juntos sem antes pensar cuidadosamente no assunto. Pode ser difícil ouvir isso. Seu desejo é que depois de um abraço ele dissesse que vai deixar a mulher e se casar com você, mas é importante ter em mente que ele está dando um grande passo e precisa saber que você apoia a busca de entendimento dele. É importante fazer com que ele se sinta à vontade para falar com você. A capacidade de ouvir e uma introspecção cautelosa contarão a seu favor.

Jack: Quero falar com você sobre um assunto importante.
Loretta: O que é? Parece sério.
Jack: Estou muito confuso com relação ao que fazer a respeito de Jenny e das crianças. Às vezes eu tenho vontade de sair de casa, mas em outras me sinto como um canalha. Eu sei que amo você. Encontrei um terapeuta e vou conversar com ele para saber se estou fazendo o certo.
Loretta: Você vai procurá-lo junto com Jenny?
Jack: Não. Fizemos isso algumas vezes. Preciso ir sozinho.
Loretta: Posso ir com você?
Jack: Não.
Loretta: Você vai me deixar, não vai?

Jack: Não. Estou tentando decidir se devo acabar com o meu casamento.

Loretta: E se casar comigo?

Jack: Talvez. Primeiro, preciso tomar uma decisão com relação a sair ou não de casa.

Loretta: E eu faço o quê? Fico perdendo o meu tempo esperando para ver o que vai acontecer?

Jack: Gostaria que você me desse um tempo. Você acha justo?

Loretta: Quanto tempo? Um ano?

Jack: Vamos tentar uns três meses.

Loretta: Isso é difícil, Jack. Não sei se vou conseguir.

Jack: Me dê os três meses e depois talvez eu tenha chegado a uma conclusão. Pelo menos falaremos a respeito quando esse prazo acabar e veremos como as coisas estão. Eu gostaria muito de contar com o seu apoio, porque você significa muito para mim.

Loretta: Mas não o bastante para se casar comigo?

Jack: O bastante para me casar com você, mas preciso levar em conta outras pessoas.

Loretta: Está bem, mas só porque eu amo você.

Esse é um exemplo de uma possível conversa, a qual faz com que a ansiedade de Loretta aumente, porque ela acha que é o início do fim. No entanto, ela está tirando conclusões precipitadas. Ele pediu a ela que esperasse três meses para então avaliarem o relacionamento. Loretta está se mostrando solidária, apesar de seus receios.

Ele começa a orientação psicológica

Um dos sinais mais auspiciosos para todos os envolvidos é quando ele procura espontaneamente uma orientação psicológica. Existem muitas razões para isso:

1. Ele reconhece que tem tido problemas pessoais que repetidamente o impediram de ter relacionamentos estáveis com os amigos, com a família e com os colegas de trabalho. Seria proveitoso para vocês, que ele examinasse o que está acontecendo para poder entender a si mesmo, resolver os problemas e aprender a lidar com as situações. Depois, se vocês se casarem, não repetirá os mesmos erros que ele e a mulher possam ter tido no casamento. O segundo casamento apresenta uma taxa de divórcio maior do que o primeiro. Isso se deve, em grande parte, ao fato de as pessoas repetirem seus erros. Elas se casam pela segunda vez quando o relacionamento está no estágio da paixão e confundem esse sentimento com o verdadeiro amor. Pense nos inúmeros erros que evitou quando deixou de se casar no primeiro estágio da paixão, altamente explosivo, com uma pessoa com quem tinha um relacionamento. Você talvez tenha encontrado a pessoa depois que o namoro acabou e se deu conta de que salvou a si mesma de um grande tormento. Como o caso amoroso é repleto de paixão, você precisa tomar algumas medidas para permanecer lúcida e eliminar as dificuldades sérias antes de assumir um compromisso.
2. Se ele tem problemas no casamento, é fundamental que saiba exatamente no que consistem. O fato de ele procurar um terapeuta pode parecer um risco para você, porque

existe a possibilidade de que ele consiga resolver essas questões. Se ele descobrir que isso não é possível, então poderá deixar a esposa, sabendo por que tomou essa atitude e certo de que fez o que estava a seu alcance para evitar um divórcio. Acima de tudo, ele compreenderá quais são os problemas. Isso significa ser sincero com a esposa a respeito do relacionamento extraconjugal. Quer dizer também que a orientação psicológica incluirá ajudá-la a superar a traição do marido.
3. Se ele reconhece a própria ambivalência e deseja compreendê-la, está se esforçando para saber por que não saiu de casa. Ele precisa descobrir isso para então ser capaz de ficar com você, ou poderá chegar à conclusão de que não pode assumir esse compromisso. No final das contas, será vantajoso para você que ele descubra essas coisas por si mesmo. A pergunta que fica para você é a seguinte: quanto tempo está disposta a conceder a uma pessoa que não consegue assumir um compromisso?

Judy: "Fiquei assustada quando ele procurou orientação psicológica. Eu não conseguia entender o motivo. Ele sabia que detestava que ela o azucrinasse. O terapeuta ensinou a eles técnicas de comunicação, além de fazer outras mudanças, mas logo ficou evidente que havia diferenças na maneira de pensar e em relação ao que queriam da vida. Ele não era capaz de proporcionar o que a mulher desejava e ela não estava disposta a fazer concessões. Assim, a melhor opção foi procurar um terapeuta. A decisão de terminar o casamento foi mais ou menos mútua. Ela o odiava por ter tido um caso comigo, mas eles concordaram em se separar."

Nem toda orientação psicológica termina dessa maneira. Às vezes o casal se reconcilia e resolve suas diferenças. Entretanto, se ele não tentar salvar o casamento, poderá ficar com sentimentos de culpa reprimidos que mais tarde poderão se manifestar como hostilidade em relação a você. A vantagem da terapia é que uma transição difícil como o divórcio pode ser efetuada de maneira mais responsável. Esse fato é muito importante, já que a separação pode causar impacto negativo nos filhos e nas gerações futuras. A vantagem de tudo isso é que você se casará com um homem que sabe que fez o possível para salvar o casamento dele. Você estará com um homem que se esforçou para conhecer a si mesmo e que aprendeu estratégias para lidar com situações difíceis, que poderão ser úteis no futuro.

Se ele reconhece que foram os problemas pessoais dele que o fizeram chegar ao ponto de ser infiel à esposa, deve procurar entender no que consistem esses problemas antes de entrar em outro casamento. "Aqueles que se esquecem das lições da história são condenados a repeti-las", declarou o filósofo George Santayana. Se a história dele for repleta de problemas, a probabilidade de seu casamento com ele dar certo só pode aumentar com essa introspecção.

Separação

O passo seguinte é se mudar sozinho para um apartamento, e *não* morar com você. Ele precisa de um pouco de "espaço" porque está passando por uma importante transição, e precisará de um local temporário até que suas emoções se estabilizem. Nesse processo, ele precisa deixar a família de maneira responsável, mantendo contato regular e sólido com os filhos. E se depois ele e a esposa se divorciarem, ele precisará pagar religiosamente em dia a pensão alimentícia dos filhos, e outras obrigações financeiras, compartilhar a custódia deles e estar emocionalmente disponível para eles. Também precisará participar de decisões que os afetam. Em vez de ressentimento, tudo isso deverá conquistar o seu respeito pela maturidade dele.

Se ele abandonar a família ou demonstrar pouco interesse por ela, você deverá diminuir suas expectativas com relação a uma possível vida ao lado dele. Seria sensato que você reavaliasse seu envolvimento com ele. Se ele procurar orientação psicológica para resolver os problemas, por mais assustador que isso possa parecer, você estará se casando com um homem que tentou fazer uma transição responsável com relação à esposa e aos filhos, e poderá respeitá-lo por isso.

Orientação psicológica pré-conjugal

Ter um caso extraconjugal é como interromper a realidade. Se nesse ponto vocês decidirem se casar, recomendo enfaticamente que procurem uma orientação psicológica pré-conjugal. Todos os aspectos irritantes, como os problemas do dia a dia e as características de personalidade, ficarão agora na berlinda. Ajustar-se à realidade, em vez de ter interlúdios românticos clandestinos, exigirá esforço. Os aborrecimentos podem ser frequentes quando as pessoas vivem uma situação de muita intimidade.

Além disso, você se tornará parte da família dele. Você será madrasta se ele tiver filhos e também assumirá outros papéis, como o de nora, cunhada e tia. Você passará por uma importante transição na vida, o que é estressante. Lembre-se da definição prática de transição que estamos usando, que é "um novo conjunto de suposições a respeito do seu mundo, de você mesma e do seu futuro". Como pode perceber, ela se aplica a você.

Shirley: "Nós já nos conhecíamos anos antes de nos envolvermos intimamente. Ele é o homem dos *meus* sonhos; ele e a esposa não se deram bem desde o início. Não moramos juntos logo após o divórcio dele. Só o fizemos meses depois. Bem, ele tem alguns hábitos que eu não conhecia e que estão simplesmente me levando à loucura, como cortar as unhas e deixar os pedaços espalhados por toda parte. Ou não responder quando eu digo a ele que vou sair. Não conseguimos chegar a um acordo com relação aos nossos planos para as férias. Ele quer acampar. Nem pensar! Eu quero serviço de quarto. Quero uma fuga requintada. Quando penso no assunto, percebo que não são problemas realmente importantes, mas, de alguma maneira, quando vivemos tão perto de alguém, eles são maiores. Estou me transformando no tipo de pessoa que não desejo ser. Pergunto a mim mesma se tudo isso terá sido um erro e me indago se ele também pensa dessa maneira. Mas depois temos uma noite romântica e maravilhosa e fico achando que estou maluca."

Esses são problemas típicos de adaptação que os recém-casados costumam ter. A orientação psicológica pré-conjugal fará com que cada um se conscientize das prioridades do outro e também das coisas que podem ou não contornar. Os parceiros aprenderão técnicas de comunicação que os ajudarão a implementar procedimentos que atenuarão essa transição.

Constatei que a maioria dos casais com os quais trabalhei realmente aprecia a orientação psicológica pré-conjugal e se beneficia dela. Agora estão prontos para o casamento, mas surgirão outros problemas que iremos abordar no Capítulo 9, intitulado "Você e ele se casam".

Antes do casamento, quase todo casal tem preocupações a respeito da vida que terão em comum. Você entrará nesse relacionamento com um receio que tem origem no caso secreto que tiveram: *Posso realmente confiar nele e ter certeza de que ele não vai me enganar e mentir para mim?* A falta de sinceridade caminha de mãos dadas com a infidelidade. Portanto, esta última, por definição, é falta de sinceridade. Se ele trai, também pode mentir. A questão da sinceridade precisa ser examinada separadamente. Você precisa rememorar seu relacionamento e verificar se houve outros tipos de insinceridade da parte dele.

Ele vai trair você?

Como o melhor prognosticador do futuro é o comportamento anterior, você tem todos os motivos para ter dúvidas com relação à capacidade dele de ser fiel a você. Se esse é o primeiro caso extraconjugal dele, e se ele foi sincero com as mulheres com quem se envolveu, além de não ter sido infiel nos relacionamentos, a probabilidade de que seja fiel a você aumenta. Se não era sincero com as mulheres quando solteiro, não foi fiel nos relacionamentos mais sérios que teve e se você não foi o primeiro caso extraconjugal dele, a probabilidade de que ele possa traí-la é maior.

É importante observar a atitude habitual dele com relação à infidelidade. Se os amigos dele traem as esposas, e ele encara esses casos extraconjugais como uma diversão ou coisa "de homem", você pode estar certa de que ele não leva a fidelidade a sério.

Se a mulher dele permite que o caso de vocês continue e finge não saber de nada, ele irá esperar de você a mesma atitude. Entretanto, esse comportamento não precisa passar para as próximas gerações. A infidelidade é uma escolha. As pessoas podem aceitar ou rejeitar esse comportamento. Muitos netos de Joseph Kennedy rejeitaram a infidelidade, mas outros não.

Se ele tem características de personalidade semelhantes àquelas relacionadas na descrição do parceiro que não merece o risco, então a probabilidade que ele vá ser fiel a você é muito pequena. Os outros relacionamentos extraconjugais não podem ser desconsiderados. Em *Surviving Infidelity*, Gloria Harris e eu escrevemos o seguinte:

> "Dick Morris, ex-consultor presidencial, declarou sob juramento, diante do júri de instrução, que telefonou para o presidente depois de ler o relatório do caso Lewinsky. O Sr. Clinton confidenciou o seguinte a Morris: 'Depois das eleições, tentei me fechar, quero dizer, tentei fechar sexualmente o meu corpo... Mas às vezes, bem, com essa moça eu escorreguei. Eu simplesmente escorreguei.'
>
> "Essa não foi a primeira vez que o público norte-americano teve conhecimento de uma infidelidade presidencial. Em 1998, muitas estações de televisão transmitiram *The President's Collection*. O programa especial sobre a família Kennedy explorou os apetites sexuais do Presidente John F. Kennedy. Priscilla McMillan, membro da equipe de Kennedy quando ele era senador, relatou uma conversa que teve com ele:

'Jack, se você está fazendo o possível e o impossível para ser eleito presidente, por que está correndo o risco de pôr tudo a perder saindo com outras mulheres?'

Ele pensou um pouco e respondeu:

Porque não consigo evitá-lo.'"

De acordo com minha experiência, as mulheres tentam ser compreensivas e tolerantes com as pessoas, e por isso elas às vezes colocam de lado as dúvidas torturantes e deixam de verificá-las. Se você costuma observar os seguintes comportamentos no seu amante, pode considerar-se na Zona de Perigo da Infidelidade:

Zona de Perigo da Infidelidade
1. Quando ele era solteiro, traía a parceira durante um relacionamento sério.
2. Depois de casado, ele teve outros casos extraconjugais além do que está tendo com você.
3. Ele já se divorciou duas vezes e agora está traindo a terceira esposa.
4. Ele paquera outras mulheres.
5. Os amigos dele tiveram casos extraconjugais.
6. O pai, os irmãos ou os tios dele tiveram casos extraconjugais.
7. Ele tem uma atitude leviana com relação aos casos extraconjugais.
8. Ele não a valoriza o suficiente.
9. Você frequentemente o flagra mentindo.

Se costuma observar nele os tipos de comportamento que acabam de ser descritos, você e ele podem estar na Zona de Perigo da

Infidelidade, o que indica que uma conversa séria se faz necessária. À medida que prosseguir na leitura deste livro, aprenderá as técnicas necessárias para abordar o assunto com ele, bem como outras questões sobre o tema. Desse modo, o diálogo que terão poderá ser bem mais inteligente. No Capítulo 10, forneço mais informações a respeito de como elaborar um Contrato de Infidelidade Mútuo. Por ora, cada um de vocês terá uma nova suposição a respeito de si mesmo, e do futuro de vocês.

Cada pessoa no triângulo conjugal de um caso amoroso — você, ele e a esposa dele — encontra-se em uma transição. Quando o caso é exposto, ocorre uma mudança no equilíbrio para as três pessoas. Agora, cada um terá uma nova suposição a respeito de si mesmo e do próprio futuro.

Capítulo Cinco

Você

Reflita a respeito do que está acontecendo e aonde isso a levará. Todos nós temos esperanças, sonhos e metas para o futuro, e é natural que nos perguntemos se estamos na direção certa. Na realidade, é prudente fazer uma pausa de tempos em tempos para verificar se você está seguindo um caminho que fará suas esperanças se materializarem.

Em nossa vida, acontecem coisas que estão além do nosso controle, mas é possível avaliar nosso comportamento e fazer as mudanças necessárias, porque somos seres humanos *pensantes*. Mesmo quando nossas emoções são intensas, é possível observar os eventos em nossa vida para ver se eles estão nos causando danos ou nos fazendo avançar em direção àquilo que desejamos. O legado do presidente Clinton foi manchado porque ele não refletiu sobre seus objetivos. Ou então, pense em como Catherine Howard, que traiu o rei Henrique VIII, não apenas perdeu o posto de rainha da Inglaterra, como literalmente também perdeu a cabeça.

Esse é o ponto em que damos um passo atrás e examinamos atentamente o que está acontecendo em nossa vida. Apresentarei perguntas e ideias sobre as quais você deverá pensar com cuidado e responder com sinceridade. Se conseguir usar o máximo de objetividade que puder reunir, poderá ter uma ideia do rumo que o seu relacionamento está tomando. Como já relatamos, as pesquisas de Annette Lawson indicam que apenas 10 por cento das pessoas que têm um caso deixam o cônjuge para se casar com o amante. Outros especialistas reduzem esse percentual para 1 por cento. Assim, sabemos que a probabilidade de ele deixar a mulher por você é muito pequena. O desejo de estar com ele então é uma esperança com pouca razão de ser?

Para saber exatamente onde está pisando, você precisará ter consciência do comportamento dele, procurar padrões e tentar ser objetiva para entender o que realmente está acontecendo. Uma vez que compreender a si mesma é fundamental para que possa tomar decisões, vamos começar com suas convicções. Em seguida, analisaremos seu relacionamento, usando o pensamento crítico para fazer uma avaliação ponderada.

Enganando a si mesma

Temos maneiras de enganar a nós mesmos quando a dor por conhecer a verdade for insuportável. Com esse processo, criamos o que é chamado de *mecanismos de defesa*. Trata-se de um processo inconsciente ao qual recorremos para nos proteger do sofrimento. Saber a verdade causaria mais ansiedade do que acreditamos poder enfrentar. Portanto, a verdade é, de alguma maneira, falsificada, mas não temos consciência de que estamos fazendo isso. Não podemos nos permitir saber a verdade. As mulheres nesse triângulo conjugal frequentemente utilizam os mecanismos de defesa da negação e da racionalização, bem como o da minimização, que é uma distorção cognitiva.

Negação. Ela acontece quando negamos o que os fatos nos mostram ser a verdade. Pode ser doloroso demais reconhecer que a esposa e os filhos dele estão em primeiro lugar, de modo que você simplesmente não se permite enxergar isso. A negação torna admissível desejos e fatos inaceitáveis. Você provavelmente já viu outras pessoas negarem uma situação que é óbvia a todo mundo.

Jane: "Nunca percebi o cancelamento dos nossos encontros e escapadas como uma indicação de que ele tinha mais interesse na família do que em mim."

Libby: "Eu o conheço bem. Ele não faz sexo com a esposa."

Minimização. Embora esse não seja um mecanismo de defesa, a minimização está relacionada à negação. Trata-se, na verdade, de uma distorção cognitiva, uma maneira de modificar a verdade. Nesse caso, fica mais fácil aceitá-la. Entretanto, nós a usamos de certo modo como um mecanismo de defesa, mas, em vez de ser inconsciente, ela é uma ponte para a realidade. A pessoa reconhece o que está acontecendo, mas minimiza o efeito que a situação exercerá sobre ela. É uma distorção na maneira de pensar.

Jane: "Essas escapadas não são tão importantes assim."

Gerri: "Eu sei que ele quer terminar o nosso caso, mas eu consigo lidar com isso. Não foi importante na minha vida."

Racionalização: Essa é uma maneira de justificar algo que é realmente muito doloroso ou que não conseguimos aceitar. Ela também tem o objetivo de nos proteger e é utilizada para evitar a ansiedade que sentiríamos se realmente compreendêssemos o significado desse evento em nossa vida.

Libby: "Se ele faz sexo com a esposa, é apenas para que ela não desconfie de que ele está tendo um caso."

Liza: "Por que eu deveria me sentir culpada? Se ele não estivesse tendo um caso comigo, estaria tendo com outra."

Teresa: "Ele não pôde passar nosso aniversário de relacionamento comigo porque um homem na posição dele tem muitos compromissos e seu tempo é muito limitado, mas no íntimo eu sei que ele pensou em mim o dia inteiro."

Você pode imaginar a dor que essas mulheres sentiriam se dissessem:

Jane: "Ele cancela os encontros comigo porque prefere ficar com a família."

Gerri: "Este é um forte golpe. Meu coração está partido."

Libby: "Ele faz sexo com nós duas."

Liza: "Este caso está destruindo pessoas inocentes."

Teresa: "Não passamos nosso aniversário juntos porque a data não é importante para ele."

Verifique o seu sistema de crenças

Muitas das convicções que a amante tipicamente tem a respeito do seu caso são suposições errôneas, negações, minimizações ou racionalizações. Predominantemente, elas tendem a iludi-la a respeito dos fatos e da enormidade da repercussão para todos os envolvidos. A seguir, estão relacionadas algumas das convicções que as mulheres podem alimentar. Compare suas convicções com essas e, em seguida, interprete os fatos.

Convicções

1. É compreensível ter um caso com um homem casado quando sabemos que ele é infeliz no casamento.
2. O caso extraconjugal proporcionará algum prazer ao homem casado, tornando o casamento dele mais tolerável.
3. Ter um caso com um homem casado mas infeliz é permissível porque, se ele não o estivesse tendo comigo, encontraria outra pessoa.
4. Ter um caso com um homem casado não machucará ninguém se tudo for feito discretamente.
5. Ter um caso com um homem casado não é mais encarado com desprezo atualmente.
6. Na hora de tomar uma decisão, ele certamente vai escolher a pessoa que lhe causa mais prazer e menos problemas.
7. Posso mantê-lo interessado porque eu sou (a) mais jovem, (b) mais bonita, (c) mais sexy, (d) mais divertida (e) todas as respostas anteriores.
8. Tenho um domínio especial sobre ele que nenhuma esposa poderia ter.

Essas convicções precisam ser comparadas com os fatos para verificar se são válidas. A verdade é fundamental para sua felicidade. É fundamental que você reconheça que *o seu amante pode ser um parceiro* na manutenção de um sistema de crenças incontestado. No final das contas, reconhecer a verdade é a sua defesa contra continuar em uma situação que, com o tempo, poderá lhe causar dor.

Fatos

1. Você não tem como ter certeza se ele é realmente infeliz no casamento. O fato de ele dizer isso para você não o torna verdade. Muitas pessoas que afirmam ter um casamento infeliz não estão dizendo a verdade. Ele talvez pense que você estaria menos inclinada a terminar o caso se achasse que um casamento infeliz poderia fazer com que ele pedisse o divórcio. Assim, é do interesse dele deixar que você pense que ele é infeliz. Além disso, muitos homens permanecem nos seus "casamentos infelizes" por outras razões.

2. A "felicidade" é altamente subjetiva. As pessoas têm ideias diferentes a respeito dela. Ele pode ser feliz com você, o que não significa que ele seja infeliz em casa. As mulheres foram criadas para pensar que um homem as faria felizes. Na realidade, podemos ficar felizes por estar com alguém, mas cada um de nós é responsável pela própria felicidade. Não podemos assumir a tarefa de fazer outra pessoa feliz. Baseando-me nos anos em que venho orientando mulheres, devo dizer, em primeiro lugar, que elas não querem ouvir que são responsáveis pela própria felicidade. Com o tempo, acabam sabendo que essa é a verdade. A maioria passa a

compreender que é melhor contar consigo mesma para ser feliz do que com outra pessoa.

3. Se partirmos do princípio de que ele era realmente infeliz no casamento, pode ser verdade que ele tivesse um caso com outra pessoa se não estivesse com você. Se um homem é infeliz no casamento, a primeira responsabilidade dele é descobrir por que isso está acontecendo. Pode ser que o fato nada tenha a ver com a esposa. Se você fosse casada com ele, e ele lhe dissesse que não era feliz, você acharia que o melhor para ele seria traí-la ou tentar descobrir a causa dessa infelicidade? Essa razão pode não ter nenhuma relação com a mulher dele, e tudo a ver com ele mesmo.

4. O caso extraconjugal sempre causa um dano ao casamento enquanto está acontecendo e durante algum tempo depois que acaba, porque rouba do marido e da mulher um tempo que poderiam ter passado juntos, privando-os de intimidade, sinceridade e boas lembranças. As consequências de uma traição são profundamente prejudiciais. Ela é devastadora para a esposa, para os filhos e parentes. Essas pessoas podem se fortalecer, mas mesmo assim se lembrarão do caso. Ele pode magoar você se terminar o relacionamento, porque você terá investido nele grande parte do seu tempo, e os planos que fizeram juntos terão sido destruídos. Um bom exemplo é o caso do presidente Clinton com Monica Lewinsky. Monica sonhava com um futuro ao lado dele e no final sofreu um desgosto. Vimos fotografias de Hillary Clinton e da filha, Chelsea, arrasadas com as notícias. Hoje, no entanto, eles reconstruíram sua vida em comum, enquanto Monica ainda está buscando a dela.

5. De acordo com as estatísticas, a maneira como o público encara os casos extraconjugais está mudando, mas as pessoas ainda olham com desprezo. No *The Janus Report on Sexual Behavior*, os Drs. Samuel S. Janus e Cynthia L. Janus declaram que, na pesquisa de opinião que realizaram com 2.759 homens e mulheres entre 1988 e 1992, 83 por cento apenas discordam ou discordam com veemência da declaração: "Os casos extraconjugais não afetam seriamente o casamento." Os resultados também revelaram que, de 2.760 pessoas entrevistadas no mesmo período, 91 por cento concordam ou concordam com veemência com outra declaração: "A família é a instituição mais importante da sociedade."
6. Anteriormente neste livro, analisamos as razões pelas quais ele poderá não escolher a amante em detrimento do seu casamento, apesar de o fator prazer no caso extraconjugal ser elevado. A probabilidade de ele deixar a família aumenta se ele acreditar que tem um caso de amor romântico com você, e talvez a vontade de estar a seu lado não seja neutralizada por outras considerações relacionadas ao casamento dele. Já vi maridos deixarem a esposa com quem estavam casados durante muito tempo, de vinte a quarenta anos, para se casar com a amante. No entanto, as estatísticas revelam que, na maioria das vezes, o homem não se casa com a amante.
7. Você pode ser capaz de mantê-lo interessado porque é jovem, bonita, sexy e/ou divertida, mas a esposa dele também pode ter esses atributos, embora ele talvez não confesse isso a você. Se você perdesse alguma dessas características, ele continuaria interessado? Ele pode se sentir atraído por todas essas qualidades, mas elas não

são a razão pela qual ele está sendo infiel. O caso satisfaz as necessidades emocionais dele, como o narcisismo, o poder e a baixa autoestima.
8. Você tem um domínio especial sobre ele que nenhuma esposa pode ter devido à natureza do caso amoroso. Mas ela também tem um domínio especial por causa dos anos que passaram juntos e da história que pertence exclusivamente aos dois. Já vi homens que respeitam a esposa pelo que passaram juntos. O poder dela nesse aspecto não pode ser minimizado. Em resposta à declaração da pesquisa de opinião realizada entre 1988 e 1992 do *The Janus Report*, "O meu cônjuge/parceiro(a) também é o meu melhor amigo(a)", 85 por cento dos 770 homens e 82 por cento das 802 mulheres responderam "sim".

Ler esta seção talvez tenha sido difícil para você. Foi complicado para mim escrevê-la, porque eu sabia que poderia fazê-la sofrer, o que não é meu objetivo. Apesar do pequeno percentual de histórias em que a amante e o marido se casam, considerando tudo que ouvi no meu consultório, ou li sobre aquelas que "já passaram por isso", a mensagem é "Pare! Você vai se machucar!". Por mais maravilhoso que o caso possa ser, quanto mais ele durar, maior será a dor do rompimento. Seu desejo de se casar com ele pode ser forte, mas o casamento pode não estar nos planos dele.

Limites

Recue no tempo e reflita sobre o primeiro encontro. Você sabia que ele era casado? Muitas mulheres, casadas ou solteiras, conhecem um homem e acham que ele é divertido ou que a conversa dele é interessante. O encontro pode ter deixado você com um sentimento agradável, certo fascínio e a vontade de conhecê-lo melhor.

O que você se lembra desse primeiro encontro? Ele usava aliança? Falou sobre mulher e filhos? A aliança passa a seguinte mensagem: "Estou indisponível." Ela define um limite que não deve ser ultrapassado. Você notou esses limites? Se notou, observou a mensagem que eles pretendiam passar? Os limites são muito importantes no nosso relacionamento com as pessoas. Eles expressam nossas convicções e nos proporcionam uma maneira de definir a nós mesmos. Em um relacionamento, os limites precisam estar claros. Alguns homens não sentem necessidade de usar aliança, o que pode ser um sinal de perigo. A aliança é um limite simbólico extremamente claro.

Os limites são estabelecidos por intermédio do comportamento e da comunicação verbal e não verbal. Quando falamos por meio de insinuações, ou respondemos de modo provocante a uma pessoa, enviamos um sinal de que os limites estão flexíveis. Quando alguém deseja e toca você de maneira que não é exatamente casual, faz um comentário íntimo ou age como se vocês compartilhassem algo especial, está dizendo alguma coisa a respeito dos limites dele, ou seja, que eles são fracos, indistintos, indefinidos ou abertos. Quando não menciona que tem esposa e filhos e interage com você de modo sedutor, um sinal de alerta deverá se acender, e você precisará estar atenta a ele.

Na situação que se segue, Glenda e Luke se esbarram no bufê de uma conferência regional da qual ambos estão participando:

Glenda: (Rindo) Desculpe. Sou muito estabanada.
Luke: (Piscando o olho para ela) Você é a estabanada mais bonita que eu já vi.

Luke, envolvente, convida Glenda para ir até a mesa dele. No final da noite, Luke está contando piadas, tocando a mão de Glenda e fazendo planos para passarem o dia seguinte juntos.

Glenda: (Jogando verde) O que sua mulher iria pensar se soubesse que você passou o dia comigo?
Luke: (Esquivando-se) Está vendo alguma aliança? *(Ele faz a pergunta enquanto ergue a mão, mostrando que está sem aliança.)*

Glenda não faz mais perguntas sobre o assunto. Ela e Luke começam a ter um caso, e três meses depois Glenda descobre o estado civil de Luke quando ele é bipado devido a uma emergência na família e ela escuta a conversa. Glenda fica furiosa e se sente enganada, mas continua com o caso sem levar em conta as verdadeiras implicações da situação.

Luke estava ativamente desejando ter um caso, primeiro por não estar usando aliança e, segundo, por ter se esquivado da piada que Glenda jogou. Para Luke, ela deu a entender que desconsiderava os limites por não ter insistido no assunto.

Em outra situação, Barbara conheceu Joey em uma festa na casa de um amigo, e ambos sabiam que o outro era casado. Os respectivos cônjuges também estavam na festa. No dia seguinte, Joey telefonou para Barbara a pretexto de obter algumas informações a respeito do tratamento não tradicional que ela conhecia para cotovelo de tenista. Eles se encontraram no almoço para conversar sobre o assunto, e depois acabaram se tornando amantes.

Não era o primeiro caso extraconjugal de Barbara. Ela gostava de se relacionar com homens casados, porque isso reduzia a probabilidade de complicações. Com o tempo, contudo, Barbara se apaixonou por Joey, mas ele estabeleceu um limite, recusando-se a falar sobre a esposa e não fazendo perguntas a Barbara sobre o marido dela. É extremamente provável que isso queira dizer: "Deixe a minha mulher fora disso." Para Joey, ele está apenas tendo um caso que não vai dar em nada.

Sabemos por que Barbara procurou um homem casado. Ela se mostrou aberta a isso mais adiante no relacionamento, mas não conhecemos o raciocínio de Glenda. Quando ela descobriu que Luke era casado, por que continuou com ele? Essa é uma questão muito importante que as mulheres que se envolvem com homens casados devem reconhecer e, com o tempo, entender. Ter um caso com um homem comprometido é uma escolha. Você pode ter a impressão de que "simplesmente aconteceu", mas não foi isso que ocorreu. Essa é uma maneira de você enganar a si mesma negando a verdade. Muitas mulheres dizem o seguinte: se os limites fossem observados, os casos extraconjugais simplesmente não poderiam acontecer. Uma vez que as estatísticas indicam que não é assim que as coisas funcionam, é importante que você examine seu sistema de crenças a respeito de como começou a se envolver com seu amante. Ele enviou mensagens de que estava disponível quando, na verdade, não estava? A comunicação verbal e a não verbal dele eram claras? Você não deu atenção aos limites dele?

Por outro lado, muitas mulheres se põem em campo para atrair o amante. A mulher prepara uma armadilha e ele é seduzido pela isca, que é a beleza, o charme e a atitude descontraída dela, bem como a mensagem que diz: "Eu sou muito divertida." Ela o considera atraente e a atenção dele confere um impulso à sua autoestima, assim como sua atenção aumenta a autoestima dele. Ele pode ou não ter a beleza de um artista de cinema, mas desperta nela certo tipo de atração. Uma das fontes da atração pode ser exatamente o fato de ele ser casado. Você precisa ter consciência dessa possibilidade e explorá-la profundamente.

Por que homens casados?

Será que isso poderia acontecer com você? É importante rememorar seus relacionamentos e verificar se percebe um padrão. Você tem um histórico com homens casados ou com homens indisponíveis de alguma outra maneira? Se for esse o caso, você se apaixonou por algum ou alguns desses homens? O relacionamento terminou porque ele não quis deixar a mulher para ficar com você? Se isso estiver acontecendo com você, é preciso compreender que se encontra em um ciclo que termina mal. O ciclo é o seguinte:

1. Você se sente atraída por ele, e ele retribui a sua atenção.
2. Você sabe que ele é casado ou descobre esse fato mais adiante no relacionamento.
3. O fato de ele ser casado a detém apenas por pouco tempo, ou simplesmente não a detém.
4. Repete para si mesma que ele não é feliz no casamento porque está tendo um caso com você, e ele é muito atencioso, tem um comportamento apaixonado e dá a impressão de estar satisfeito.
5. Você começa a ter esperanças de que ele deixe a mulher.
6. Começa a sonhar a respeito de ele deixar a mulher e se casar com você.

7. Você começa a falar no assunto.
8. O relacionamento passa a ser instável. Vocês discutem.
9. Vocês rompem o relacionamento e o reatam algumas vezes.
10. Na maioria das vezes, o caso chega ao fim.
11. Você fica arrasada.

No próximo capítulo, a dinâmica desse relacionamento será discutida em detalhes. Por ora, a grande pergunta a ser feita é a seguinte: por que você repete esse ciclo com homens casados? Eles não estão disponíveis. Você continua a se envolver com homens casados, embora saiba que não vai dar certo, que terá uma vida de sigilo e falta de sinceridade, que receberá o rótulo pejorativo de "a outra", que magoará uma família inteira, que vai adiar suas metas ou protelá-las até que seja impossível que elas se materializem, e ficará frustrada. O que a levaria a causar a si mesma esse sofrimento?

Sempre apaixonada pelo mesmo homem

Outra importante avaliação que você precisa fazer é determinar se você se apaixona repetidas vezes pelo mesmo homem. Não efetivamente o mesmo homem, mas o mesmo tipo de homem. Muitas mulheres se apaixonam por homens mais velhos porque se sentem atraídas por algumas das características deles. Ele pode ser um homem que ocupa um cargo poderoso, que você e outras pessoas respeitam e admiram. Isso pode fazê-la se sentir bem com relação a si mesma. É bom para o ego saber que um homem admirado por tantas pessoas a considera atraente e provocante o bastante para ter um caso extraconjugal. Você se sente especial.

Quando ele é muito mais velho que você, há uma grande possibilidade de que ele a faça se lembrar do seu pai. Esse fato pode ser inconsciente. Muitas mulheres que se envolvem repetidamente com homens mais velhos estão em busca de uma figura paterna bondosa e amorosa porque seu pai não foi nenhuma das duas coisas, e sim uma pessoa alheia e distante. Elas procuram o que perderam na infância, mas em geral acabam, inconscientemente, escolhendo um homem que é exatamente como o pai, mas que está indisponível porque é casado. Essa indisponibilidade faz com que a situação pareça segura, o que, em parte, explica a ambivalência de algumas mulheres. Algumas acreditam que querem que o amante se case com elas, mas seu comportamento demonstra que essa hipótese é falsa. Ou escolhem um homem indisponível ou um que se parece demais com seu pai para que se sintam à vontade, o que pode fazer com que elas ajam de maneira a sabotar o relacionamento para evitar a intimidade que temem.

Por outro lado, algumas mulheres podem buscar relacionamentos para corrigir e resolver o passado. Esse tipo de comportamento pode ser identificado pela compulsão da repetição. Isso acontece quando repetidamente nos colocamos na mesma situação infeliz do passado para tentar corrigi-la ou resolvê-la. Uma mulher cuja mãe é fria e crítica, por exemplo, pode escolher amigas com as mesmas características, recriando, assim, a relação com a mãe. Elas trabalham o relacionamento para tentar corrigi-lo. Fazendo uma associação entre o que acabo de dizer e as mulheres que têm casos com homens mais velhos, elas recriam um relacionamento no qual suas necessidades de carinho não foram satisfeitas, na tentativa de que o sejam no presente. Uma vez mais, a mulher descobre que isso não funciona, porque seu amante é como o pai: ocupado, emocionalmente indisponível e apegado a outra mulher.

Ela inconscientemente se programou para o fracasso. Por outro lado, talvez seja o relacionamento de seus pais que ela esteja tentando corrigir no presente.

Gloria Vanderbilt, em sua autobiografia *It Seemed Important at The Time*, escreve a respeito de sua vida de casos amorosos, muitos deles com homens casados, que começou cedo e prosseguiu até a época em que ela escreveu o livro, aos 81 anos. "Por onde devo começar? Não pelo início, porque não é divertido. Nem pelo fim, porque minha história está longe de terminar."

O início não foi nada divertido para Gloria Vanderbilt. Ela era a pobre menina rica que foi criada por terceiros, mas que ansiava pela mãe. Em sua autobiografia, ela reconhece que a mãe não tinha a menor capacidade de ser a mãe que uma menina precisa. E também compreende que passou a vida envolvida em casos de amor, bem como em vários casamentos, procurando de homem em homem o amor que ela tão desesperadamente desejava, precisava e merecia ter recebido da mãe. Ela escreve o seguinte: "E, embora eu aceite que não estava na natureza dela um dia ser capaz disso, o anseio é tão profundo na minha natureza que preciso constantemente resistir à atração que sinto por homens e situações que repetem a antiga situação, sempre acreditando que dessa vez o conto de fadas terá um final feliz."

Entender o passado e tentar trabalhar nesses relacionamentos pode curar antigas feridas. Recriar essa relação por meio de casos amorosos, tentando fazer com que dê certo dessa vez, não resolverá a questão subjacente. É do seu maior interesse reconhecer a influência que essas feridas têm em seus relacionamentos atuais e compreender que a mudança é possível. Um exame retroativo poderá favorecer tanto esse relacionamento quanto outros.

A busca

Algumas pessoas passam a vida inteira envolvidas em um relacionamento após o outro porque buscam uma solução equivocada para uma relação passada ou procuram distrair-se do sofrimento causado. É importante reconhecer e lidar com as seguintes questões de maneira mais eficaz:

- Se assim como Gloria Vanderbilt, você se encontra em uma sucessão de casos com homens casados ou mais velhos, e acredita que está em busca do amor do seu pai ou da sua mãe...
- Se você se vê como uma mulher que está no meio de uma busca, sofreu abuso sexual quando criança e não havia ninguém para protegê-la ou entender a enormidade do que aconteceu...
- Se você cresceu em um lar no qual precisava procurar estímulo, aceitação e cuidados responsáveis, e suas necessidades eram desprezadas...
- Se você sentiu vergonha na infância porque seus pais a negligenciaram em função dos problemas deles...
- Se você estava buscando encontrar a paz devido à lembrança do abuso físico da parte de seus irmãos ou dos seus pais...

Neste momento é importante trazer paz para a sua vida agora, livrando-se desses demônios. Nada disso é um reflexo seu. É importante, na presença ou na ausência de um caso amoroso, lidar com as injustiças do passado. Nem todos os casos são desencadeados pela busca — a busca do alívio para o sofrimento —, mas muitos deles são.

Mesmo que esteja feliz com o seu caso amoroso, se o passado a atormentar, como facilmente poderá fazê-lo, procure uma pessoa capaz de ajudá-la a entender por que isso aconteceu e perceba que, na condição de criança, você tinha direito a mais do que recebeu.

Muitos dos exercícios e conceitos que encontrará neste livro poderão representar um início para o alívio da busca.

Análise comportamental

Vamos analisar alguns de seus sentimentos e comportamentos no relacionamento com seu amante e tentar compreendê-los, já que eles pertencem a seu futuro. Sua vida provavelmente mudou de muitas maneiras desde que o relacionamento começou. Às vezes, você poderá ter a impressão de que está em uma gangorra. Por um momento está em cima, sentindo-se animada e no topo do mundo. No minuto seguinte, se sente desanimada e sem forças para recuperar aquele sentimento maravilhoso. Acredito que isso aconteça porque você se encontra em uma situação na qual a vida com ele dá a impressão de ser um paradoxo depois do outro. É um sobe e desce que pode ser confuso e perturbador.

Os paradoxos

O mundo dos paradoxos no qual você se encontra pode lhe parecer confuso porque os aspectos positivos são muito fortes e a deixam feliz. É difícil abrir caminho através dessa ilusão, mas isso precisa ser feito para que a situação seja compreendida. Entretanto, os aspectos negativos contradizem esse sentimento. Assim, enquanto você está no meio do romance e da emoção, tende a minimizar ou desprezar o que é negativo. Mas esses aspectos precisam ser examinados por meio do seu raciocínio objetivo.

A seguir, alguns exemplos de sentimentos paradoxais que podem levá-la a esse estado de desequilíbrio.

Especial, porém estigmatizada
Você e ele estão criando uma vida romântica, fazendo coisas que produzem lembranças. Vocês comemoram o primeiro encontro, têm souvenirs das viagens que fizeram juntos, você guardou todos os cartões, bilhetes e presentes que ele lhe deu que conferem significado a esse romance emocionante. No entanto, no fundo, quando concede a si mesma um tempo para estar com seus sentimentos mais íntimos, fica magoada, porque sabe que existe um estigma associado a esse romance. O sigilo da vida que levam juntos diz o seguinte: algo está errado, de modo que precisamos nos esconder e ter uma "vida nas sombras".

Às vezes, não dá para acreditar que isso esteja acontecendo. Você sente que não se encaixa no estereótipo negativo de uma predadora sexual. Sente que é especial para ele, mas tem plena consciência do estigma associado ao papel que desempenha. Existem poucos lugares no mundo, se é que existe algum, onde ele pode reconhecê-la ou demonstrar aceitação por você e pelo relacionamento que os dois compartilham. Ele se torna extremamente importante para você nesse relacionamento. Sente que ele precisa confirmar a legitimidade da relação de vocês, caso esteja insegura a respeito de sua importância para ele, mas não pode fazê-lo publicamente. Assim, embora pareça especial, você também é estigmatizada.

Apreciada, porém usada
O sentimento de ser apreciada está corrompido porque, em algum nível, você sente que está sendo usada. Se o sexo for uma

parte muito importante do relacionamento, você poderá às vezes se perguntar se essa não é a razão pela qual estão juntos. Isso acrescenta emoção e fascínio. Você está disponível para o sexo, seja nos dias combinados nos quais sempre se encontram ou sempre que ele dá um jeito de aparecer. Não consegue deixar de se perguntar o seguinte: se não fosse pelo sexo, mesmo assim você seria tão apreciada? Apenas estar ao seu lado seria suficiente?

Livre, porém prisioneira

Talvez o paradoxo mais difícil de todos seja o fato de que você se sente livre da competição insana de tentar encontrar um relacionamento, mas ao mesmo tempo não é a pessoa que imaginou que seria porque está permanentemente "de plantão". O celular tem um papel muito importante em sua vida. Você sempre pode ser encontrada. O tempo dele não é realmente dele, já que tem uma esposa, uma família e um emprego que vêm em primeiro lugar. Ele a encaixa na vida dele da maneira que consegue. Acontecem emergências às quais ele precisa estar presente. No entanto, é diferente se a emergência for com você. Ele não pode estar ao seu lado se você estiver triste, mas ele precisa assistir ao recital de balé da filha nessa noite. Quando necessita de apoio emocional, ele talvez não seja capaz de proporcioná-lo, nem mesmo por telefone. Por outro lado, você precisa ficar de prontidão para os momentos em que ele consegue encaixá-la na programação dele. Você desiste de programas porque eles podem estar em conflito com a hora em que ele pode vê-la. Portanto, ao mesmo tempo em que você é livre, é uma prisioneira.

Um paraíso secreto, porém um mundo de isolamento
Você tem uma vida sigilosa na qual algo muito importante acontece e você não pode contá-lo a ninguém. Quando estamos entusiasmados com um relacionamento ou achamos que estamos apaixonados, a reação mais natural é querer contar isso para o mundo, como faz Gene Kelly na clássica cena de *Cantando na Chuva*. É uma reação natural, mas ela lhe é negada. Algumas mulheres podem confiar em uma amiga íntima, mas muita coisa depende de quem é o homem e de como você o conhece.

Você não pode apresentá-lo à sua família porque se sente constrangida e também porque sabe que ele ficaria muito perturbado se a notícia se espalhasse. Isso definitivamente causaria problemas no casamento, no trabalho ou na comunidade dele. Essa situação tem uma série de consequências, algumas positivas. Entres estas, está o fato de que é emocionante e até mesmo romântico que apenas vocês dois saibam o que está acontecendo e compartilhem um mundo secreto. Desse modo, à medida que o relacionamento vai se tornando mais especial, você se sente cada vez mais isolada.

Uma zona de segurança, porém uma rede de perigo
A situação parece maravilhosa porque você criou uma zona de refúgio na qual acredita estar protegida por ele e pelo tempo que passam juntos. Na realidade, talvez não seja tão seguro assim. Você pode não ter consciência de qualquer perigo, porque o sigilo e o isolamento a impedem de obter feedback dos seus amigos, que poderiam fazer perguntas a respeito de algum comportamento questionável de seu amante. Por conseguinte, fica impedida de ter acesso a um feedback crítico que poderia evitar o sofrimento. As-

sim, ao mesmo tempo em que se sente segura, talvez possa estar em perigo.

A solidão se foi, porém os amigos também
Finalmente parece que encontrou uma maneira de derrotar a solidão, mas o paradoxo é que seus amigos aos poucos desaparecem porque você tem pouco tempo para eles. Você já não é livre para se encontrar com eles com a frequência de antes. Ele poderá telefonar e você precisa estar disponível, porque não está com ele o tempo que gostaria. Nas ocasiões em que está com amigos, você se comporta de maneira cautelosa em vez de relaxada. Eles sentem que há algo errado. As perguntas deles sobre como você está recebem respostas evasivas e um "está tudo bem" que, além de não satisfazer ninguém, aumenta a distância que se formou entre eles e você. Assim, um diferente tipo de solidão se instala em sua vida. Embora não esteja mais solitária, você não tem mais amigos.

Existe a justificativa, porém você se sente culpada
Às vezes você sente que ter esse relacionamento se justifica porque acredita que a vida dele não é feliz nem satisfatória. Ele falou sobre os problemas conjugais e as dificuldades que tem com os filhos. Você é a única pessoa com quem ele consegue abrir o coração. A família não dá atenção ao sofrimento dele. Ele sente que pode confiar em você. Mesmo que não fale sobre a família e os problemas, você talvez suponha que existem muitos; caso contrário, não estariam juntos. Portanto, você sente que é justificável satisfazer as necessidades dele, mas, ao mesmo tempo, também sente um pouco de culpa por ter um caso com ele. Desse modo, você se pergunta como é possível ao mesmo tempo achar que está certa e que é culpada.

Autoestima, porém insegura
Sua autoestima parece uma montanha-russa quando você tem um caso. O crucial é definir se a maneira como você se sente a respeito de si mesma vem de dentro ou depende do relacionamento que está tendo. É natural que você se sinta maravilhosamente bem quando alguém com quem tem um envolvimento íntimo é tão lisonjeiro, mas a autoestima saudável precisa vir de dentro. Você tem de se sentir bem em relação ao que faz e ao que é, e não precisa que outra pessoa seja o espelho por meio do qual você avalia a si mesma. Se o sentimento de bem-estar provém da concorrência com a mulher dele, sua autoestima estará à mercê do relacionamento. Se tiver origem apenas no relacionamento, não virá de dentro de você e poderá desaparecer se o caso acabar. Assim, nesse relacionamento, a autoestima elevada pode, paradoxalmente, coexistir com a insegurança.

Poderosa, porém impotente
Você tem uma sensação de poder e realização porque chamou a atenção de um homem com esposa e filhos. Isso lhe confere um sentimento de superioridade com relação à mulher dele, porque você sente que deve ter o charme e o fascínio que imagina que ela não tenha. Na verdade, às vezes você se sente como se fosse a esposa dele e acredita que pode fazê-lo feliz, ao passo que ela obviamente não é capaz disso. No entanto, quando você fala a respeito do futuro, ele muda de assunto, evita falar de si mesmo ou pede paciência. Vocês às vezes discutem por causa disso, e depois você se questiona quanto ao poder que realmente tem no relacionamento.

Ao ficar realmente zangada e cansada das tentativas dele de dissuadi-la de seu intento, você pode apresentar a ele um ultimato, o qual é desconsiderado ou respondido com outras promessas para o futuro. Algum tempo depois, a discussão volta à tona e você dá a ele outro ultimato. Desse modo, sua capacidade de atraí-lo, apesar de ele ter uma família, lhe confere a sensação de poder. Mas a sua incapacidade de convencê-lo a terminar o casamento lhe confere um sentimento de impotência. Você se sente, ao mesmo tempo, impotente e poderosa.

O que você está sacrificando?

Você tem muitos sentimentos a respeito do seu relacionamento. Alguns podem ser aquelas "dúvidas torturantes", sentimentos que a incomodam, mas, em vez de explorá-los, você os reprime. Entretanto, é importante analisar suas preocupações à luz dos fatos, sendo ao mesmo tempo sincera e objetiva.

Você está fazendo sacrifícios pessoais para manter o caso? No seu pensamento crítico sobre se o relacionamento é benéfico para você, é melhor examinar agora esses sacrifícios, porque futuramente poderá ser tarde demais. Alguns de seus desejos são adiados, com a esperança de que venham a se realizar, mas podem se tornar irrecuperáveis.

A carreira

Algumas mulheres fazem escolhas profissionais que não são as melhores, a fim de manter um caso amoroso. Muitas carreiras dependem de uma mudança de cidade, e há mulheres que se sacrificam profissionalmente quando decidem não se mudar. Então, anos mais tarde, constatam que o caso terminou e a carreira fracassou, e por mais que tentem, não conseguem compensar essa perda. Já outras mulheres fazem a mudança e tentam manter a carreira e o caso amoroso. Dependendo das pessoas, alguns relacionamentos podem durar e, até mesmo, prosperar com a separação geográfica. Já outros não conseguem superar a distância. Se se trata de uma promoção importante, ela ficará em conflito. Além disso, é necessário ocultar seus sentimentos o tempo todo, o que não é uma tarefa fácil.

A mulher, casada ou solteira, que tem um caso com o seu supervisor ou mentor no trabalho deixará de ter o contato diário e frequente com ele ao mudar de cidade ou assumir um novo cargo. Se ela não aproveitar a oportunidade, sua carreira poderá não progredir como ela esperava e, adicionalmente, sua decisão poderá fazer com que outras pessoas especulem sobre o motivo que a levou a recusar a promoção.

A família
No caso das mulheres que pretendem ter filhos, o tempo perdido com um caso amoroso adia a satisfação desse desejo, às vezes a ponto de se tornar tarde demais. As mulheres têm maior desvantagem biológica nesse aspecto. Para as que desejam ter filhos, conhecer os efeitos do caso que está tendo é fundamental. Se ele não quiser se casar com ela, ela terá usado da maneira errada os preciosos anos em que poderia ter gerado filhos. Ela talvez tenha tempo de encontrar o homem certo, mas não o suficiente para ter um filho.

O casamento é em geral a prioridade, mas algumas mulheres, mesmo não podendo ter aquele homem como marido, querem ter filhos dele. Elas sentem que farão parte da vida dele para sempre se forem mãe de um filho dele. No entanto, o fato de ela ter o filho não significa necessariamente que o resultado será outro, especialmente se o amante não tiver participado da decisão de ter a criança. Isso pode muito bem fazer com que o caso amoroso acabe abruptamente, e a mulher tenha de criar o filho sozinha.

Outra questão que muitas mulheres precisam considerar é se ele quer ou não ter filhos. Por ser um homem casado, é provável que ele já os tenha. Ele pode não querer ter filhos por razões financeiras, ou porque os dele já estão criados e ele não está disposto a fazer tudo de novo. Ou então está perto de se aposentar e considera uma nova família um contratempo. Por outro lado, alguns homens sentem que fizeram tudo errado com a primeira família, de modo que são receptivos à oportunidade de recomeçar e lidam com a situação de maneira diferente. Alguns homens mais velhos se sentem revitalizados com uma nova mulher e uma família mais jovem. Eles também podem mostrar ao mundo o quanto são viris, o que se torna outro incremento na autoestima deles.

A única maneira que você tem de descobrir como ele pensa é conversando a respeito do assunto e compreendendo as próprias metas e prioridades. Se ele não deseja ter filhos e você, sim, é necessário avaliar o que é mais importante para você, e se realmente vale desistir dos seus desejos em prol da relação que está tendo com ele. Recebi no meu consultório mulheres chorando, lamentando o fim do relacionamento com o amante. Mas, acima de tudo, estavam tristes porque haviam concordado com a condição "nada de filhos". Essas mulheres estavam sentindo que haviam cometido um erro grande e irreparável. Elas ficaram sem ele e não têm filhos. E muitas já passaram da idade de procriar.

O casamento

Se o relacionamento é relativamente recente, você talvez se sinta confiante de que ele caminhará para o casamento. À medida que investe mais tempo no caso, a probabilidade de vocês se casarem diminui. Se estiver em um relacionamento de longa duração, sabe que a probabilidade do casamento diminuiu enormemente. Você pode estar esperando que certos eventos aconteçam, como ele pediu, em cujo ponto espera que ele deixe a esposa. Se esses eventos forem adiados duas ou mais vezes, trata-se provavelmente de uma indicação de que as intenções dele não são sinceras, e você pode estar caminhando para um caso de longa duração.

Se você é casada e tem um caso extraconjugal, precisa ter *bem claro* na cabeça *o motivo* pelo qual está envolvida com seu amante. Se cometeu um erro na escolha do seu marido, não vai querer repetir esse erro e, se tratar de um problema que teve origem na infância, precisa resolvê-lo. A natureza do caso amoroso nos diz que ele pode ser ilusório e enganoso, e a realidade pode ser bem diferente. Se tem filhos, eles decididamente serão afetados pelo que está ocorrendo em sua vida. Você precisa pensar com bastante cuidado, porque muita coisa está em jogo.

Pesquisas demonstram que a mulher casada tem mais probabilidade de abandonar o casamento quando tem um caso, mas também tem mais a perder. A socióloga inglesa Annette Lawson diz o seguinte no livro *Adultery*: "Quero deixar claro que o adultério sempre foi um problema mais sério para a mulher casada adúltera do que para o homem casado adúltero; a punição dela é imensamente mais severa do que a dele."

Em vez de saltar de uma situação ruim para outra pior ainda, recomendo que você leia cuidadosamente os próximos capítulos e faça alguns dos exercícios. Você poderá decidir se deve trabalhar com um orientador conjugal para entender a si mesma e suas escolhas.

Bem-estar emocional

Seu caso amoroso, com todas as qualidades que ele tem que a fazem sentir-se bem, é uma busca que visa satisfazer suas necessidades emocionais, ou uma distração que a impede de resolver os problemas da sua infância? Se a experiência da infância estiver interferindo no seu bem-estar atual, e se estiver usando o relacionamento para se confortar, você poderá estar sacrificando sua saúde emocional a longo prazo se não resolver as experiências infelizes do seu passado. Quer você se case com ele, quer não, seu bem-estar emocional é fundamental. Com ele, você pode lidar melhor com os desapontamentos e traumas da vida, e pode atingir o apogeu como pessoa, esposa, mãe e profissional. Você pode confiar mais em suas escolhas e opiniões quando entende o passado.

O futuro comum de vocês dois

Muitos casos amorosos apresentam uma grande discrepância etária entre os parceiros. Até mesmo com a ênfase no exercício e na boa nutrição, bem como com os atuais tratamentos farmacêuticos para a disfunção erétil, pode haver diferenças significativas nos desejos e na capacidade de uma mulher de 25 anos e nos de um homem de 55. E, daqui a vinte anos, quando ela tiver 45 e ele, 75, a disparidade será ainda maior. Esse assunto não parece merecer atenção quando somos jovens e estamos apaixonados, mas, se somarmos ainda mais 15 anos, essa mesma mulher terá 60 e ele, 90 anos!

Enquanto as mulheres mais velhas estão em plena atividade e fazendo o que gostam, como a cantora Tina Turner e as atrizes

Jacqueline Bisset e Sophia Loren, os equivalentes do sexo masculino são poucos, com exceção de Clint Eastwood. Se, por exemplo, uma de suas metas na vida for viajar, você será capaz de fazer isso aos 60 anos, mas duvido que consiga viajar com facilidade com ele quando ele tiver 90.

Temos ouvido falar bastante em pessoas mais velhas se casando, mas, se elas se casam com alguém de sua faixa etária, podem ter expectativas mútuas mais razoáveis. Não se trata de ter preconceito com relação à idade, e sim de olhar para a frente e avaliar de maneira sensata como a vida poderá ser. Se você é jovem e tem um caso com um homem casado e mais velho, precisa levar em consideração o que provavelmente terá de sacrificar mais adiante — e avaliar seriamente se a situação se encaixa realisticamente ou não na visão que tem do futuro.

A vida em suspenso

Muitas mulheres não sacrificam apenas suas metas, seu futuro e bem-estar emocional em prol do caso amoroso, mas também outras coisas que conferem alegria à vida. Você precisa definir a relação entre o caso e os seus objetivos.

As mulheres sacrificam as amizades em função do caso e do sigilo que ele exige. Deixam de comparecer a reuniões de família porque ficam sentadas esperando que o amante telefone. Muitas mulheres não se dedicam a atividades nas quais estão interessadas, como viajar, fazer cursos ou participar de grupos devido ao seu status de dama de companhia. E outras ainda ficam de tal maneira envolvidas com o sigilo, a emoção e o perigo do caso que não percebem o verdadeiro perigo, que é não ter uma vida separada da do amante.

A sua felicidade

Lembro-me de uma mulher ter-me perguntado há vinte anos, no primeiro grupo que conduzi, como poderia encontrar a felicidade. O grupo discutiu a pergunta e chegou à conclusão de que era importante preencher a vida cotidiana com atividades e pessoas de quem gostamos, bem como deixar de nos preocupar com a ideia de ser felizes. Você é capaz de fazer isso?

Quando você liberta o pensamento dos mecanismos de defesa sobre os quais falamos, existem perguntas que deve fazer a si mesma e às quais precisa responder com sinceridade. Você se sentia atraída por homens casados em relacionamentos anteriores? Costumava se sentir atraída por homens casados no passado? Caso se sinta, pense na possibilidade de seus relacionamentos estarem seguindo um padrão. Esse processo pode ser consciente ou inconsciente. Um relacionamento com um homem casado pode indicar o seu anseio por uma figura amorosa paterna ou materna, alguém que irá cuidar bem de você. Ou então pode refletir sua preocupação com questões de confiança oriundas de experiências da infância. Você talvez procure casos que não possam dar certo porque, em algum nível, não deseja ter um relacionamento em que exista compromisso. Você pode ter o desejo de perder, não de ganhar. O que pode basicamente atrair você é a indisponibilidade dele. Outra possibilidade é que, em algum nível, seu desejo é estar em uma posição impotente. Seu mundo de paradoxos faz com que se sinta impotente e sem controle sobre o futuro. Se for um padrão seu escolher amantes que não estão livres para se casar, você deve considerar todas essas possibilidades. Para romper esse padrão, primeiramente é necessário ter consciência de sua existência. Em seguida, precisa compreender por que essa necessidade existe e adquirir as ferramentas que irão auxiliar na mudança. No próximo capítulo, vamos examinar esse assunto mais detalhadamente.

Parte III

O caso

Capítulo Seis

Os estágios de um caso

Poucas coisas permanecem estáticas na vida. As pessoas e os relacionamentos mudam. Algumas vezes se aprofundam, outras ganham em um aspecto e perdem em outro. Ao avaliar seu caso amoroso, um exame das mudanças a ajudará a determinar se ele está se desenvolvendo da maneira como você gostaria. As coisas parecem ir bem no início do relacionamento, quando o encantamento pela outra pessoa e o desejo de agradar estão presentes. Se o relacionamento não se modifica e continua a ser físico — o primeiro lado do triângulo amoroso —, contendo apenas paixão e desprovido de intimidade emocional, é improvável que ele se aprofunde e seu amante deixe a esposa para ficar com você.

À medida que o relacionamento vai se desenvolvendo, a *intimidade*, o segundo lado do triângulo, também começa a crescer. Vocês se conhecerão melhor. É claro que a intimidade é crucial para o desenvolvimento do verdadeiro amor. Entretanto, é nesse ponto que a realidade se manifesta, possibilitando que enxergue com mais clareza quem é realmente a pessoa com quem você está se relacionando. Você poderá descobrir que parte do ouro está ficando manchada. Pode haver discussões, embora a paixão ainda seja intensa. A paixão é o que leva o caso a continuar.

No entanto, à medida que a intimidade for aumentando, se você descobrir que o ouro é de fato verdadeiro e não está manchado, irá desejar a terceira parte do triângulo: o *compromisso*. À medida que for se sentindo mais à vontade no relacionamento, começará a fazer perguntas a respeito do futuro de vocês. Nesse ponto, ele poderá ficar dividido entre deixar a família e se casar com você, ou poderá evitar o assunto e até mesmo se afastar enquanto tenta compreender melhor a situação. Ele poderá se sentir menos à vontade no relacionamento, a não ser que queira estar exclusivamente com você. Sua reação provavelmente será de raiva e você fará mais exigências. Tem início então um processo que inclui aproximações e separações. Vocês se reconciliam durante algum tempo e depois a questão não resolvida vem novamente à tona e o ciclo se repete.

Ele se repetirá muitas vezes até que você consiga uma resposta. A decisão poderá ser terminar o relacionamento, continuar o caso amoroso, que poderá acabar se tornando um caso extraconjugal de longa duração, ou o casamento. A próxima seção apresentará os estágios que observei e os nomes que acho que melhor os descrevem. Os estágios nem sempre são nitidamente marcados, tendendo mais a se fundir um no outro.

Primeiro estágio: a atração

Vocês se conhecem e você se sente encantada ao descobrir que está atraída por ele e que ele retribui a atenção. Nessa ocasião, você pode ou não saber que ele é casado, ou negar a possibilidade de que o seja. Entretanto, se dá conta de que está cada vez mais atraída por ele. À medida que o relacionamento vai se desenvolvendo e se firmando, tem a impressão de que vocês formam um casal. Você talvez só venha a descobrir, ou perceber, que ele é casado quando já estiver bastante envolvida, de modo que essa nova informação não a intimida. Você pode pensar a respeito do assunto durante algum tempo, mas diz a si mesma que ele não é feliz no casamento. Tenta justificar o relacionamento para si mesma, porque o fato de ele ser casado seria inaceitável: "Se não fosse eu, seria outra", ou, "Não posso prejudicar algo que já está totalmente danificado."

O relacionamento é novo, e da sua parte existe o empenho de tornar os encontros de vocês o período mais maravilhoso da semana dele, assim como é para você.

> *Edie:* "Eu não acreditava que ele fosse casado, mas algumas coisas que ele dizia e fazia me levaram a ter dúvidas a respeito. Por outro lado, eu estava solitária e adorava estar com ele. Quando eu não estava na companhia dele, lia e relia um bilhete que ele escrevera para mim no meu aniversário. Eu sabia que ele se sentia tão atraído por mim quanto eu me sentia por ele. Nós simplesmente não conseguíamos parar de tocar um no outro."

Você continua com o caso por causa dessa atração, mas, acima de tudo, porque ingressou no segundo estágio do relacionamento.

Segundo estágio: a lua de mel

Este é o estágio inebriante e apaixonado do relacionamento. O poder é uma parte integrante do caso extraconjugal e se modifica ao longo dos estágios. Nesse ponto, parece que você tem todo o poder devido à natureza estimulante e clandestina do caso. Você não apenas espera ansiosamente pelos telefonemas e pelos encontros com ele, como também começa a ficar obcecada por ele. É o sigilo que alimenta a obsessão. Quando está sozinha, pergunta a si mesma o que ele estará fazendo e se pensa em você. Começa a planejar o encontro seguinte e a pensar no que irá dizer, e como se sentirá ao lado dele.

Na sua autobiografia, *Minha vida até agora*, Jane Fonda revela que teve um caso extraconjugal quando surgiram problemas no seu casamento com Tom Hayden. Ela conta que seu casamento melhorou naquele período. Muitas mulheres perceberam uma mudança positiva no casamento quando estavam envolvidas em um caso amoroso. Essa é uma reação ao estágio de lua de mel, quando a paixão é intensa e a autoestima da mulher aumenta. Esse sentimento de euforia é transportado para o casamento, de modo que durante algum tempo tudo parece melhorar. Entretanto, a mudança é temporária, porque as questões que a levaram a ter o caso amoroso permanecem não resolvidas. Para algumas pessoas, o caso extraconjugal é mais uma espécie de distração do evento principal, o casamento.

Jane Fonda conta no livro que terminou o caso porque não conseguiu continuar a mentir. Porém, o casamento voltou a ser o que era antes de ela ter o caso, porque os problemas não foram abordados, e esses mesmos problemas assolaram seu casamento seguinte, porque ela ainda não havia enfrentado os próprios demônios.

Se o caso amoroso continua depois desse estágio, vocês começam a construir uma vida juntos, ao mesmo tempo que você tenta desconsiderar ou esquecer o fato de que ele é casado. No entanto, às vezes, é difícil fazer isso. Você começa a criar rituais para os momentos que passam juntos. Pode ser tomar um drinque antes do jantar, assistir a uma série na televisão ou preparar juntos um jantar às quartas-feiras. Coleciona souvenirs de todos os lugares que visitam. Você pode tirar fotos e fazer um álbum ou comprar coisas para que usem juntos quando cozinharem, fizerem sexo ou saírem para um piquenique. Vocês compram presentes um para o outro. Você poderá enviar cartões para ele, se isso for possível. E também compram livros um para o outro. Às vezes, você cria um código para que ele saiba que você está pensando nele quando estão na presença um do outro, mas não podem se comunicar. Você pode usar um chapéu ou uma joia que encerre um significado apenas para vocês dois.

> *Edie:* "Descobri por acaso que ele era casado quando o vi com outra mulher em uma feira de artesanato. Pude perceber pela expressão em seu rosto quando ele me viu e pelo fato de ele ter fingido não me ver que aquela era a mulher dele, o que foi confirmado no dia seguinte em nossa conversa. Mas eu estava tão empolgada que não consegui parar de me encontrar com ele. Perguntei aos meus botões: 'O que é pior, a solidão ou sair com um homem casado?' Eu sabia a resposta, mas continuei assim mesmo. Não conseguia me controlar. Sempre pensava no prazer que eu sentia todas as vezes que estava nos braços dele. Meus sentimentos prevaleciam sobre meu bom senso. Mas, depois de algum tempo, comecei a ficar cada vez mais incomodada com a situação. Eu sabia que desejava mais e estava sempre trazendo à baila o assunto do nosso futuro."

O estágio de lua de mel pode durar algum tempo, até que você, aos poucos, faz a transição para o estágio seguinte, no qual não apenas espera que ele deixe a esposa; você começa a falar com ele a respeito do assunto. Nesse ponto, o relacionamento começa a demonstrar instabilidade enquanto faz a transição para o estágio seguinte.

Terceiro estágio: o desequilíbrio

Esse é um período turbulento. Vocês têm discussões a respeito do futuro conjunto. Promessas são feitas e quebradas, datas são marcadas e esquecidas, ultimatos apresentados e desconsiderados, e nenhuma decisão definitiva é tomada. Você fica magoada, zangada, e começa a fazer exigências. Ele tenta acalmá-la. Vocês têm muitas discussões, algumas das quais resultam em rompimentos, mas logo se reconciliam até a briga seguinte. As discussões podem ser muito intensas, e você diz coisas das quais se arrepende. Tudo isso resulta da sua frustração e dos sentimentos de impotência que estão começando a vir à tona.

> *Edie:* "Começamos a discutir a respeito do assunto. Ele me disse que ele e a mulher estavam abrindo uma sofisticada galeria de artesanato e era por isso que estavam aquele dia na feira. Disse que o momento não era propício e que eu deveria ter paciência. Após mais algumas conversas, entendi a mensagem. No início comecei a fazer um tratamento de beleza completo: cuidei do rosto, das mãos, dos pés, até que me dei conta de que não era a minha beleza que contava. Eu simplesmente não era o amor da vida dele e não havia nada que eu pudesse fazer a respeito."

Se o homem está experimentando o relacionamento como um caso de amor romântico, o número de discussões é bem menor. Nesse estágio, ele pensa na possibilidade de tomar uma importante decisão na vida, e fica dividido entre você e a família dele. Ele poderá deixar a esposa e se casar com você, ou poderá optar por terminar o caso. Essa decisão poderá ter muito mais a ver com o senso de dever ou com as convicções morais dele do que com você. Esse processo é diferente daquele em que prazos-limites são definidos e descumpridos. Se ele estiver em dúvida porque considera a relação um caso de amor romântico, é provável que compartilhe com você o que está acontecendo. Esse processo envolve a construção do terceiro lado do triângulo: o compromisso.

Esse é um período muito difícil para a mulher comprometida que tem um caso com um homem casado. Para ela, o relacionamento é mais arriscado do que para a mulher solteira. Ela poderia pedir o divórcio e depois esperar que o amante fizesse o mesmo. Ela sente que precisa confiar nele e acreditar que ele se casará com ela se ela deixar o marido. Mas as estatísticas são contrárias a essa ocorrência.

Donna: "Eu disse a ele que teria de se divorciar primeiro. As pessoas perdem a coragem, e como eu ficaria se ele não fosse adiante com o divórcio?"

Este é um estágio crítico e terei mais coisas a dizer a respeito dele na próxima seção, intitulada "Distanciador e Perseguidor".

Quarto estágio: uma resposta

Neste ponto, a busca por uma resposta chega ao fim. Se as intenções dele realmente não eram sinceras, ele terminará o relacionamento devido à tensão e aos problemas que o caso está lhe causando. Ele poderá sentir que não é capaz de lidar com a sua raiva ou ficar preocupado com a possibilidade de você contar à mulher dele que vocês estão tendo um caso. O refúgio seguro poderá parecer agora a ele uma rede de emaranhamentos que ele não deseja nem um pouco.

> *Edie:* "Desse modo, terminei com ele e estou me sentindo muito, muito mal, e é por isso que vim fazer terapia. Desejo uma vida feliz e as coisas não estão caminhando nessa direção. Ser feliz nas noites de terça e quinta-feira não está me satisfazendo."

Como Edie, você poderá terminar o relacionamento ao constatar que ele não o estava levando a sério. O caso pode acabar com uma discussão ou simplesmente ir aos poucos chegando ao fim. Ou então tudo ficará igual — apesar de saber que ele não vai se casar com você.

A dama de companhia

Muitas das coisas que você quer que aconteçam estão além do seu controle. Se espera uma resposta do seu amante, então, basicamente, é ele quem determina como será o seu futuro. Você é uma dama de companhia moderna. Enquanto a esposa dele, a rainha, ocupa a posição que você almeja, e o rei tem todo o poder. A mulher dele tem mais poder do que você, mas também está sendo enganada e privada do relacionamento que ela quer.

O psiquiatra Richard Tuch, no livro *The Single Woman-Married Man Syndrome*, diz o seguinte sobre a mulher solteira que tem um caso: "Ele tem duas mulheres, ela tem meio homem."

E parece que a dama de companhia não pode contar nem com esse meio homem quando precisa de uma indicação de que ele está sendo sincero. Ela quer um comprometimento, mas ele não atende o pedido dela. É óbvio que ele tem o poder. Ela entregou a ele o controle de seu destino. Quando as coisas estão em suspenso e você não pode modificar a situação, seu poder nesse relacionamento é inexistente.

A dinâmica do caso é influenciada por aquele que detém o poder. Ele o detém em parte porque o sigilo determina a maneira como vocês vivem. Isso é visto na dança do perseguidor e do distanciador em que o casal se envolve.

O papel do distanciador e do perseguidor

Um período de perseguição e distanciamento marca o terceiro estágio do caso amoroso, caracterizado por rompimentos e reconciliações. O poder se desloca de um lado para o outro. O psiquiatra Thomas Fogarty descreve um movimento entre duas pessoas em um relacionamento que desejam a proximidade, mas que, em vez disso, conseguem se manter afastadas uma da outra dançando entre dois pontos.

Podemos ver isso acontecer nos casos amorosos. É a "dança" do perseguir e do distanciar-se. A mulher em geral é a perseguidora, porque deseja intimidade. Ela fica ansiosa quando acha que o amante está se afastando ou se distanciando, de modo que o persegue. Ele, por sua vez, fica ansioso por causa da perseguição dela e se afasta mais ainda. Ele se sente sufocado pela intimidade. Com o tempo, a perseguidora para de perseguir e o distanciador volta para ela, por se sentir mais seguro.

A dança se repete, mas não será resolvida enquanto as pessoas não identificarem o verdadeiro problema: por que não conseguem lidar com a ansiedade permanecendo em contato um com o outro. O problema da perseguidora é o medo do abandono e o do distanciador, o medo da intimidade.

Joline: "Eu me sinto tão sozinha quando ele não telefona. Pedir que ele pegue o telefone é exigir demais?"

Bob: "Eu me sinto sufocado. O que preciso fazer para que ela saiba que é importante para mim?"

Tanto Joline quanto Bob estão emitindo mensagens de impotência e podem facilmente acabar se encaixando nos papéis de perseguidora e distanciador. Poderão facilmente se tornar como Page e Gary, que estão ativamente envolvidos na dança.

Page é uma mulher solteira, de 32 anos, que mora em Los Angeles e é representante de um laboratório farmacêutico. Durante toda a vida adulta, ela se esforçou para ser uma mulher independente, e é exatamente o que ela é profissionalmente. Ela se orgulha de seu histórico profissional e do excelente salário que recebe. No entanto, não tem sido capaz de alcançar essa independência em seus relacionamentos, embora essa seja uma de suas metas conscientes. Page teve dificuldades para manter relacionamentos e começou a trabalhar com um terapeuta a fim de entender por que isso estava acontecendo. Embora Page se desse bem com o pai, ela se ressentia do desinteresse dele por sua mãe. Ela sentia que a mãe era um "capacho" que aturava a péssima maneira como o marido a tratava. Page tinha consciência de que sua vida familiar tinha alguma coisa a ver com a dificuldade de manter os relacionamentos, mas não conseguia entender realmente de que maneira isso acontecia.

Page: "Era emocionante ser tão amada por Gary. Ele só tinha olhos para mim. Eu adorava aquilo, porque meu pai tinha olhos para todas as mulheres que ele via."

"Senti que a minha sorte com os homens estava mudando quando conheci Gary. Todos os meus outros relacionamentos degringolaram. Assim, a minha felicidade dependia dele. Nós nos conhecemos em uma festa de Natal. Ele é empreiteiro de construção civil, trabalha para uma grande empresa e viaja muito. O trabalho dele se parece, de certa maneira, com o meu, porque eu dirijo pela cidade inteira visitando consultórios médicos.

"Ele começou me convidando para jantar. Gary nunca escondeu de mim que era casado. Inicialmente, pensei nele como alguém com quem eu sairia para jantar, somente isso. Mas acabei realmente me apaixonando.

"Quando disse que gostaria de passar mais tempo com ele, Gary ficou quieto. Sei que normalmente corro atrás das pessoas de maneira inadequada. Acho que eu fazia isso porque não queria que ninguém se aproveitasse de mim. Não me tornaria de jeito nenhum um capacho. Quero dizer, se estou dormindo com um homem, ele não me deve algo mais do que um jantar?

"Desse modo, comecei a telefonar para ele no escritório, e para o celular, quando sabia que ele estava viajando. Finalmente, ele me disse que eu não podia perturbá-lo daquela maneira e que eu teria que me acalmar para que pudéssemos continuar tendo o caso.

"Concordei, mas as coisas nunca mais foram as mesmas depois disso. Tentei que tudo se ajeitasse de maneira agradável. Comprei ingressos para eventos esportivos. Se ele passava algum tempo sem me telefonar, eu ligava e deixava mensagens. Quando ele parou de retornar as minhas ligações, passei a ir até o escritório dele para ver se o carro dele estava lá e ficava esperando para que ele viesse falar comigo. Certo dia, ele veio ao meu encontro e disse que estava tudo acabado, acrescentando que, se eu fosse mais uma vez ao escritório dele, iria conseguir uma ordem judicial que me impediria de ir até lá.

"Fiquei pasma. Eu não o estava assediando, não costumo fazer isso. Não sei o que aconteceu comigo. Parei de telefonar e estou tentando esquecê-lo. Já se passaram cinco semanas. Há dois dias, ele deixou uma mensagem na minha secretária eletrônica, e é por isso que estou aqui. Fiquei tão aliviada ao ouvir a voz dele. Estou com vontade de ligar para ele, mas talvez não deva fazê-lo."

Gary se distanciou de Page porque ela queria mais intimidade do que ele era capaz de tolerar. Quando isso aconteceu, Page entrou em pânico, porque sentiu-se abandonada, de modo que passou a persegui-lo. Quando ela parou de fazê-lo, Gary relaxou e parou de se distanciar. Logo Page vai desejar ter mais intimidade, de modo que a dança continuará.

Mudanças na autoestima

Como assinalamos, no início do caso, a autoestima aumenta para ambos e torna-se um reforço positivo para que continuem a se encontrar.

> *Iris:* "O simples fato de eu estar com ele tornava a minha vida maravilhosa. Agora sou outra pessoa: alegre, comunicativa e apaixonada. Quando ele vai embora, eu afundo interiormente. Em geral é a ideia de vê-lo novamente que me ajuda a permanecer viva nos intervalos."

As pessoas querem continuar a fazer tudo que faze com que elas se sintam bem, mas logo o tempo passa a ser um dos fatores dessa equação. Mais ou menos na época em que há uma guinada no poder, também ocorre uma mudança na autoestima. Isso se dá quando você começa a pensar no seu futuro com ele, e ele começa a se sentir constrangido com essa ideia. Ocorre então um declínio na maneira como o relacionamento faz você se sentir. Quando está com ele, os sentimentos agradáveis voltam à tona. No entanto, podem não durar muito, porque a sua vontade de estar o tempo todo com o amante está se revelando um problema para ele. Assim, você continua a persegui-lo, desejosa de recuperar o poder e a autoestima que está começando a perder. Antes de ter o poder de volta, é preciso entender seus direitos.

Direitos pessoais

Você só tem direito ao marido dela se ela o conceder a você ou se ele se divorciar dela. Entretanto, você tem o direito de ser tratada com respeito e sinceridade pelo seu amante. Seu tempo não está sendo respeitado quando ele pede a você para esperar até que consiga encaixá-la na programação dele. Basicamente, você permitiu que ele controlasse o rumo da sua vida. Assim, você está à mercê do seu amante, e é ele quem cria as regras.

Em qualquer situação de impotência, você precisa saber quem tem o poder e decidir qual será a sua estratégia, porque a única pessoa que você pode mudar é a si mesma. Monica Lewinsky é um exemplo de uma mulher jovem que não compreendia o poder. Ela tinha um caso com o homem mais poderoso do mundo, sem ter nenhum poder no relacionamento. Ela foi incapaz de reconhecer que não poderia ter de jeito nenhum esse poder devido às circunstâncias do caso.

O homem não precisa ser presidente dos Estados Unidos para ter esse poder. Muitos homens que têm casos amorosos estão em uma posição de controle no relacionamento e, enquanto a mulher não reconhecer esse fato e não aprender o que pode fazer a respeito, ela não tem poder algum.

Quem tem o poder?

Se você não tem certeza a respeito de quem tem o poder no seu caso amoroso, responda às seguintes perguntas. Responda "sim" a qualquer pergunta que descreva a maneira como você se sente ou se comporta.

1. Suas necessidades não são satisfeitas porque as dele têm prioridade.
2. Você frequentemente desiste de seus planos para estar com ele.
3. Você tem vontade de incluí-lo em eventos importantes da sua vida, mas sabe que ele não estará presente.
4. Quando você precisou que ele lhe desse apoio emocional, ele não pôde ficar ao seu lado devido às necessidades da família dele.
5. Você não tem como falar a respeito dele com a sua família ou com seus amigos, a não ser de maneira muito vaga.
6. Você tem medo de que ele a abandone se você disser o que pensa.

7. Você sente que precisa manter a aura da bela amante "equilibrada", ou ele perderá o interesse por você.
8. Quando é tratada de maneira inadequada, prefere nem se manifestar, porque ele poderá olhar para você como olha para a esposa.
9. Ele frequentemente rejeita suas sugestões ou preferências.
10. Seu comportamento é frequentemente influenciado pelo medo de que ele possa abandoná-la.
11. Você tem medo de que ele não fique ao seu lado se ficar doente ou incapacitada de alguma maneira.
12. Sua autoestima está associada à opinião dele a seu respeito.
13. Você acha que não tem nenhuma escolha no futuro.
14. Ele diz que o relacionamento acabou apenas para lhe dar uma pista de que deseja que ele continue.
15. Ele evita ou adia conversas relacionadas ao futuro de vocês dois.
16. Você recusou boas oportunidades profissionais ou de elevar seu nível de conhecimento porque deseja estar perto dele.

Se você respondeu sim a pelo menos uma dessas declarações, precisa pensar com muito cuidado a respeito da sua posição de falta de poder nesse relacionamento. Se você não tem poder, não pode tomar as decisões que determinam o futuro de vocês. De qualquer modo, você *tem* o poder de determinar o seu futuro pessoal.

Três perspectivas

Como vimos, os casos amorosos tendem a seguir um rumo, mas existem algumas variações. O caso pode variar de acordo com o fato de a mulher ser solteira ou casada.

A mulher solteira

O público americano testemunhou um caso entre um homem casado e uma mulher jovem que tinha a esperança de que seu amante um dia deixaria a esposa e se casaria com ela. Essa mulher é Monica Lewinsky. Podemos tomar conhecimento desse fato tanto por intermédio do relatório do consultor independente Kenneth Starr quanto da biografia de Monica Lewinsky, de autoria de Andrew Morton, *Monica Lewinsky: a minha história*. Como estamos familiarizados com essa história, ela é um excelente exemplo. Veremos as razões e os estágios do caso entre um homem casado e uma mulher solteira. É interessante entendermos a mulher antes, durante e depois do caso amoroso. É claro que nem tudo se aplicará a você, mas alguma parte certamente será útil.

Baixa autoestima

De acordo com a descrição de uma de suas amigas, Monica sempre foi "rechonchuda", o que tornou sua vida difícil na Beverly Hills High School. Embora fosse boa aluna, inteligente, esperta e bonitinha, Monica cresceu achando que não era desejável e que as pessoas que prestavam atenção a ela o faziam por pena, ou por não haver mais ninguém por perto. Ela procurava conforto para os estresses da vida na comida, inclusive no período que estagiou na Casa Branca e durante todo o martírio resultante da investigação do presidente Clinton realizada por Kenneth Starr. Monica declarou que os casos que tinha a faziam se sentir desejada e aumentavam sua autoestima.

As palavras lisonjeiras que os homens diziam para Monica ainda ecoavam, e ela descobriu que podia ficar repetindo-as quando estava sozinha. Isso se refletia em um aumento temporário da sua autoestima, que reforçava seu desejo de dar continuidade aos casos.

É claro que nem todo mundo que tem um caso com um homem casado tem uma autoestima baixa. As mulheres descritas por Laurel Richardson em *The New Other Woman*, por exemplo, se sentiam bem quanto às suas realizações na vida. Elas descobriram que o feedback positivo do amante melhorava ainda mais sua autoestima.

Pai indidiferente e distante

O pai de Monica foi caracterizado como um homem indiferente e distante. Quando criança, ela sempre esperou que acontecesse algo que o fizesse gostar mais dela do que ela acreditava que ele gostava. Monica tinha 13 anos quando sua mãe pediu o divórcio, mencionando a infidelidade do marido com uma enfermeira. A mãe ficou perplexa com a reação das crianças, Monica e seu irmão mais novo Michael, que ficaram arrasadas ao receberem a notícia. Michael começou a chorar e Monica correu para o banheiro para vomitar. Ela ficou tão zangada com o pai que se afastou dele durante a adolescência. Mais tarde, o relacionamento dos dois melhorou e ele apoiou a filha durante o suplício da investigação de Starr.

Os homens que ela escolhia

Três dos homens com quem Monica teve um caso eram mais velhos, e todos eram parceiros que não mereciam o risco. Dois deles eram casados. Nenhum dos três era uma escolha adequada para uma mulher jovem e solteira.

Quando Monica cursava o ensino médio, conheceu Andy Bleiler, profissional do teatro de 25 anos que tinha a fama de paquerar alunas do ensino médio. Era de conhecimento geral, nessa ocasião, que Bleiler estava noivo. Ele e Monica começaram a ter encontros em motéis, que deram origem a um caso amoroso, em 1991. Nesse período, ele se casou e, como Morton salienta, Monica "perdeu a virgindade para um homem cuja esposa ficou grávida recentemente". A família Lewinsky não denunciou às autoridades da escola o comportamento predatório de Bleiler. Monica continuou a ter o caso com ele durante a faculdade e na época em que trabalhou na Casa Branca.

O presidente Clinton tinha o dobro da idade de Monica quando teve um relacionamento com ela. Enquanto estava no Pentágono, ela teve outro caso com um homem que conheceu lá. Mais uma vez ela escolheu um homem parecido com o pai e também um parceiro que não merecia o risco. Esse homem, que Monica não identifica, mas chama de Thomas, não era casado e é descrito como um "homem mais velho com um rosto rude". Quando o caso já estava terminando, Monica descobriu que estava grávida. Quando contou o fato a Thomas, este lhe disse que estava envolvido com outra mulher e que não a ajudaria a pagar o aborto.

Os casos amorosos eram sempre prioritários na vida de Monica

Os casos com o presidente e com Bleiler se tornaram o ponto central da vida de Monica. Ela não foi fazer o estágio na Casa Branca por se interessar pelo governo ou pela política, e sim por sugestão da mãe e da tia, que estavam preocupadas com o caso inapropriado que ela tinha com Bleiler. Elas acharam que uma mudança de cenário poderia ser útil. Não foi. O caso com Bleiler continuou onde quer que ela morasse — na Califórnia, no Oregon, em Washington D.C., Monica era incapaz de desistir do caso.

À semelhança de outras mulheres envolvidas em casos amorosos, Monica ficou obcecada. Ela dizia a Morton que ficaria em casa à noite nos fins de semana, na esperança de que o presidente pudesse telefonar. Monica, no entanto, não foi discreta. Ela contou o que estava acontecendo para a família e os amigos. Sabemos que essa confissão voltou para assediá-la nas mãos de Linda Tripp.

O papel da esposa

Monica não parecia se preocupar com a maneira como os casos afetavam a vida das esposas daqueles homens. Ela só parecia se interessar pelo caso em si. Na realidade, ela veio a conhecer a mulher de Bleiler, e chegou até mesmo a trabalhar como babysitter para o casal. No entanto, ela conhecia a rotina de Hillary Rodham Clinton e ficou furiosa quando viu pela televisão imagens do presidente e da primeira-dama dançando juntos numa praia durante as férias.

Repetidos rompimentos e reconciliações

Os relacionamentos que ela teve, tanto com o presidente quanto com Bleiler, se transformaram em uma série de rompimentos e reconciliações. Monica ficou zangada e começou a fazer exigências por encarar certas situações como ofensas. Ela queria mais do relacionamento do que esses homens estavam dispostos a dar. Monica disse aos investigadores de Starr que, quando o presidente tinha um compromisso no Salão Oval ou ia jogar golfe em vez de ir vê-la, ela tinha um acesso de raiva. Um desses compromissos foi com Eleanor Mondale, que Monica encarava como uma rival, acusando-o de estar tendo um caso com ela. Em certa ocasião, o presidente disse a ela: "Se eu soubesse o tipo de pessoa que você é, nunca teríamos nos envolvido." Em outro momento, quando ela fez ameaças veladas de revelar o que estava acontecendo entre eles, ele retrucou que era "ilegal ameaçar o presidente".

Fantasia
Monica testemunhou na investigação de Kenneth Starr que ela acreditava que o presidente era a "sua alma gêmea" e que ele dissera a ela que "talvez estivesse solteiro em três anos". Monica declarou: "Eu me despedi dele naquele dia meio aturdida, pois percebi então que ele estava apaixonado por mim."

O que começou como uma paquera e um divertimento sexual com um homem casado acabou sendo — para ela — um caso de amor romântico. Monica teve dez encontros sexuais com o presidente em um período de vinte meses. Ele telefonava para o apartamento dela e frequentemente passavam horas conversando e fazendo sexo por telefone. Examinando a situação a partir do ponto de vista dela, não é difícil compreender que uma mulher jovem pudesse ter esperanças de que um dia ele estaria livre para se casar com ela.

Monica não reconheceu importantes fatores na sua situação, como o perigo para a sua reputação, a família a quem o presidente era dedicado, o cargo que ele ocupava e a enormidade das possíveis repercussões políticas se o relacionamento deles viesse à tona. Tampouco reconheceu que praticamente não tinha nenhum poder no relacionamento, e que perdeu o pouco que tinha quando começou a exigir que ele lhe desse mais atenção. Seus antecedentes e suas necessidades a ajudaram a estar naquela situação. Monica se encontrava em uma situação em que nenhum ganho era possível no meio de algo parecido com uma "guerra política suja" contra o presidente.

Somente mais tarde, quando foi capaz de se distanciar do caso, Monica compreendeu o papel do poder em um caso amoroso. Ela disse o seguinte a Morton: "Percebo agora que me coloquei em uma situação na qual eu não tinha nenhum controle... Ele tinha o total controle do relacionamento."

A situação de Monica exemplifica a dinâmica fundamental de um caso entre um homem casado e uma mulher solteira, embora a situação dela fosse mais complicada do que a que a maioria das mulheres solteiras ou casadas enfrenta. Grande parte das mulheres que têm um caso não precisa enfrentar um júri de instrução, um investigador especial e o medo de ser processada — nem se preocupar com a possibilidade de passar algum tempo na cadeia. A mulher casada passa pelos mesmos estágios, mas existem outras considerações para a situação dela devido ao seu estado conjugal.

A mulher casada

A mulher casada também precisa se preocupar com o tipo de homem que escolhe, a flutuação no poder e na autoestima, os rompimentos e as reconciliações, e a obsessão com o caso. Mas precisa manter as emoções sob controle em casa para não revelar o seu segredo. Se ela estiver se sentindo infeliz e der qualquer demonstração dessa emoção, o marido ficará confuso. Afinal, ele não consegue ver nenhuma justificativa para isso e começa a ficar desconfiado. Se ela estiver deprimida ou zangada devido à maneira como o caso está sendo conduzido, também precisa controlar essas emoções. Não é fácil fazer isso. Ela também precisa tomar cuidado para não descarregar nos filhos quaisquer frustrações que possa estar tendo com o relacionamento.

Ela precisa ainda dar satisfações sobre o seu tempo, e quaisquer ausências ou alterações na sua programação poderão ser notadas. Um número excessivo delas poderá sinalizar uma tendência se o marido for observador. Ela fica atenta para não chamar o marido pelo nome do amante ou, se o amante é um amigo da família, para não falar sobre ele com frequência. Ela não consegue, com facilidade, passar o tempo esperando por ele, porque tem de dar continuidade à vida em família. Precisa fazer planos com o marido, os amigos, os parentes e os filhos. O tempo que ela tem disponível para o relacionamento extraconjugal é mais limitado e não oferece a flexibilidade que a mulher solteira tem.

Não é fácil para a mulher casada aceitar presentes, porque precisa haver uma explicação para eles se forem notados pelo marido ou pela família. A maneira pela qual ela envia presentes para o amante também exige cuidado especial, para que não deixem pistas que possam ser detectadas. Quanto aos presentes, ela precisa ter uma explicação plausível da qual sempre se lembre. O mesmo é verdadeiro com relação a bilhetes e cartões que ele possa enviar para ela. Eles precisam ser lidos, memorizados e destruídos. Se ficarem escondidos, ela corre o risco de que sejam encontrados. Telefonemas podem ser facilmente detectados por meio de uma conta telefônica. Ela também precisa permanecer consciente de outras impressões tecnológicas deixadas no identificador de chamadas, nos e-mails e em arquivos do computador. O spyware nos computadores é uma armadilha muito sofisticada. Quando ela sair com o amante, precisa se lembrar de não usar o cartão de crédito, porque poderá ter de explicar por que estava em determinado lugar naquele dia.

Se a mulher casada tiver filhos, precisa sempre incluí-los no seu planejamento. Deve se certificar de que eles não estarão presentes em nenhum dos encontros e não ouvirão por acaso conversas por telefone. Ela também precisa tomar cuidado com relação a vizinhos e colegas de trabalho, que poderão tirar as próprias conclusões a respeito do que parece ser um relacionamento mais íntimo do que o normal entre os dois.

A mulher casada precisa ter alguma ideia de como irá sair do casamento para ficar com o amante se ele lhe pedir isso. Dos três, é ela quem tem mais a perder no triângulo conjugal. Ele precisa querer se casar com ela, e ela deve reconhecer se ele está sendo sincero. Levar um fora quando termina o casamento, por mais infeliz que você possa ser nele, é um choque enorme para seu sistema emocional que trará repercussões na sua vida. Deixar de ser uma mulher casada para ser uma mãe com a responsabilidade de criar sozinha os filhos é uma transição imensamente estressante. As mulheres casadas que têm um caso amoroso precisam ter uma perspectiva mais ampla que inclua os filhos, o marido e o que está acontecendo em seu casamento.

Quase todo mundo já viu, leu ou ouviu boatos de que o caso extraconjugal faz o casamento ficar mais interessante, mas isso é mesmo verdade? É provável que sim, temporariamente, devido ao aumento da autoestima quando alguém está encantado por nós — e também porque o planejamento de encontros clandestinos faz com que a vida pareça mais estimulante. Esse brilho é transportado para o casamento, mas a melhora começará a diminuir quando o caso entrar no estágio de desequilíbrio e sua atitude mudar do entusiasmo para o anseio e a preocupação. Você talvez também se dê conta de que é incapaz de continuar a viver uma mentira, de que está zangada por causa da sua condição de dama de companhia e irritada com a incapacidade dele de lhe dar apoio quando você precisa.

Algumas mulheres constatam que o aspecto triangular do caso pode impedi-las de ter intimidade tanto com o marido quanto com o amante. No caso daquelas que não conseguem tolerar intimidade, o alívio encontrado nessa situação pode ser transportado para o casamento. Assim, uma vez mais, entender suas necessidades será útil para descobrir por que o caso faz o seu casamento melhorar. Mas lembre-se de que é extremamente provável que a situação seja temporária, e descobrir as razões é a maneira de melhorar o casamento e sua vida.

Quando Bryna me procurou pela primeira vez, ela só queria destrinçar suas preocupações a respeito do caso que estava tendo com Charlie. Ela não queria examinar todo o quadro. Bryna me disse que considerou Charlie atraente e atencioso. Sabia que ele era casado, assim como ela também era. Na realidade, ela sabia quem era a mulher dele, porque era uma figura popular na cidade de Columbia, Maryland, onde eles moravam.

"Fiquei absolutamente entusiasmada. Estava me sentindo bastante deprimida e ele era extremamente encantador e adorável. Eu sei que estava vulnerável na ocasião. Aliás, posso dizer que ainda estou. Charlie afastou da minha cabeça todos os problemas.

"Existe a possibilidade de que Jake e eu talvez tenhamos que vender a nossa casa ou pegar uma segunda hipoteca. Ele e o irmão começaram um negócio na internet que não está dando muito certo. Jake tem um segundo emprego, o de web designer, para poder pagar as contas, mas está deprimido. Ele é sério demais. Quero dizer, não é o fim do mundo. Jake se recusa a conversar comigo sobre o assunto e rejeita qualquer sugestão que eu dê.

"No íntimo estou muito assustada. Eu preferiria estar com o meu amante. Meu marido está muito mal em comparação a ele. Sei que isso soa horrível, mas estou sendo sincera."

Podemos ver as perdas com que Bryna está tentando lidar. Ela está vivendo com um marido deprimido e enxerga um futuro sombrio. Jake não discute a situação com ela. Nesse ponto, surge Charlie, e ela passa a ter emoções intensas e algo que a distrai de seus receios. Ela tenta lidar com os problemas minimizando-os quando afirma que não é o fim do mundo.

"Charlie e eu dificilmente passamos algum tempo juntos. Nós nos encontramos na hora do almoço porque trabalhamos no mesmo prédio e, às vezes, apenas caminhamos no parque. De vez em quando, vamos a um motel próximo quando achamos que não teremos problemas no trabalho. Às vezes, dizemos em casa que temos que ficar no escritório até mais tarde e vamos a um bar ou ao motel. Tudo isso é muito difícil, porque estou tendo que fazer malabarismo para cuidar de uma criança que mal começou a andar e de outra de 3 anos, do meu emprego e da programação de Jake. Mas acredite: vale a pena.

"A mulher de Charlie, Dottie, tem pouco tempo para ele. Ela está sempre ocupada com suas atividades sociais. Sei disso porque leio a respeito dela e sei que ela comparece a muitos eventos. Charlie diz que ela é autoritária e exigente, e que ele é infeliz no casamento. Ela praticamente destruiu a autoestima dele, mas eu a estou restabelecendo. Isso faz com que eu me sinta bem, porque sou capaz de ajudá-lo, mesmo que não consiga ajudar Jake.

"Meus sentimentos por Charlie passaram por um ponto decisivo no inverno, quando a mulher dele foi para o retiro anual de mulheres em Annapolis do qual sempre participava. Levamos a filhinha dele e os meus dois meninos a um show de mágica para crianças em Baltimore. Planejamos tudo e compramos ingressos com antecedência para sentar juntos. As crianças, é claro, eram pequenas demais para entender o que estava acontecendo. E decidimos contar aos nossos cônjuges que encontramos uma pessoa conhecida do trabalho quando estávamos lá, de modo que me senti segura.

"Nós nos sentamos nas extremidades com as crianças no meio. Foi maravilhoso. Adoramos o passeio, e pude me imaginar assim com Charlie e nossos filhos. Foi então que eu soube que queria me casar com ele. Propus que viajássemos em algum fim de semana, mas nunca conseguimos dar um jeito de fazê-lo. Ele fala a respeito de nosso futuro juntos, mas não consigo fazer com que ele se defina. Não creio que ele esteja tão empolgado por mim quanto estou por ele. Talvez seja um sentimento unilateral e eu na verdade não o agrade. Não tenho dormido bem à noite. Quero que ele diga alguma coisa. Não posso viver com o meu marido deprimido e quero saber quais são as intenções de Charlie."

Bryna encontra-se no início do estágio de desequilíbrio no qual ela começa a sentir a transferência do poder no relacionamento e uma queda em sua autoestima. Até recentemente, o caso desviava a sua atenção da depressão do marido e dos graves problemas financeiros de seu casamento. Ela está se concentrando no relacionamento extraconjugal e deixando de dar atenção às repercussões do estado psicológico de Jake.

Apenas algumas sessões depois, Bryna veio me ver, em um estado terrível. Charlie lhe informara que ia se separar de Dottie, mas não ia se casar com ela. Ele queria simplesmente ficar sozinho e colocar a vida em ordem.

> "Argumentei com ele. Implorei, mas ele disse que era isso que tinha que fazer e me deu a conhecida desculpa de que o problema não era eu, e sim ele. Ele era infeliz no casamento e eu lhe mostrara que ele poderia ser feliz de novo. Não consigo acreditar nisso e também não entendo."

Fui capaz de ajudar Bryna a compreender o que acontecera. O caso de Charlie com ela dizia mais respeito a ele deixar a mulher do que se casar com Bryna. No livro *Surviving Infidelity*, Gloria Harris e eu chamamos esse tipo de caso de Caso de Saída. Alguns homens que querem acabar com um casamento têm um caso extraconjugal como uma maneira de atrair novas parceiras e de ter experiências sexuais com outra mulher. Outros usam o caso para fazer a transição para a vida de solteiro escolhendo uma amante em quem poderão se apoiar em um momento difícil. Alguns ainda usam o caso como um meio de criar uma crise no casamento que conduzirá a uma orientação psicológica, para que a esposa receba apoio profissional quando ele for embora.

O Caso de Saída é uma tentativa cruel e egocêntrica de solucionar problemas pessoais.

Bryna estava sofrendo muito depois da revelação de Charlie. Ela se sentiu traída e usada, e passou o tempo da terapia analisando o caso e os problemas que desenvolvera no casamento, o que é o primeiro passo em direção a uma resolução e à cura para a mulher casada.

A mulher casada mais velha

Antes de mais nada, é importante ressaltar que diferentes questões de desenvolvimento afetam o motivo pelo qual uma mulher mais velha tem um caso extraconjugal, bem como a maneira como o relacionamento se apresenta.

Jane é uma mulher que se encaixa nessa situação. Eis o que ela contou ao seu grupo de apoio:

> "Bill e eu somos casados há 39 anos. Começamos uma família quando éramos muito jovens. No início do casamento, fui uma mãe tradicional, como a minha tinha sido. Bill era engenheiro e estava muito envolvido com o trabalho.
>
> "Fui muito influenciada pelo Movimento Feminista, mas fiquei dividida, porque queria ficar em casa com as crianças. Então, voltei a frequentar a faculdade no período em que meus filhos estavam na escola e obtive o diploma de especialista em planejamento urbano. Não consegui encontrar um emprego de meio expediente nessa área, então me tornei agente de viagens.
>
> "Os agentes de viagem têm muitos privilégios e oportunidades, mas Bill não queria viajar. Na realidade, ele nunca queria fazer muita coisa. Percebi que éramos diferentes. Ele achava que eu era 'emocional demais', e eu achava que ele era 'frio'.
>
> "Há mais ou menos cinco anos, comecei a trabalhar para uma cadeia de hotéis. Basicamente, reuni minhas habilidades de planejamento urbano e de agente de viagens, e tive a sorte de conseguir um emprego simplesmente magnífico. E agora faço parte de uma equipe que procura locais para novas instalações para uma cadeia de hotéis.
>
> "Tenho um caso com um homem dessa equipe chamado Mike há quatro dos cinco anos em que trabalhamos juntos. Te-

nho 57 anos e ele, 64. Mike vai se aposentar daqui a um ano e pretende morar com a mulher em uma cidadezinha para aposentados na Flórida.

"Sei que ele me ama. Não consigo encarar a minha vida com Bill. Mike a torna tolerável. Sei que ocorrem muitas perdas quando envelhecemos. O tempo está passando muito rápido. E sinto que só agora, nesses últimos cinco anos com Mike, comecei a viver."

A situação de Jane mostra como os estágios de desenvolvimento da vida e os eventos sociais moldam a nossa realidade e como podem afetar um casamento. O passar dos anos também confere a ela um sentimento de premência — preocupação que uma mulher mais jovem normalmente não tem. Jane se sente como se tivesse deixado a vida em suspenso no passado, e hoje teme, mais uma vez, se ver na mesma situação, só que agora ela precisa enfrentar também os problemas relacionados ao envelhecimento. Ela quer aproveitar a vida antes que seja tarde demais.

Este capítulo começou com: "Poucas coisas permanecem estáticas na vida. As pessoas e os relacionamentos mudam." Analisamos como o caso amoroso pode mudar e passar por diferentes estágios. Há ainda outra peça do quebra-cabeça do caso amoroso: o entrosamento dos antecedentes de cada pessoa e como eles se reúnem e culminam em um caso. No próximo capítulo examinaremos como a dinâmica da família é representada nos casos amorosos.

Capítulo Sete

Como avaliar o seu caso

Carol está nos braços de Jimmy e suspira: "É tão maravilhoso quando estamos apenas nós dois." Ela não está sozinha nesses pensamentos e sentimentos. Essas são as palavras e sentimentos da maioria dos amantes. Mas, na realidade, Carol não está completamente certa. Quando os amantes estão juntos na cama, ou em qualquer outro lugar, sentem como se estivessem sozinhos. Mas outras pessoas estão presentes. Talvez não fisicamente, porém psicologicamente estão presentes e exercem grande influência.

Na realidade, os antecedentes da nossa vida ajudam a determinar de modo significativo nossa personalidade e nosso comportamento. Também existem outros fatores determinantes: a constituição genética, as experiências de vida e o ambiente social. Quando nos sentimos incomodados com nosso comportamento e percebemos que temos dificuldades nos relacionamentos, é interessante examinar as influências do passado e aprender novas habilidades para efetuar uma mudança.

Muitos psicólogos e terapeutas reconhecem a importância de fazer exatamente isso. No livro *Forgive Your Parents, Heal Yourself*, o Dr. Barry Grosskopf escreve o seguinte: "O fato de os pais agirem de maneira nociva é um sinal de que algo nocivo aconteceu a eles."

Quando crianças, podemos não reconhecer a causa de uma tensão, mas sentimos quando algo está errado. No entanto, há quem não se dê conta de que algo está errado e então encare essas interações familiares como "normais".

Este capítulo irá ajudá-la a examinar as gerações passadas e verificar a relevância delas para os casos amorosos. Começamos com uma análise retrospectiva da família: os pais e os irmãos são conhecidos como a nossa família de origem.

A família de origem

O falecido Dr. Murray Bowen, fundador do Georgetown Family Center, criou a Teoria do Sistema Familiar de Bowen, que explica o sistema emocional da família. Trata-se de uma visão intergeracional da família. Vamos examinar parte dessa teoria para entender melhor os casos amorosos.

O carro-chefe dessa teoria é a "diferenciação", que significa a capacidade de ser quem você é, ou "autodefinido", na presença da pressão dos outros. As pessoas "bem diferenciadas" são capazes de ser diferentes, o que significa que elas conseguem tomar decisões sem ser compelidas a fazer algo que contrarie suas convicções essenciais para agradar a outra pessoa. As pessoas existem em um *continuum* que pode ser mal ou bem diferenciado. Quando enfrentam uma situação problemática, a pessoa bem diferenciada a encara levando em consideração os interesses dos outros, mas toma a decisão com base na razão, e não apenas nas emoções ou na coerção por parte de outros. Em contraposição, a pessoa que toma uma decisão baseada somente nas emoções ou na coerção é "mal diferenciada". Emprego neste livro o termo "diferenciação" porque ele é usado na teoria, mas "maturidade emocional" pode ser um bom termo substituto.

A diferenciação é marcada pelo grau em que as pessoas conseguem separar seus "pensamentos" de seus "sentimentos." Ao reagirem automaticamente a uma situação de alta ansiedade sem uma análise prévia, são consideradas "emocionalmente reativas". E pode ser interpretado como "agir primeiro e pensar depois". Quanto mais diferenciada é a pessoa, melhor consegue lidar com a ansiedade.

A incapacidade de permanecer diferenciado em situações de alta ansiedade é evidente em determinados comportamentos, como o desligamento emocional, o envolvimento em conflitos constantes ou a formação de triângulos. As pessoas mal diferenciadas também podem se alimentar da ansiedade de outra, criando uma espiral ascendente de comportamento reativo. Você talvez já tenha passado por essa experiência quando um amigo ou parente lhe telefonou para falar sobre uma situação problemática e logo você começou a compartilhar a ansiedade da pessoa.

Para que ocorra uma mudança em situações de alta ansiedade, a pessoa precisa, em primeiro lugar, reduzir a reatividade emocional. Quando você está calma, pode ser mais objetiva. Inclusive, essa é uma das metas deste livro: ajudar na redução da sua reatividade emocional, para que você possa compreender os fatos, refletir sobre a situação em que se encontra e chegar a uma resolução satisfatória.

Uma pessoa que vive para agradar a outra está "amalgamada" com esta última. Ou seja, acha que emocionalmente não pode se permitir ser diferente. Portanto, ela não é autodefinida. A autodefinição é alcançada por meio de uma "posição do eu". O Dr. Peter Titelman escreve o seguinte em *Clinical Applications of Bo-*

wen *Family Systems Theory*: "Elas [posições do eu] são um reflexo significativo de importantes princípios de vida." São usadas judiciosamente quando importantes princípios pessoais não podem ser transigidos. É diferente das declarações que começam pelo pronome "eu", que representam uma declaração de preferência usada na comunicação do dia a dia; por exemplo: "Eu gostaria que você baixasse o volume da televisão."

Um exemplo de uma pessoa que é mal diferenciada é o da mulher que se casa com um homem que não ama devido à ansiedade que ela experimenta em função da pressão da família para que ela se case. Alguém nessa situação aflitiva pode tentar escapar da pressão rompendo o contato com a família. Só podemos alcançar a maturidade emocional ou diferenciação ao adotarmos uma postura firme, como a "posição do eu". Em vez de assumir uma "posição do eu", essa pessoa pode se distanciar da fonte da coerção mudando-se para o outro lado do país, ou deixando de falar com os pais, mas ela está tão amalgamada quanto a mulher que se submete à vontade deles. Esse processo de distanciamento para obter alívio com relação à pressão externa é chamado de "desligamento emocional".

Um dos conceitos da Teoria de Bowen é a criação de triângulos nos relacionamentos. Quando um relacionamento é instável por qualquer motivo, um dos parceiros pode tentar estabilizá-lo formando um triângulo. Esse terceiro lado do triângulo é usado para aliviar parte da ansiedade. Esse novo vértice pode ser muitas coisas: drogas, trabalho, álcool, a projeção dos problemas em uma criança — ou um caso amoroso. Ele pode reduzir a ansiedade, mas é apenas uma solução temporária.

De acordo com Sally LeBoy, terapeuta conjugal e familiar de San Diego, "o perigo dos casais que formam um triângulo com uma terceira pessoa é que as causas subjacentes do problema do casal não são examinadas. O triângulo pode abarcar um filho, a família de origem ou um caso amoroso. Embora os triângulos possam reduzir o conflito ou o estresse, nunca geram maior entendimento ou crescimento. Desviar o conflito para outra pessoa significa que o problema subjacente persiste — às vezes ao longo de inúmeras gerações".

No livro *Minha vida*, de autoria do ex-presidente Bill Clinton, ele estabelece uma relação entre o caso que teve com Monica Lewinsky e os problemas emocionais de sua vida. Ele escreve a respeito das sessões semanais de orientação psicológica que ele e Hillary tiveram depois do caso. "Pela primeira vez, efetivamente falei de forma aberta a respeito de sentimentos, experiências e opiniões sobre a vida, o amor e a natureza dos relacionamentos. Não gostei de tudo que descobri sobre mim ou sobre meu passado, e foi muito doloroso enfrentar o fato de que tanto a minha infância quanto a vida que eu levara depois de adulto haviam tornado difíceis para mim algumas coisas que pareciam ser mais naturais para outras pessoas."

Os casos amorosos envolvem sexo, mas dizem respeito a muitas outras coisas. Quando as pessoas são capazes de examinar mais profundamente seus sentimentos e suas necessidades, conseguem encontrar a resposta que procuravam. Com frequência, isso significa fazer uma análise da infância.

Jane Fonda escreve o seguinte no livro *Minha vida até agora*: "É claro que existem aqueles poucos afortunados que foram criados em lares nos quais a criança viu os pais resolverem suas diferenças com amor e respeito; lares nos quais os pais, quando estavam presentes, estavam de fato plena e completamente presentes." Jane Fonda era de muitas maneiras uma mulher forte e independente. Entretanto, vivia com uma grande dor emocional. Seus três casamentos acabaram em divórcio e traição — até ela teve um caso extraconjugal. Jane Fonda repetidamente se colocava em situações que a deixavam pouco à vontade ou das quais ela se arrependia porque o objetivo era agradar aos outros. Isso era feito até mesmo com o sacrifício de sua autoestima. À semelhança de Gloria Vanderbilt e de muitas outras mulheres, Jane Fonda buscara amor, carinho e estímulo em pais que eram incapazes de dá-los ou expressá-los, embora o papel deles como pais fosse o de proporcioná-los. A tentativa inútil de obter alívio da dor por intermédio de casos amorosos ou de casamentos que não estão mais dando certo não trazem resposta alguma. É extremamente provável que o problema, bem como a busca por uma resposta, seja transmitido para a geração seguinte, ou mesmo para a geração que se seguirá a esta última.

Genograma

Uma ferramenta útil para que possamos compreender melhor as famílias e como elas lidam com os problemas chama-se "genograma". Trata-se de uma árvore genealógica que mostra a história da família — incluindo eventos importantes, problemas emocionais significativos e a maneira como a família lida com eles. São usados símbolos para representar cada integrante e o modo como se relacionam uns com os outros.

Elaborar um genograma pode ser algo extremamente benéfico, e quase todas as pessoas que orientei gostam de ver esse mapa que retrata sua vida familiar. O genograma fornece informações que as pessoas, de certa forma, negligenciam. Não é solicitado a ninguém que investigue o inconsciente, apenas que observe os eventos e as reações da família a eles. Ao analisar um genograma, as pessoas começam a compreender como chegaram à situação em que se encontram atualmente. Algumas me dizem que têm a impressão de que foram quase programadas para agir como o fizeram. Esse entendimento em geral reduz a raiva e a culpa, substituindo esses sentimentos por um processo ponderado que pode resultar em uma mudança de comportamento.

Segue-se a história de uma família que está lidando com o problema da infidelidade. Mostrarei como tanto as informações do passado quanto as atuais são peças importantes para que você compreenda exatamente o que está acontecendo em sua vida — e o mesmo vale para as outras pessoas que fazem parte do triângulo.

A história de Al, Sandy e Jodi

A situação

Al tem 47 anos, é professor de filosofia em uma faculdade da Nova Inglaterra e terminou recentemente um caso que teve durante quatro meses com Jodi, uma das suas alunas da pós-graduação. Jodi tem 25 anos e trabalha em regime de horário integral como professora de uma escola de ensino fundamental. Ela está muito zangada e magoada porque Al terminou o caso que tinham.

A mulher de Al, Sandy, tem 36 anos, é virologista e se candidatou a um cargo nessa mesma faculdade. Mas ela aceitara participar de uma missão na África antes de assumir o novo emprego. Enquanto Sandy estava viajando, Al se envolveu com Jodi, mas terminou o caso pouco antes da volta da esposa. Sandy descobriu a traição dele por causa de um telefonema de Jodi, que tem ligado com frequência para Al. Jodi começou a discutir não só com Al, mas também com Sandy. Jodi é muito reativa emocionalmente. Entendemos a raiva dela. Ela agora está ameaçando entrar com um processo de assédio sexual. Sandy está indignada. Além disso, ela e Al têm discutido muito a respeito da infidelidade dele.

Al e Sandy estão casados há 18 anos e têm uma filha, Rae, de 17 anos, que cursa o último ano do ensino médio. Rae tem um relacionamento sério com John, também aluno do último ano do ensino médio, e os dois planejam ir para a mesma faculdade.

A história familiar de Al

Al não tinha um histórico prévio de infidelidade. Seu pai é falecido e sua mãe mora ao lado de sua casa. Ela teve um relacionamento difícil com o marido. Ressentia-se do emprego dele, que o fazia viajar muito e o afastava da família. Ela vinha de uma família grande, na qual, por ser a mais velha de seis filhos, recebera a incumbência de ajudar a mãe nos afazeres domésticos da casa e a cuidar dos irmãos. Ela tinha a impressão de não ter tido infância e agora sentia o mesmo em relação à própria família. Al também era o filho mais velho, e sua mãe lhe atribuiu responsabilidades idênticas. Como o pai de Al não estava presente durante boa parte do tempo, não estava disponível para servir de inspiração. Sua mãe era uma "comandante" muito durona. Era uma mulher revoltada e, por causa disso, Al sofria muitas críticas. No entanto, ele se tornou uma pessoa que sabia como cuidar dos outros e assumir o controle.

A história familiar de Sandy

O pai de Sandy morreu quando ela tinha 10 anos. A mãe, que nunca trabalhara, arranjou um emprego fora de casa, e Sandy foi deixada aos cuidados do irmão mais velho. Quando Al e Sandy se conheceram, ele estava acostumado a cuidar de meninas, e para Sandy, ele pareceu um substituto do pai que ela perdera ainda muito jovem. O casal tinha uma filha com quem Al se dava muito bem e cujo bem-estar vinha sempre em primeiro lugar. Ele e Sandy sempre acharam que tinham um bom casamento e eram felizes juntos.

A história familiar de Jodi

Jodi é filha única. Ela não vê o pai desde que seus pais se divorciaram, quando ela tinha 11 anos. Mas lembra-se bem dele, porque ele costumava ser bastante agressivo com ela e com sua mãe. Depois do divórcio, a mãe de Jodi teve uma série de casos amorosos. Dois dos homens moraram com elas durante alguns anos. Quando ela faleceu, há dois anos, Jodi ficou inconsolável. Voltou a estudar, dessa vez como aluna de pós-graduação. Tentou compensar a dor da infância sendo boa aluna. Tinha aula duas vezes por semana à noite com Al. Ele era um professor que incentivava muito os alunos, inclusive as aulas depois do horário.

Sobre o sistema familiar

A viagem de Sandy para a África foi a primeira ocasião que Al conseguia se lembrar de ter ficado sem alguém com quem se preocupar. Estava solitário, porém, mais do que isso, sua filha estava passando grande parte do tempo com o namorado. Al estava se sentindo muito sozinho e começou a se considerar inútil. Nas palavras dele, estava se sentindo "um homem sem uma causa". Logo Jodi tornou-se sua nova causa. Ela passara a vida procurando o que sempre lhe escapara: um pai. Al lhe deu carinho e compreensão. No entanto, ao tentar encontrar outra pessoa para proteger e, por conseguinte, reduzir sua ansiedade, Al cometeu abuso contra Jodi.

Embora Jodi desejasse que Sandy ficasse na África, achava que ela, assim como seu pai, havia abandonado a família. Quando Al terminou o caso com Jodi, esta voltou a experimentar o abandono por parte do pai.

Como podemos explicar esse caso quando Sandy e Al se consideravam felizes no casamento? Cada um esperara que o outro satisfizesse suas necessidades não atendidas na infância, o que funcionou durante um longo tempo. Apenas quando Sandy foi para a África e a filha deixou de depender de Al é que a necessidade dele de se sentir bem com relação a si mesmo cuidando de outras pessoas veio à tona. Quando Jodi apareceu, ele ganhou uma causa. Nenhum de nós tem uma bola de cristal, mas nos perguntamos: se Sandy não tivesse ido para a África, Al teria continuado a ser um marido fiel? Talvez isso tivesse acontecido porque ele poderia prosseguir como de costume, e não analisar de perto suas necessidades a infância. De acordo com o mesmo raciocínio, também podemos questionar o seguinte: se Jodi, com suas necessidades complementares, não tivesse entrado na vida de Al naquela ocasião, teria procurado um caso extraconjugal em outro lugar ou teria esperado a volta de Sandy, apesar de se sentir ansioso?

Analisamos os estressores anteriores na vida do casal e da amante. Mas outra fonte de informações que nos ajudará a avaliar o caso são os estressores que qualquer um dos participantes do triângulo conjugal pode ter experimentado durante mais ou menos 12 meses antes do relacionamento. Portanto, é aconselhável examinar de perto esse período.

Estressores atuais

Nessa situação, percebemos claramente os estressores:

1. Para Al, foi a ausência da mulher e a crescente independência da filha, aliada ao interesse desta pelo namorado.
2. Para Jodi, foi a morte da mãe.
3. Para Sandy, o estressor foi o fato de ela ter-se afastado de Al e Rae, bem como sua adaptação à África.

Esses eventos por si só eram estressantes, mas, aliados aos problemas relacionados com a família de origem de cada uma das pessoas, fizeram com que elas se tornassem ainda mais vulneráveis. A descoberta do caso tornou-se um estressor adicional para a família.

A história de Ida

A seguinte história vai mostrar como o fato de a infidelidade e o desligamento emocional estarem presentes em uma família faz com que um dos filhos carregue a dor dos familiares.

A situação

Ida, uma mulher de 69 anos, procurou-me por conta de um problema que, à primeira vista, não parecia estar relacionado com casos amorosos.

> "Estou com o coração partido por causa do relacionamento que tenho com meu filho, David. Ele é adulto e nunca me telefona. Ele também era revoltado com o pai quando este estava vivo. Não sei por que ele age assim. Não estou bem e preciso que ele

me ajude. Ele o faz de má vontade quando eu peço, e nunca se oferece. Meu filho mais velho, Jacob, me ajuda com prazer, mas não quero ligar sempre para ele. A situação chegou a um ponto crítico para mim quando David me ajudou com alguns formulários jurídicos e eu perguntei se ele me amava. Sei que o irmão dele me ama e eu não estava mais conseguindo suportar aquilo, então resolvi perguntar. David olhou para mim e não respondeu. Em seguida, foi embora. Chorei muito, e o meu irmão sugeriu que eu conversasse com alguém."

O primeiro sinal de alerta para mim foi a diferença de atitude entre os irmãos. Pedi a Ida que trabalhasse comigo na história da família para ver se conseguiríamos resolver esse mistério.

A história da família
Em nossas conversas, Ida me contou a história por partes, até que ela fez sentido para nós duas.

Sam e eu estávamos casados havia alguns anos quando nosso primeiro filho, Jacob, nasceu. David veio cinco anos depois. Não era fácil conviver com Sam, mas eu me esforçava ao máximo. Certo dia, Sam me disse que queria se divorciar e que estava apaixonado por outra mulher. Chorei muito. O que eu iria fazer? Eu só tinha o ensino médio. Nunca havia trabalhado. Os tempos eram outros. Agora as moças são espertas, sabem como cuidar de si mesmas. Telefonei para o irmão mais velho de Sam, que morava em São Francisco. Ele ficou louco da vida, pegou o carro, veio direto para o Valley e repreendeu violentamente o irmão: "Você é um homem de família. Tem responsabilidades, filhos e uma esposa, então faça o favor de entrar na linha. Você não vai querer ser como Pop."

O que ele quis dizer com "como Pop"?

Ah, há muitos anos o pai de Sam teve um caso. A família se recusa a falar sobre o assunto, mas eu sei o que aconteceu. E isso foi o suficiente. Sam terminou o caso e tentamos retomar de onde estávamos.

Foi o que aconteceu?

Bem, ele me comprou um casaco de visom e eu me esforcei bastante para ter uma boa aparência o tempo todo.

E as crianças?

Os meninos nunca souberam nada a respeito.

E o relacionamento deles com o pai?

Sam adorava Jacob.

E como ele se sentia em relação a David?

Eles nunca se deram bem. David estava sempre com medo de Sam, e Sam não era carinhoso com ele.

Em que ano David nasceu?

1985.

Como era o relacionamento de Sam com os rapazes quando eles cresceram?

Sam sempre demonstrou preferência por Jacob. Ele o mandou para uma faculdade caríssima e, como David cursou uma faculdade pública, continuou morando em casa.

O que você fez a respeito disso?

Era horrível, mas o que eu poderia fazer? Nada! Eu não podia fazer absolutamente nada! Você não sabe como Sam era. Eu economizava dinheiro por minha conta, da minha mesada, e depois o dava a David.

Em que ano Sam disse a você que ia sair de casa?

1985.

A resposta a essa pergunta revelou que o ano de nascimento de David coincidira com a época em que Sam estava tendo o caso. Essas coincidências de datas explicavam a maneira como Sam tratava o filho mais novo. Ida começou a desconfiar de que havia uma relação entre o caso amoroso e o nascimento de David. Sam tivera cinco anos para criar um vínculo emocional com Jacob, mas via David como a razão pela qual não pôde acabar com o casamento. Percebemos que David era o alvo da raiva de Sam, porque este último o via como o motivo pelo qual havia sido "forçado" a permanecer casado. David era tratado de maneira diferente do irmão, de modo que teve um desenvolvimento diferente, o que definiu sua personalidade.

A história não termina aqui, porque os eventos em família apresentam um efeito propagador, e as repercussões são sentidas em todas as direções. Pouco a pouco, a situação que se seguiu ao caso de Sam gerou outros problemas para a família. O primeiro ocorreu no relacionamento dentro da família de origem. O segundo surgiu na geração seguinte.

> "Creio que tudo isso afetou David. Ele e Jacob tinham um relacionamento intermitente. Ficavam juntos quando ocorria um problema, mas não tiveram muito contato depois que ficaram adultos e se casaram. Eu achava que David era um bom filho, apesar do tratamento injusto que recebeu de Sam na infância e na adolescência. E o que ele ganhou com isso? Nada.

No entanto, mais coisas ainda estavam acontecendo nessa família. Um exame dos estressores atuais completará a história.

Estressores atuais

"Judy, a mulher de David, está tendo um caso. Ela se apaixonou por um homem no trabalho e quer acabar com o casamento. Mas, pensando bem, além de mim, só quem soube do caso que Sam teve foi o irmão dele e a minha irmã. Portanto, isso não pode ter afetado o casamento de David."

Ida estava enganada a respeito disso. Embora David não tenha tomado conhecimento do caso do pai, certamente sentiu a tensão, e foi o filho que carregou a dor da família. Ele não conseguia entender por que o pai o rejeitava. Nunca fez sentido para ele, porque sabia que era um bom filho. Mas nada que fizesse conseguia modificar a maneira como seu pai o tratava. Sam havia abandonado David emocionalmente, em vez de orientá-lo na vida. Sam não tinha discernimento suficiente para fazer isso por David. Esse é um caso de desligamento emocional sem que a pessoa deixe a família.

Por conseguinte, David cresceu carente e ansioso por intimidade, mas sem alguém que o inspirasse e com quem pudesse aprender, sofrendo às vezes de depressão. Ele se casou com uma mulher fria, com as características de personalidade de seu pai. Ela se sentia sufocada pela necessidade de proximidade de David. Ela também tinha problemas de intimidade e, paradoxalmente, buscou conforto nos braços de outro homem.

Ninguém precisou ter conhecimento do caso de Sam para reagir à ansiedade que ele criou na família. Todo mundo foi afetado, inclusive as gerações seguintes. Se as consequências tivessem parado na primeira geração, a história teria um final feliz. Sam e Ida poderiam tê-las interrompido, se tivessem tentado descobrir a causa da infidelidade. Um casaco de visom impressiona, mas não é uma cura.

Ida finalmente compreendeu que David desenvolvera um sentimento de raiva por achar que ela não o protegera da rejeição do pai. Ida disse a David que reconhecia que Sam não o tratava bem e pediu desculpas por não tê-lo protegido. Ela pretende contar ao filho que essa atitude era influenciada pela raiva do marido por ela, mas no momento está lutando consigo mesma para determinar até onde deseja levar essa explicação.

Como avaliar um caso amoroso

Você talvez pense que é impossível avaliar as questões do coração. Elas são completamente subjetivas e não são dadas a esse exame.

Algumas pessoas acham que observar esse assunto muito de perto pode tirar o brilho do relacionamento, mas outras constataram que essa avaliação as ajuda a entender a situação e que é extremamente provável que as beneficie no longo prazo.

A seguinte história oferece uma sinopse que você pode usar para avaliar um caso amoroso. Ela lhe mostrará como dar um passo atrás e se distanciar para conseguir ser mais objetiva.

Quando você terminar de ler este exemplo, encontrará um roteiro semelhante no Apêndice, que pode ser preenchido. O roteiro reunirá todo o conteúdo que vimos até agora para que você possa aplicar à sua situação. Ele a ajudará a responder à seguinte pergunta: "Será que ele vai mesmo deixar a mulher?"

A situação

Peg começou a ter um caso com Lawrence, um colega de trabalho. Ao acompanhar a história de Peg, você perceberá como um caso amoroso pode ser observado objetivamente.

> "Lawrence e eu trabalhamos em um grande escritório de advocacia e nos conhecemos numa conferência regional. Era a minha primeira conferência e eu estava nervosa. Ele percebeu o que eu estava sentindo e me ajudou. Isso aconteceu há dois anos, quando eu estava com 40 anos e ele, com 46. Eu sabia que ele era casado, mas isso não importava porque ele estava apenas ajudando uma nova funcionária.
>
> "Um mês depois, ele me telefonou e me convidou para jantar quando veio à minha cidade — o que costumava fazer com frequência. Nada aconteceu na primeira vez que ele veio a negócios, mas começamos a nos corresponder por e-mail. Ele escrevia frequentemente para mim, às vezes tarde da noi-

te. Passamos a trocar mensagens instantâneas e começamos a compartilhar problemas pessoais. Eu tinha muitos. Ficara viúva um ano antes e esse era meu primeiro emprego, pois nunca trabalhara fora. Minha filha morava em outra cidade, em função da faculdade, e eu fiz um breve curso de assistente jurídico.

"Eu me sentia muito próxima a ele. Ele era um homem com quem eu podia compartilhar muitas coisas. Na vez seguinte em que ele veio à minha cidade, convidei-o para jantar, e foi quando nos tornamos fisicamente muito íntimos. Ele me disse que era casado, mas, naquele momento, não me importei com isso, porque ele era muito especial. Imaginei que eu poderia dividi-lo e não faria nada para interferir no casamento dele, não faria exigências, nem telefonaria para a esposa dele.

"Este ano, na primavera, percebi que queria me casar com ele, e também fiquei grávida, o que me deixou surpresa devido à minha idade. Eu não sabia o que fazer. O que eu diria à minha filha? O que as pessoas no meu trabalho iriam pensar? Ele ficou irritado porque eu fora negligente, e foi quando vi um lado dele que nunca percebera. Ele queria que eu fizesse um aborto, algo que eu não poderia. A situação ficou horrível durante duas semanas, e eu não sabia o que fazer. Mas a natureza resolveu o problema, pois tive um aborto espontâneo.

"Depois, ele quis continuar como antes.

"Começamos a discutir porque ele disse que não podia se casar comigo, embora me amasse. Terminamos algumas vezes, mas depois recomeçamos. Tenho me sentido muito culpada por causa de tudo isso. Estamos agora nas vésperas do Dia de Ação de Graças, ele não está nem perto de assumir um compromisso e eu ainda estou solitária e confusa."

O tipo de caso

A primeira avaliação que Peg precisa fazer é identificar o tipo de caso que ela está tendo e o tipo de caso que Lawrence está tendo.

Para ele: "É uma aventura para ele, que eu confundi com um caso de amor romântico."

Para ela: "Para mim, é um caso de amor romântico."

Estressores atuais

Peg precisa explorar em sua avaliação do caso quais são os estressores recentes que podem ter levado ao início do relacionamento. Peg foi claramente atraída para o caso devido às transições de vida pelas quais estava passando.

Para ela: "Eu estava muito sozinha. Meu marido tinha morrido de repente, depois de contrair uma infecção rara e incontrolável. Tivemos um bom casamento durante vinte anos e eu sentia saudade dele. Namorávamos desde o ensino médio. Meus pais o adoravam. Eu queria me sair bem na conferência e no meu novo emprego. Estava assustada e Lawrence me ajudou. Ele foi amável comigo e eu confiei nele."

Para ele: "Não sei. Ele nunca falava muito a respeito de nada, a não ser sobre o trabalho, o que era totalmente aceitável para mim."

A família de origem

Para ela: "Fui criada em um lar muito tradicional, apesar da época. Nós, crianças, estudamos em uma escola religiosa particular. Eu sei que o pai da minha mãe teve uma série de casos extraconjugais, o que a deixava constrangida e muito irritada com ele. Meus avós se separaram e a minha mãe passou a ver o pai somente no Natal. Era quando também o víamos, e todos agíamos como se nada tivesse jamais acontecido. A mãe dela nunca pôde perdoá-lo. Meu avô jamais se casou de novo.

"Meu pai era um homem de família, sempre preocupado com os nossos interesses. Meu irmão teve um caso pouco antes do seu décimo aniversário de casamento, e a minha mãe parou de falar com ele até que ele se casou novamente, e mesmo assim ela ainda é um pouco fria com ele."

Para ele: "Lawrence me disse que tinha três irmãs e ele era o mais velho, que teve muitas responsabilidades durante a infância e a adolescência, mas isso foi tudo. Acho que foi esse o motivo que o fez reconhecer o meu nervosismo e que o levou a me ajudar. Creio que o seu pai teve um caso extraconjugal, porque Lawrence fez menção a isso depois que assistimos a um filme, mas, quando pedi detalhes, ele disse que não tinha importância. Enfim, não sei muita coisa."

Conclusões preliminares?

Ainda não terminamos, mas este é um ponto em que devemos parar e avaliar nossa interpretação preliminar do caso amoroso de Peg. Em seguida, podemos examinar outros fatores que entram nessa avaliação.

Para ela: "Descobri que o fato de eu me sentir de determinada maneira não significa que ele vá se sentir igual. Também aprendi que é preciso ter cuidado com certos tipos de e-mail. Eles são como carícias verbais preliminares. Elas me deixaram prontinha para ter o caso. A gravidez levou a situação a um ponto crítico. Ela me pareceu um presente, uma chance de recomeçar. Eu me senti confusa e, depois, perplexa. Além disso, estava em uma posição na qual eu era a outra. Embora isso seja verdade, de algum modo não sinto que essa seja realmente eu. Simplesmente não conseguia acreditar no que acontecera na minha vida e, o pior, Lawrence não estava me dando o apoio necessário. Compreendi que eu estava pedindo uma coisa que ele nunca prometera."

Para ele: "Ele só me dava informações a respeito do seu trabalho, nada muito pessoal. Ele era de fato um excelente ouvinte. Eu me surpreendi com a indignação dele quando contei que estava grávida. Eu não teria pensado algo assim a respeito dele. O fato de Lawrence ser casado foi muito importante para ele."

O que Peg descobriu é significativo, mas não o suficiente para poupá-la de futuros desgostos. Ela precisa de muito mais.

Um entendimento mais completo

Peg estava enfrentando uma situação difícil, de modo que, no início, o caso lhe proporcionou conforto. Ela estava chorando a morte do marido, com quem fora casada durante vinte anos. A perda do cônjuge é um evento estressante em qualquer ocasião, principalmente quando acontece repentina e prematuramente. Por mais triste que qualquer tipo de morte seja para o cônjuge, a morte prematura é muito difícil para a família. Peg, que começou a trabalhar com mais idade do que a maioria das mulheres, tinha pouca confiança em sua capacidade. É claro que isso não significava que ela não era capaz de fazer o trabalho, e sim que estava assustada. Outra transição, mas pela qual Peg esperava, foi o fato de sua única filha ter saído de casa para ir para a faculdade. Isso representou um acréscimo às suas preocupações, e foi nesse momento que Lawrence, um homem maduro, entrou em sua vida.

Peg começou a compreender de que maneira as transições afetam a vida de uma pessoa, bem como a importância de lidar diretamente com elas. Entrar de cabeça em uma relação pode levá-la a reprimir seus sentimentos, apenas para vê-los vir à tona no futuro. E pode fazer com que você espere que os outros a ajudem a satisfazer suas necessidades.

Também podemos constatar que a história das gerações afeta os problemas atuais. A infidelidade esteve presente nas duas famílias. Sabemos que a reação à infidelidade resultou em um desligamento emocional. A mãe de Peg se afastou do próprio pai e depois do filho, porque eles tinham sido infiéis, o que deixou Peg ainda mais estressada. Ela estava preocupada com o que a mãe e a irmã iriam pensar dela, o que a pressionou mais a perseguir Lawrence quando ela sentiu que ele a estava abandonando. Peg e Lawrence terminaram o caso. Peg começou a sofrer por causa de suas inúmeras perdas: o marido, o caso amoroso, a saída da filha de casa e a gravidez. Ela passou a frequentar um grupo de apoio para viúvos jovens. Aprendeu a cuidar do próprio bem-estar e a desenvolver novos interesses. E também aprendeu mais a respeito da solidão e sobre maneiras de lidar com ela.

"Foi um período difícil para mim. Eu achava que não conseguiria seguir a minha vida sem Lawrence, mas consegui. Eu me isolara em excesso. Não tinha ninguém com quem compartilhar essas coisas até que conheci as mulheres do meu grupo e comecei a me sentir à vontade. Elas me aceitavam muito mais do que eu aceitava a mim mesma."

Na terapia individual, Peg começou a explorar o sistema emocional de sua família e trabalhou para acabar com o desligamento emocional com o irmão e com o avô idoso.

Quando as dificuldades conjugais não são abordadas, podem surgir problemas. Como as pessoas que encaram um caso amoroso como a solução para suas preocupações. O estresse resultante de problemas crônicos não resolvidos pode fazer com que procurem alguém com quem possam passar alguns momentos tranquilos.

Um entendimento mais completo do passado pode nos ajudar a lidar com o presente e evitar certas armadilhas no futuro. Peg agora tem mais amigos e é mais capaz do que antes. Sente-se melhor emocionalmente para enfrentar alguns dos problemas da vida.

Juntando as peças

A esta altura, você já leu bastante sobre os casos amorosos. Examinou as informações e verificou como elas se aplicam à sua situação. Você talvez tenha pensado: "De jeito nenhum, essa não sou eu" ou "É verdade, bem na mosca". Algumas informações se encaixarão como uma luva, e outras não, porque nem todas as pessoas são iguais. As motivações variam, as necessidades podem ser exclusivas e as circunstâncias, diferentes.

Agora está na hora de aplicar essas informações à sua situação pessoal. Com esperança, você será capaz de dar um passo atrás e examinar a situação com objetividade. Como viu nos capítulos anteriores, você precisa primeiramente explorar a história do seu caso amoroso. Em segundo lugar, existem perguntas que você precisa fazer a si mesma. Você poderá chegar a uma conclusão, a um entendimento temporário de suas experiências, ou poderá processar as informações. Processar significa passar um pente-fino, pensar no que foi lido e relacionar esse conteúdo à sua própria vida. Se você estivesse fazendo terapia, estaria discutindo a situação dessa maneira. Por intermédio desse processo, você está reorganizando as informações para encontrar uma maneira de processá-las.

A história de Peg foi um exemplo de como isso é feito. Nem todos os casos amorosos são iguais, nem as circunstâncias de cada um são idênticas. As questões que algumas pessoas precisarão examinar podem não ser válidas para outras. Com isso em mente, você encontrará no Apêndice um formulário para avaliar seu caso, semelhante ao de Peg, mas que inclui questões a serem apreciadas que abarcarão muitas diferenças individuais. Ele foi concebido para auxiliar a avaliação do seu caso e recomendo com insistência que você o utilize. Sugiro que preencha o formulário, ponha-o de lado e releia-o algumas semanas depois. Isso lhe dará tempo para processar seus pensamentos.

Em busca da resposta para as intenções dele

Depois que tiver uma imagem objetiva do seu caso amoroso, você terá duas escolhas: a primeira, é terminar o relacionamento, e a segunda, tentar modificá-lo. Ao constatar que não é capaz de modificá-lo, terá eliminado essa possibilidade, de modo que só lhe restam duas decisões: ficar ou ir embora. Se decidir ficar e não for capaz de efetuar mudanças, você continuará em uma situação de impotência. Esperar que as coisas mudem não é uma opção realista. Ao tentar modificá-las, o primeiro passo é reconhecer seus direitos e exigi-los. Isso requer que você aja de determinada forma, aberta e sincera — mas não agressiva.

Se o caso chegou a um ponto no qual você deseja discutir o futuro e sente que o romance está paralisado, pode fazer perguntas sobre as intenções dele. Isso significa falar *com determinação* ao pedir que a situação seja esclarecida. Ao fazer isso, é importante estar ciente de que a consequência de você abordar essa questão pode ser o fim do caso.

Dialogue com determinação

Mesmo com todas as conquistas que as mulheres fizeram nos anos que se seguiram à revolução feminista, algumas descobrem que são capazes de falar na sala da diretoria, mas não no quarto de dormir. É seu direito expressar suas necessidades de modo aberto e sincero, mantendo o respeito pela pessoa a quem você está se dirigindo. Nos casos amorosos, esse passo é frequentemente desconsiderado, e os casais passam diretamente para a etapa de gritar um com o outro quando vem à tona o rumo que o relacionamento tomou. Quando for discutir o assunto, você deverá seguir certas diretrizes que conduzem a um diálogo mais produtivo.

Diretrizes gerais

- Programe a conversa para uma ocasião em que haja bastante tempo para que o assunto seja discutido.

- Use uma declaração que comece pelo pronome "eu" para dizer como você se sente e o que gostaria que acontecesse.
- Se você descobrir que não se expressou bem, ou que tem algo a acrescentar, poderá dizer o que deseja mais tarde, no dia seguinte ou em outra ocasião. Mas lembre-se de se expressar com determinação.
- A comunicação feita com determinação pode promover intimidade e conduzir à resolução de muitos problemas.

Entenda os estilos de comunicação

Existem quatro estilos de comunicação a serem reconhecidos, cujas características são descritas a seguir:

Agressivo: tom de voz elevado, gestos exagerados com as mãos. A pessoa se mostra exigente, zangada, obviamente coercitiva e assustadora para o companheiro.

Passivo: quieto, faz o que lhe é ordenado, cabeça baixa, não expressa necessidades, "capacho", obviamente não coercivo.

Passivo-agressivo: quieto, não expressa necessidades, não demonstra raiva, o falante tem uma atitude do tipo "te peguei", secretamente coercivo.

Assertivo: comunicação sincera e aberta que respeita os direitos de todos, não ameaçador, obviamente não coercivo.

Como funciona

Os primeiros exemplos mostrarão como funciona a comunicação determinada. Depois de entender isso, você será capaz de aplicar o que aprendeu à questão das intenções dele.

Jennifer está zangada porque Clark telefonou novamente em cima da hora para cancelar o jantar desta noite. Surgiu algo relacionado aos planos de casamento da filha dele, mas garante que ele e Jennifer se encontrarão amanhã à noite. Eis algumas situações possíveis.

> **Agressiva:** "Não consigo acreditar. Não de novo. Estou vendo perfeitamente a minha posição. Estou sempre em segundo lugar. Estou cansada dessa situação. Pare simplesmente de me ligar até estar pronto para me tratar melhor. Não quero vê-lo amanhã à noite." Ela desliga e chora.
>
> *Resultados:* Ambos ficam zangados e se sentem incompreendidos. Nenhuma comunicação resulta dessa atitude, apenas ressentimento.
>
> **Passiva:** "Tudo bem, vejo você então amanhã à noite."
>
> *Resultados:* Ela fica magoada e ele pode fazer o que bem entende, com imunidade.
>
> **Passivo-agressiva:** "Tudo bem, vejo você amanhã à noite." Mas ela pretende telefonar para ele no último minuto e cancelar, exatamente como ele fez com ela.

Resultados: Ele ficará confuso quando ela cancelar porque disse que estava tudo bem. Ela sentirá que mostrou a ele que não é um fantoche, mas nada fica esclarecido e acontecerá novamente. Ela tem a atitude "te peguei".

Assertiva: "Eu entendo que isso pode acontecer, Clark, mas estou frustrada porque vem acontecendo com muita frequência. Eu me sinto usada quando sou tratada dessa maneira. Vou vê-lo amanhã à noite, mas quero discutir o assunto e ver o que podemos fazer a respeito da situação."

Resultados: Cada pessoa sente que é compreendida. Não muda a situação naquela noite, mas dá origem a uma conversa e provavelmente gerará algum tipo de comprometimento. Discutir o assunto poderá ajudá-la a descobrir o verdadeiro desfecho do relacionamento.

No exemplo "agressivo", Clark provavelmente teria reagido com raiva e se colocado na defensiva. No passivo, não teria a menor ideia de como Jennifer estava se sentindo ou de que havia um problema. No passivo e no passivo-agressivo, ele teria sentido certo mal-estar ou ficado intrigado a respeito da reação de Jennifer e zangado, exatamente como ela ficou depois de ser tratada da mesma maneira. O mais importante é que Clark não entenderia o que Jennifer estava sentindo. No caso da reação determinada, ele teria ouvido, e é extremamente provável que tivesse reagido sem raiva. Isso resultaria em uma conversa a respeito de como ele a tratava, o que daria a Jennifer a oportunidade de explicar como encara a situação e poderia conduzir à resolução do problema.

Duas ideias importantes a ter em mente ao dialogar com determinação:

Caso perca uma oportunidade de dizer o que está pensando, você sempre poderá ser determinada mais tarde. Nessa situação, Jennifer não respondeu da maneira como desejava, de modo que telefonou no dia seguinte e disse:

> "Clark, quando você telefonou ontem à noite para cancelar o nosso jantar, fiquei magoada porque você faz isso com muita frequência e eu me sinto pouco importante e desrespeitada. Posso entender que isso aconteça de vez em quando, mas não com tanta regularidade. Prefiro que faça planos para estarmos juntos quando a probabilidade de que nada aconteça para atrapalhar seja bem grande, porque assim posso planejar outras coisas, em vez de ficar sentada sem ter o que fazer e me sentindo mal."

Eis a resposta que Jennifer poderia receber:

> "Entendo como você se sente. Sinto muito. Fui desatencioso. Passarei a ter mais consideração.

Um segundo fator importante é que você não deve se mostrar determinada se essa atitude envolver algum tipo de perigo. Se você costuma sofrer abuso físico, sexual ou emocional, e se mostrar determinada, corre o risco de se ferir. Em vez disso, é recomendável procurar um terapeuta que possa auxiliar o entendimento dos motivos pelos quais você está tendo esse relacionamento. Isso possibilitará que você descubra por que quer estar com esse homem, e se depois decidir acabar com o caso, terá apoio para fazê-lo de forma segura.

Como aplicar tudo isso à realidade mais ampla

Jennifer começou a se mostrar determinada nas questões menos sérias, como a maneira injusta como Clark a estava tratando. No entanto, se ela quiser saber mais a respeito do futuro deles, poderia praticar sua capacidade de comunicação em questões menos importantes e depois avançar para a grande pergunta: "Será que ele vai mesmo deixar a mulher?"

Jennifer também poderia se exercitar empregando a comunicação determinada com pouco risco, experimentando o *treinamento mental*, uma técnica descrita pelo Dr. Maxwell Maltz no livro *Psycho-Cybernetics*. Imagine-se em qualquer situação nova ou que possa lhe causar mal-estar ou ansiedade. Você pode fazer o seguinte para praticar ou ensaiar sua capacidade de comunicação: recapitule mentalmente o que deseja dizer e tenha uma conversa mental com seu amante. Verifique suas reações até se sentir à vontade com a situação. O treinamento mental lhe dará a oportunidade de corrigir erros ou modificar os eventos de maneira que a satisfaçam. Na situação efetiva, talvez não obtenha a resposta que deseja, mas, ao repetir várias vezes o treinamento mental, você se sentirá mais à vontade na situação concreta. É vantajoso praticar o treinamento mental em um estado de relaxamento. O Capítulo 10 descreve um relaxamento muscular progressivo ao qual talvez deseje recorrer. Esse treinamento a tornará menos sensível à ansiedade que a situação pode provocar. Treinar é tão eficaz quanto fazer. Você agora está preparada, depois de se esforçar bastante para lidar com a ansiedade que antecede uma conversa sincera com seu amante.

Para realmente avaliar onde você se encontra no relacionamento, é preciso conhecer as intenções dele para o futuro de vocês. Precisa estar preparada para receber uma resposta que não deseja ouvir. Também precisa identificar se ele está ou não sendo sincero. Depois de determinar as verdadeiras intenções de seu amante, é necessário examinar o que isso significa para você e para o seu futuro:

- Se ele lhe informar que o relacionamento vai permanecer como está, ou seja, apenas como um caso, você precisa decidir se está disposta a ser menos importante do que a família dele. Essa decisão tem a ver com as metas que tem para si mesma. Então, se resolver continuar com o caso, será com pleno conhecimento de que ele não deixará a mulher para ficar com você. A escolha de continuar ou terminar é sua.
- Se ele disser que talvez as coisas sejam diferentes daqui a um mês, um ano, ou mais, e pedir mais um tempo, você precisará ser mais realista. Será que ele realmente mudará de ideia depois de vocês passarem mais tempo juntos? Se acreditar que isso é verdade, então tente imaginá-lo dando a mesma resposta negativa para você daqui a quatro anos. Pense em como se sentirá se a situação continuar como está, ou seja, sem qualquer promessa de casamento. Se deseja ter filhos, leve em conta a sua idade e a realidade da situação. Você está disposta a sacrificar os objetivos da sua vida pela possibilidade de outra rejeição?
- Se ele lhe disser que não deixará a esposa, você ficará com uma sensação de perda, depressão e raiva. Poderá sentir que sacrificou muito pelo relacionamento e que agora está exausta para começar tudo de novo. A ideia de recomeçar pode parecer esmagadora, mas você precisa decidir se está realmente disposta a desperdiçar anos em um relaciona-

mento que não está indo a lugar algum. Este é um alerta para que você reconstrua a sua vida.

- Se ele disser que deixará a mulher para se casar com você, é preciso avaliar cuidadosamente a situação para ter certeza de que ele está sendo sincero e deve ficar atenta às atitudes dele que respaldem a resposta que ele deu. Acima de tudo, é também preciso monitorar seus sentimentos para ter certeza de que isso é realmente o que você quer.

Você precisa estar prevenida contra as evasivas, as mentiras e a data decisiva que está sempre sendo jogada para a frente. Você pode se tornar mais específica usando suas novas técnicas de comunicação. Quando o caso não termina abruptamente depois de uma discussão séria a respeito do futuro, tipicamente continua com uma série de rompimentos e reatamentos, o que a levará a examinar se o relacionamento está sendo benéfico para você. Expressar-se com determinação lhe dará uma ideia das intenções dele.

> *Donna*: Jim, esperei que seus três filhos se formassem. Agora você está me pedindo que eu espere mais seis meses, até depois do Natal. Diga-me exatamente o que vai acontecer depois do Natal.
> *Jim*: Não sei. Estou me sentindo pressionado, Donna, e não gosto disso.

Este é o ponto no qual a conversa pode se deteriorar e se transformar em uma discussão acalorada, fazendo com que você acabe zangada e com outra resposta inconclusiva.

Donna: Entendo que esteja se sentindo pressionado, mas, como venho esperando há quatro anos, estou perguntando o que vai acontecer especificamente depois do Natal.
Jim: Pelo amor de Deus, Donna, eu não sei.
Donna: Tudo bem, então pense a respeito e me dê uma resposta. Logo depois do Natal voltaremos a falar sobre o assunto.

Nenhuma grande decisão foi tomada durante essa conversa, mas algo estava acontecendo no relacionamento. Donna não deu a Jim um ultimato, não trouxe o passado à baila, nem o repreendeu. Ela simplesmente apresentou os fatos, acrescentando em seguida que eles iriam pensar sobre o assunto e voltar a falar nele. Encerraram a conversa sem dizer coisas das quais iriam se arrepender. Ambos têm tempo agora para processar o que foi dito e pensar a respeito da questão nos próximos seis meses. Donna agora precisa analisar suas opções e não trazer o assunto à tona novamente enquanto o período combinado não tiver terminado. Ela não está permanecendo impotente. Ao se expressar com determinação, Donna está recuperando seu poder no relacionamento.

Se você sentir, depois de ler as diretrizes da comunicação determinada, que sua maneira de se expressar precisa ser aprimorada, lembre-se de começar com um pequeno objetivo, e não com um grande. Seria melhor, por exemplo, começar com seus sentimentos a respeito de estar à disposição dele, e não com a sua necessidade de saber se ele vai deixar a mulher. Aprenda a se expressar com determinação, e pratique. Essas são técnicas que sempre lhe serão úteis também em outras situações. Depois, poderá avançar em direção à conversa sobre o futuro. Se os resultados do diálogo forem você, ele ou ambos tomarem a decisão de terminar o caso, logo precisará ficar curada da experiência.

As possibilidades são continuar tudo como está, terminar o caso ou se casar. Se estivesse fazendo terapia para conversar sobre os seus sentimentos, neste ponto você examinaria as escolhas possíveis, bem como suas consequências. Na próxima seção, faremos exatamente isso.

Parte IV

Como lidar com as decisões

Capítulo Oito

Quando o caso continua

Quando um caso prossegue por um longo tempo sem chegar a uma resolução, ele se desenvolve e se transforma em uma espécie de acordo no qual o homem continua casado e, mesmo assim, mantém o caso. Isso pode acontecer devido a muitos fatores, dentre os quais, a ambivalência. O relacionamento pode continuar enquanto o casamento dele durar ou pelo resto da vida dele.

Um caso de longa duração ficcional

Como foi mencionado anteriormente, o filme *The Pilot's Wife*, baseado no romance de mesmo nome, de autoria de Anita Shreve, retrata um excelente exemplo de um caso de longa duração, e explicar o roteiro nos oferece um exame íntimo das informações discutidas até aqui.

Quando o filme começa, é noite em uma pequena cidade à beira-mar na Nova Inglaterra, e alguém bate à porta da casa de Kathryn Lyons. A vida dela está prestes a virar de cabeça para baixo. Um investigador do sindicato das empresas aéreas lhe informa que um 747 caiu ao largo da costa da Irlanda. O piloto era Jack, o marido de Kathryn. Logo sua casa é ocupada por outros investigadores. As perguntas deixam claro que eles estão interessados no piloto e nas atividades dele antes de sair de casa. Segundo eles, a queda foi resultado de uma explosão, mas a causa permanece obscura. Kathryn está perplexa com o rumo que a investigação está tomando.

Mas a vida continua e, enquanto examina as roupas de Jack antes de colocá-las para lavar, Kathryn encontra um pedaço de papel com um número de telefone. No meio de toda essa tensão, Mattie, a filha do casal Lyons, surpreende a mãe ao dizer que fez sexo para conseguir parar de pensar no assunto. Mattie pergunta à mãe se a notícia a deixou surpresa. Quando Kathryn responde que sim, que está surpresa, a filha retruca: "Está vendo? É impossível conhecer uma pessoa." Esse comentário nos prepara para o que logo será revelado.

Kathryn dá início à própria investigação telefonando para o número que encontrou na roupa de Jack. O telefonema a conduz a uma pequena casa na Irlanda, onde Muire Boland, uma mulher jovem e atraente, atende. Logo Kathryn conhece os filhos de Muire, um bebê e uma menina pequena. E não demora a perceber que Jack é o pai das crianças e que ele estava tendo um caso de longa duração. Por incrível que pareça, Muire sabe da existência de Kathryn e de sua filha, Mattie.

Muire pede licença e vai atender o telefone. Kathryn consegue perceber pelo tom tranquilo e pela duração da conversa que planos importantes estão sendo traçados. Enquanto espera, Kathryn abre gavetas e armários, e encontra um lar consolidado, com fotografias de família. Durante esse tempo, a filha de Muire diz a Kathryn que sua avó americana lhe deu de presente a boneca com a qual está brincando.

Kathryn vê uma foto de Jack e Muire e é informada por esta última que eles se casaram em uma igreja católica quatro anos antes. Muire diz a Kathryn que Jack frequentava regularmente a igreja e que a boneca que está na mão de sua filha foi um presente da mãe dele. Quando Kathryn contesta dizendo que Jack nunca vai à igreja e que a mãe dele está morta, Muire afirma que a mãe de Jack mora em uma clínica de repouso nos Estados Unidos.

Cabe à audiência se perguntar: quem é a mulher do piloto?

Em flashbacks, somos informados que Kathryn visitara um padre para discutir a possibilidade de um enterro sem o corpo. Ela conta que teve um casamento feliz e que nos primeiros estágios do matrimônio viveu um tipo de felicidade diferente. Isso nos revela que a paixão se estabilizou ou declinou no casamento, mas Kathryn acredita que eles atingiram outro nível de satisfação. No entanto, em outro flashback, nós a vemos entrar zangada no escritório de Jack, e dizer que ele passa mais tempo no computador do que ao lado dela. A reação de Jack é colérica, e ele joga violentamente o computador do balcão do alto do segundo andar, espatifando-o completamente. Talvez Kathryn tenha entrado no escritório em um momento em que Jack se comunicava com Muire. Os espectadores começam a perceber que existem problemas com Jack ou com o casamento.

Tudo indica que não apenas a paixão diminuíra no casamento, como também a intimidade emocional do casal. Jack escondeu de Kathryn o fato de que a mãe estava viva, bem como a importância que a Igreja tinha em sua vida. Também é insinuado que ele só continua casado por causa da filha, Mattie. A partir do que podemos ver, o comprometimento de Jack com o seu casamento é, na melhor das hipóteses, questionável. Ele é um homem que, na meia-idade, insatisfeito com a vida, escolhe ter um caso de longa duração.

Kathryn, por outro lado, se recusava a admitir a situação do seu casamento e negligenciava indícios óbvios. Ela ficou arrasada ao descobrir a existência da segunda família do marido na Irlanda. Ela *recapitulou obsessivamente* os fatos até conseguir entendê-los. Na cena final, de volta aos Estados Unidos, Kathryn e Mattie sobem as escadas da casa de repouso para se apresentar à mãe de Jack.

Em determinado momento do filme, o espectador descobre que Jack transportava de um lado para o outro dinheiro destinado a financiar atividades políticas na Irlanda. No seu último voo, a mala dele fora trocada por outra que continha uma bomba. A esposa irlandesa acaba sendo presa por causa do envolvimento de Jack em atividades terroristas. O filme termina sem mencionar o que iria acontecer com os filhos irlandeses de Jack e se este havia tomado providências para o sustento deles se ele viesse a falecer.

Esse relato ficcional de um caso de longa duração conduz a outras questões que se aplicam a casos de longa duração na vida real. Um caso desse tipo é como dinamite, pronto para explodir a qualquer momento. No contexto do filme, o que provocou a explosão foi a morte prematura de Jack. O que aconteceria se Jack tivesse de fato envelhecido? Ele teria se aposentado nos Estados Unidos ou na Irlanda? Qual foi a influência dos fatores econômicos nessa situação? O homem precisa ser muito rico para sustentar duas famílias depois que se aposenta. O que teria acontecido se Jack tivesse morrido de causas naturais, deixando as duas esposas e os filhos que teve com cada uma delas? Se Kathryn descobrisse o caso na velhice, teria sentido que sua vida inteira fora uma farsa, uma ironia? Jack algum dia teve a intenção de contar a verdade para os filhos, ou esperava que, de algum modo, tudo acabasse sem que os irlandeses soubessem dos americanos e vice-versa? Jack fez mais do que trair a esposa americana; ele enganou todos os seus filhos, privando-os da exclusividade e da lealdade que eles mereciam.

Embora *The Pilot's Wife* seja um relato ficcional de um caso de longa duração, a autora Anita Shreve acertou na mosca. Qualquer mulher que tenha um caso desse tipo precisa levar em conta as possíveis ramificações. Um caso afeta mais do que apenas as duas pessoas envolvidas.

As escolhas

Frequentemente, um relacionamento extraconjugal continua por um tempo significativo por ter se transformado em um caso de amor romântico e os parceiros, por algum motivo, não se casaram. Quando o relacionamento atinge o estágio do caso romântico, pode se desenvolver de algumas maneiras, e o casal também se vê diante de determinadas escolhas.

Empurrando com a barriga

O casal pode continuar exatamente como está, "empurrando com a barriga". O problema, nessa hipótese, é que decisão alguma foi tomada. Por conseguinte, os casais que se encontram nessa situação não atingiram o quarto estágio do caso amoroso, em que se chega a um acordo com relação a uma resposta. Eles estão empacados no terceiro estágio: o desequilíbrio, o que significa que voltaram à gangorra de rompimentos e reconciliações — ou perseguição e distanciamento. Tudo pode caminhar normalmente até que ela decida que realmente deseja uma resposta a respeito do futuro deles dois. Assim, começam a dança e depois retornam ao *status quo*. Esse pode ser um caso de longa duração sem um rumo certo. Uma mulher, membro de um grupo de apoio, começou a falar a respeito do seu "namorado", e eis o que contou:

Ruthie: "Ele disse que éramos felizes e que ele era bom para mim, de modo que deveríamos simplesmente deixar as coisas como estavam. De certa maneira, ele estava certo. Eu não era feliz antes e não havia nada que me motivasse. Mas tudo mudou há mais ou menos um ano, quando comecei a perguntar o que iria acontecer conosco. Essa foi uma época muito ruim. Então, agora simplesmente me deixo levar e, na maioria das vezes, penso que talvez as coisas mudem e afasto tudo da minha cabeça. Quero dizer, tento afastar."

Se o caso simplesmente segue adiante enquanto a mulher continua a ter esperanças, como Ruthie está fazendo, as chances de que ele vá deixar a esposa para se casar com ela diminuem. O mais grave é que quem se encontra nesse tipo de situação perde o controle do próprio destino. Enquanto espera que ele tome as decisões a respeito da sua vida, você não tem poder algum.

Um caso de longa duração empurrado com a barriga foi revelado na coluna "Dear Abby", de 22 de maio de 2005, nos jornais norte-americanos. Uma mulher, que se identificou como a "Chorosa do Texas", escreveu para a coluna dizendo que havia sido "a outra" durante trinta anos, embora soubesse que o amante a traíra durante dez anos, assim como traía a esposa. Há um ano, depois que esta morreu, ele disse para a "Chorosa" que não poderia mais passar todas as noites na casa dela por causa dos netos. "Chorosa" então descobriu que havia três meses que ele estava envolvido com outra mulher. Ele disse a essa mulher que só poderia vê-la algumas noites por semana porque nas outras ele se encontrava com uma amiga especial: "Chorosa"! A maioria dos outros casais não deixa as coisas irem tão longe sem chegar a algum entendimento com relação às suas expectativas mútuas. "Chorosa" disse o seguinte: "Ele não me respeitou o bastante para ser sincero desde o início."

O acordo

Outros parceiros envolvidos em um caso de longa duração conversam sobre o futuro. Eles geralmente concordam em prosseguir como estão, sabendo que não haverá casamento por outra razão. É extremamente provável que tenham chegado ao estágio do caso de amor romântico, mas não se casarão.

> *Luanne:* "Sei que ele me ama. Também sei que se casaria comigo se pudesse. Continuar foi uma escolha que fiz com os olhos bem abertos."

Existem várias possíveis razões pelas quais ele pode escolher permanecer com a esposa: os filhos, a religião, o emprego, problemas de saúde, o casamento ou fatores financeiros.

O príncipe Charles e Camilla Parker Bowles se encaixam nessa categoria. Depois do casamento com a princesa Diana, a vontade de estar com a antiga paixão suplantou os votos do casamento de Charles, e ele e Camilla continuaram a ter um caso. A probabilidade de Charles se divorciar parecia nula naquela ocasião, porque ele era o sucessor do trono. Apenas quase sete anos e meio depois da morte de Diana é que ele e Camilla anunciaram que iriam se casar.

A coexistência

Em alguns casamentos de longa duração, a esposa tem conhecimento da amante do marido e decide coexistir com a situação. Ele pode ter falado com ela a seu respeito, e ela pode ter consciência do papel que você desempenha na vida dela. O mais provável é que ela tenha deixado claro o que irá e o que não irá tolerar com relação a ter você na vida dela. Isso em geral inclui um acordo no qual ele concorda em conduzir discretamente o caso e mantê-lo afastado dos filhos e de outros membros da família, bem como um comprometimento especial com relação às férias e aos eventos familiares e à maneira como o dinheiro da família é empregado. Ela saberá que ele não estará disponível em determinadas ocasiões porque ficará com você, a amante. Eles chegaram a um acordo no qual a esposa permite que o caso continue. Nessa situação, assim como na anterior, você saberá a resposta à sua pergunta. Ele não deixará a mulher para se casar com você. E poderá deixar você em algum momento no futuro.

O "casamento" paralelo

Já para outros casais, o caso de longa duração funciona como um "casamento paralelo" para o homem. Esse relacionamento pode diferir em intensidade do caso de longa duração "coexistente" porque pode haver filhos dessa ligação e também porque o envolvimento do homem é tão profundo quanto o que seria se ele estivesse casado com a amante. Por exemplo, ele sai de férias e comparece a eventos púbicos com ela. Algumas mulheres se sentem felizes com essa solução. Ela pode ter filhos com ele e, mesmo que não possam se casar, sente que está ligada a ele por intermédio dos filhos e que a chance de que ele permaneça em sua vida aumenta em consequência disso.

Quanto ao homem, ele pode desejar essa situação porque a ama, e essa é uma maneira de estar com ela, já que não pode pedi-la em casamento. Mas nem sempre é o amor que o faz manter um caso de longa duração. Alguns homens descobrem que o fato de fazer parte de um triângulo possibilita que ele não se comprometa efetivamente nem com o casamento, nem com a amante. Desse modo, eles não precisam ficar emocionalmente próximos de nenhuma das duas mulheres. Outros homens se sentem mais poderosos e têm mais controle quando podem ter duas famílias, o que, é claro, implica a existência de duas rainhas. É realmente muito bom ser o rei!

Charles Lindbergh, herói americano e primeiro piloto a fazer um voo solo transatlântico sem escalas, tinha uma segunda família na Alemanha. À semelhança do personagem ficcional Jack Lyons de *The Pilot's Wife*, Lindbergh tinha liberdade e uma desculpa para atravessar com frequência o Atlântico. Foi fácil para ele ter outra família em segredo, longe dos olhos do público. Em 1957, aos 55 anos, Lindbergh conheceu uma jovem de Munique chamada Brigitte Hesshaimer. Eles tiveram três filhos, Dyrk, Astrid e Lester, que nasceram entre 1958 e 1967. A esposa de Lindbergh, Anne Morrow Lindbergh, estava na casa dos 50 anos quando o marido começou a segunda família. Anne e Charles Lindbergh tiveram seis filhos.

A edição do jornal *Guardian* de 28 de agosto de 2003 noticiou que foram comparadas amostras de DNA da família americana de Lindbergh e dos três filhos da sua família alemã, provando que ele era de fato o pai dos três filhos de Brigitte Hesshaimer. Na certidão de nascimento dessas crianças, consta *pai desconhecido*; o nome de Lindbergh não consta. Os filhos alemães encontraram 150 cartas de amor que Lindbergh escrevera para a mãe deles assinando-se "C." — representando Careu Kent, seu suposto nome. Ele deu apoio financeiro à sua família alemã até morrer e os ajudou a comprar uma pequena casa. Dois anos depois da morte de Lindbergh, seus filhos alemães procuraram a família americana com as cartas e as fotografias. No início, foram recebidos "com um silêncio gelado", mas os filhos das duas famílias se conheceram e estão tentando estabelecer um relacionamento.

O famoso arquiteto do século XX, Louis Kahn, teve dois casos de longa duração os quais lhe deram filhos. Teve uma filha, Alex, com Anne Tying, arquiteta de seu escritório. Mais tarde, depois que o caso havia terminado, ele teve um filho, Nathaniel, com Harriet Pattison, uma paisagista. Ele também teve uma filha, Sue Ann, do seu casamento com a esposa, Esther. Tanto Anne Tying quanto Harriet Pattison quiseram que ele se casasse com elas e ficaram magoadas com a recusa. Ao falar sobre sua situação, a mãe de Nathaniel declarou que era humilhante, ou seja, a impossibilidade de ser reconhecida — ficar escondida e não poder ser vista em público com Kahn. Em seguida, acrescentou: "Mas valeu a pena." As três mulheres moravam a alguns quilômetros umas das outras, mas seus caminhos nunca se cruzaram. A história da vida paralela de Louis Kahn tornou-se conhecida no filme *My Architect*, produzido pelo seu filho Nathaniel, na tentativa de saber mais a respeito do pai por quem ele tanto ansiava. O filme é a busca de um filho "por compreender Kahn tanto como arquiteto quanto como pai".

Louis Kahn morreu aos 73 anos, quando o filho tinha 11. Nathaniel recorda que o pai visitava a casa deles mais ou menos uma vez por semana, mas não havia nenhuma evidência física de que ele um dia tivesse estado lá. Os irmãos de Harriet Pattison odiavam Kahn pelo acontecido, e a irmã dela descreveu Harriet como alguém "carente de realismo". Quanto a Nathaniel, seu desejo secreto era que o pai fosse morar na casa dele, algo que nunca se concretizou, assim como seu desejo de que o pai os visitasse com mais frequência também não se tornou realidade. Todas as mulheres se tornaram amargas. Quando ele faleceu, Esther enviou mensagens dizendo que ninguém deveria ir ao enterro, mas Nathaniel compareceu com a mãe.

No filme, os três filhos de Louis Kahn se encontraram e conversaram. Eles questionaram se, de uma estranha maneira, não seriam uma família. Isso também aconteceu com as duas famílias de Lindbergh. Quando tentam se relacionar com os filhos que um dos pais teve com outra pessoa, é difícil para o filho acomodar as informações e inseri-las na própria história. Charles Kuralt, o repórter *On the Road* da CBS, teve um segundo "casamento" secreto durante 29 anos com Patrícia Elizabeth Shannon, que ele conheceu quando já estava casado havia seis anos. Ela sabia que Kuralt era casado, mas eles guardaram o segredo com facilidade, porque ela morava em uma área rural de Montana. Shannon disse que Kuralt lhe deu excelente apoio financeiro. Ele gastou cerca de "600 mil dólares na primeira década do relacionamento" e "400 mil dólares para ajudá-la a começar um pequeno negócio". Ele também pagou os estudos de dois dos três filhos de Shannon, comprou um chalé de 50 mil dólares na Irlanda e terras em Montana.

Shannon acreditava que Kuralt em algum momento iria se divorciar. Ela disse o seguinte em seu depoimento: "Tive crises de desespero e houve discussões, mas nunca falamos diretamente sobre a vida dele em Nova York. Eu sabia que ela existia... Não procurei me informar a respeito dela, e ele não conversava a respeito comigo."

Essas histórias mostram claramente que o caso de longa duração encerra sérias consequências. Você precisa avaliá-las cuidadosamente.

As consequências

O caso extraconjugal é uma questão muita séria e, quando ele é de longa duração, pode se tornar algo bem perigoso. Pode ser algo catastrófico para todos os envolvidos, porque ele existe simultaneamente ao casamento. Os efeitos permanecem para todos os filhos durante gerações. Você também sai perdendo de muitas maneiras. Faz sacrifícios e, com frequência, não alcança metas importantes, porque passou a vida na sombra. Antes de aceitar uma situação desse tipo, pense ponderadamente em todas as consequências.

Se você tem filhos

Uma consequência indiscutível dos casos extraconjugais é que alguém sempre sai magoado, e não estou me referindo apenas às pessoas que fazem parte do triângulo. Quando existem filhos envolvidos, as consequências podem ser ainda mais dolorosas. Isso tanto em relação aos filhos cujos pais estão tendo o caso quanto em relação aos filhos nascidos do relacionamento. Os filhos gerados em um caso de longa duração ficam confusos com a situação, por mais que sejam amados e apreciados. Ou as crianças não têm um pai com o qual possam se identificar e que as ajude a lidar com as situações que enfrentarão durante seu crescimento, ou têm um pai que os visita com irregularidade. Algumas desconfiam da situação, mas outras podem não ter consciência dela. Quando descobrem, podem ter uma reação intensa. Muitas crianças se dão conta de que os pais de vários amigos são divorciados, mas, ainda assim, eles têm um pai. Algumas podem ter um amigo cujo pai tenha morrido. Mas as crianças nascidas de um caso de longa duração sabem que a situação *delas* é especial, e todas anseiam por um pai e por uma experiência familiar normal.

Descobrir que o pai delas tem outra família é problemático, até mesmo para crianças mais maduras e liberais.

Amir, o narrador do best seller *O caçador de pipas*, descreve o efeito devastador que pode ser causado pela infidelidade que gera filhos, mesmo quando eles não têm consciência da situação. Amir descobre na idade adulta que seu melhor amigo, Hassan, era fruto de um caso que o seu pai, Baba, tivera com a mãe de Hassan. Os membros da família de Hassan moravam na residência de Baba e eram seus criados. Os meninos brincavam como irmãos. Baba era muito gentil e carinhoso com Hassan, o que fazia com que Amir sentisse muito ciúme dele e ficasse confuso com o afeto que o pai demonstrava por ele. Em decorrência desses sentimentos, Amir deixa de salvar Hassan de determinada situação, o que gerou consequências desastrosas que duraram pelo resto da vida deles.

Outro exemplo é o de Janet, de 35 anos, mãe de gêmeas, que se tornou minha cliente depois que a mãe morreu. Ela ficou tão arrasada com a morte da mãe que não conseguia sair da cama. Não funcionava mais. Seu médico encaminhou-a para a orientação psicológica porque não conseguiu encontrar nenhuma causa física para o seu comportamento. Depois de um breve período, Janet revelou que a dor não era causada apenas pela morte da mãe; tratava-se de algo bem mais complexo.

> *Janet:* "Minha mãe me chamou para me contar uma coisa pouco antes de morrer. Era um segredo que ela guardara durante anos. Parece que o homem que eu amo e chamo de pai não é, na verdade, o meu pai. O Sr. X, que foi nosso vizinho, é meu pai biológico. Ele e a minha mãe tiveram um caso durante anos. Queriam se casar, mas a Sra. X recusou-se a dar o divórcio. Todos os adultos sabiam do caso, mas o meu irmão e as crianças

do vizinho não sabiam. A minha melhor amiga é Mandy X, e agora descobri que ela é minha meia-irmã ou algo assim. Estou me sentindo muito mal. Não sei se ela sabe. O que devo fazer? Nem mesmo posso expressar o que estou sentindo. Estou magoada com a minha mãe e ela faleceu recentemente. Não paro de examinar e reexaminar a nossa vida, tentando entender o que tudo isso significa."

Os filhos, independentemente da idade que possam ter, ficam confusos e sentem que a sua família foi traída quando descobrem que um dos pais está tendo um caso extraconjugal. A identidade e as questões de lealdade familiar podem se tornar problemáticas para filhos de todas as idades. Lester, um homem de 38 anos, diz o seguinte a respeito do pai:

"Ele quer que eu conheça a f---- da p-- da sua amante! Sei o que está acontecendo e não gosto nem um pouco. Minha mãe esteve ao lado dele a vida inteira. Ele costumava sentir orgulho dela, mas agora sente vergonha."

O pai de Lester, John, é um advogado cuja esposa, Carol, contraiu uma doença mental por volta dos 60 anos. John, depois de trabalhar arduamente a vida inteira, estava antevendo uma aposentadoria maravilhosa na Flórida, pois achava que o clima era propício ao estilo de vida que ele desejava. John decidiu encontrar a felicidade pela qual tanto trabalhara. Fez cursos, foi a concertos e passou a nadar e correr todos os dias. Em certa ocasião, começou a conversar com uma mulher na piscina, chamada Jessica, e descobriu que eles tinham muito em comum. Ela era viúva e também participava ativamente de cursos e projetos comunitários.

Em particular, estava ativamente envolvida com serviços jurídicos para os pobres e logo convenceu John a ser voluntário na causa que ela defendia.

Jessica era uma mulher atraente e bastante conhecida no meio por conta de suas atividades filantrópicas. Ela sabia que John era casado e tinha consciência dos problemas que ele enfrentava com a esposa. Eles concordaram com essa situação porque John não se divorciaria de Carol. Embora Jessica compreendesse e aceitasse essa decisão, desejava que John deixasse Carol e se casasse com ela. Basicamente, eles concordaram em ter um caso de longa duração.

John teve uma sessão conjunta de orientação psicológica com o filho, Lester.

> *Lester:* Papai, você consegue entender que estamos falando da minha mãe?
> *John:* Claro. Você consegue entender que esta é a minha vida? Lester, você é jovem demais para compreender o desejo de felicidade de uma pessoa quando os dias que lhe restam são em número muito menor do que os que já passaram. Sempre fui um marido bom e dedicado, e jamais teria passado algum tempo ao lado de outra mulher se Carol ainda que remotamente se parecesse com a pessoa com quem me casei.

Eles então perceberam o ponto de vista um do outro. Embora os remédios conseguissem controlar alguns dos sintomas, Carol não era mais a mesma mulher ou companheira para John. Em vez de ficar em casa sozinha, Carol começou a passar o dia em uma instituição que presta serviços a pessoas que sofrem de doenças mentais, e John concordou em participar de um grupo de apoio semanal para os membros da família. Ele continuou o caso com Jessica. Concordou em não insistir mais com o filho para que a conhecesse, mas não deixou de ter esperanças de que Lester acabasse cedendo e permitisse que Jessica fizesse parte do seu mundo. Lester chegou a aceitar a solução do pai, mas nunca conseguiu aprová-la.

A família chegou à conclusão de que essa era a melhor solução que eles poderiam encontrar em um mundo imperfeito.

Uma vida de exclusão

Se decidir levar o caso amoroso adiante sabendo que ele permanecerá exatamente como está, você precisa reconhecer que a sua vida de exclusão também continuará do jeito que está. Você talvez se sinta agora mais livre para contar aos amigos que está tendo esse romance, porque sente que ele adquiriu uma espécie de permanência, mas não poderá fazer parte da vida dos filhos, do trabalho ou das atividades sociais dele.

Também significa não estar presente em comemorações importantes. Quando ele estiver desfrutando as realizações dos filhos, você, uma vez mais, ficará afastada do palco dos acontecimentos. Se ele receber homenagens ou prêmios, você não poderá comparecer à cerimônia. Sua celebração será privativa. O inverso também acontece. Ou seja, é bem provável que ele não esteja a seu lado nos seus ritos de passagem ou nas ocasiões importantes de sua vida. Na verdade, você terá de se virar sozinha.

Você não estará ao lado dele se ele ficar doente, e poderá ter dificuldade para entrar em contato com ele nessas ocasiões. Também não terá acesso aos laudos médicos, pois é a família dele que o acompanhará.

Um rito de passagem doloroso e final é a morte dele, que você também terá de enfrentar sozinha.

Outra família

Se você se envolver em um caso de longa duração e decidir formar uma família com ele, é importante analisar as consequências dessa decisão. Se achar que ter filhos o manterá ao seu lado, quer estejam casados ou não, talvez esteja enganada a respeito da qualidade do relacionamento.

Elsa, a primeira mulher que vi nessa situação, está firmemente gravada na minha memória devido à tristeza e ao desespero que percebi quando ela se sentou no meu consultório com um bebê adormecido no carrinho. Seu amante concordara em sustentar a criança, e isso era tudo que ele faria.

Ela estava chocada com a frieza dele, porque se lembrava da paixão dos encontros, que Elsa confundira com amor. Estavam juntos havia dois anos quando ele ficou noivo de outra pessoa! Embora Elsa soubesse de tudo, disse que o amava tanto que não conseguia parar de vê-lo. Depois, ela descobriu que estava grávida, mas a essa altura ele estava ativamente planejando o casamento com a noiva. Ele se casou antes mesmo de a criança nascer.

> *Elsa:* "Só tenho a minha irmã para me ajudar, e todos os dias ela me chama de idiota. Eu me sinto muito sozinha, mas adoro o meu menino."

Minha cliente se sentiu abandonada, o que de fato tinha acontecido.

Também trabalhei com casais em que o marido teve um caso de longa duração do qual nasceu uma criança. A mãe adora e ama o filho. A esposa quer que o marido tenha pouco contato com a criança. O homem, em geral, fica dividido entre a criança e a sua família.

Planejar os detalhes de como as visitas serão feitas, definir o papel da mãe da criança e tentar manter sempre em mente o que é melhor para a criança, tudo isso pode tornar-se uma tarefa muito complexa. O bem-estar emocional de todas as pessoas envolvidas precisa ser levado em conta. O pai deseja ter um relacionamento com o filho, a esposa quer estabelecer limites para que o caso não se reinicie, e ambos estão preocupados com a maneira como a criança será integrada à vida familiar deles. A esposa tem interesse exclusivo em seus filhos, e a amante quer que o seu filho ou filhos sejam reconhecidos e bem-tratados.

Às vezes isso acontece, em outras não. Tudo depende da maturidade das pessoas envolvidas e do fato de elas colocarem as emoções de lado para analisar a situação e chegar à melhor solução para todos os afetados.

A morte dele

Seu amante pode morrer a qualquer momento e com qualquer idade. Nos casamentos, há alguma preparação para esse evento; nos casos extraconjugais pode haver poucas conversas a respeito do assunto ou isso pode simplesmente nunca ser discutido. No casamento, marido e mulher sempre conversam a respeito de seus desejos. A esposa ouvirá as seguintes frases, que a amante talvez não escute:

> *Se qualquer coisa acontecer, quero que as crianças...*
> *Não venda os títulos do governo...*
> *Cuide da minha mãe, e visite-a no Natal.*
> *Não quero viver com aparelhos se...*
> *Quero ser enterrado, cremado...*

Tudo isso é considerado parte do planejamento avançado das pessoas casadas. São conversas tristes, mas pertencem à esfera do casamento. É apenas mais um exemplo de como você será deixada de fora, mesmo no fim da vida dele. Essa é a realidade do caso de longa duração. A esposa terá um sistema de apoio da família e dos amigos. Poderá chorar abertamente e terá o ritual do enterro ou um serviço em memória dos mortos para ampará-la nos dias sombrios. Você provavelmente não terá nada disso. É difícil manter em segredo um caso de longa duração, de modo que algumas pessoas poderão ter conhecimento dele e você receberá delas certo conforto. As coisas serão mais difíceis para você se for uma mulher casada que esteja chorando a morte de um amante de muitos anos. Se o seu marido nada souber a respeito dele, não compreenderá a sua depressão. E, se souber, sua dor será uma fonte de raiva e desespero para ele. Você não terá a mesma liberdade da esposa para expressar suas emoções.

A história de Maggie mostra o quanto essa situação pode ser devastadora. Ela se sentou em meu consultório, chorando e falando a respeito do vazio em sua vida. Eis um resumo do que ocorreu e de como ela estava se sentindo.

> "Walt morreu há mais ou menos dois anos. Nosso relacionamento durou oito anos, o que é mais longo do que muitos casamentos. Achei que eu conseguiria lidar com a situação, mas ainda estou sofrendo. Depois dos dois primeiros anos, soube que não iríamos nos casar. Eu queria que ele deixasse a mulher para ficar comigo e brigamos por causa disso, mas finalmente compreendi que isso não iria acontecer. Mas eu sentia que tínhamos uma ligação tão especial que poderíamos continuar como estávamos.

"Foi realmente horrível. Recebi a notícia de que ele tinha morrido por uma notícia de rádio, enquanto dirigia. Ele era uma figura conhecida e sofrera um acidente de carro. Precisei parar no acostamento para recuperar o controle. Sofri um choque terrível.

"Fui ao enterro. A família dele não me conhecia, a igreja era muito grande e eu sabia que estaria cheia. Eu me senti completamente excluída. De certa maneira, tive sorte por ao menos ter podido comparecer à cerimônia. Voltei para casa sentindo-me esgotada e até hoje não me recuperei.

"Eu fizera um acordo no meu coração: 'Até que a morte nos separe.'"

A esposa certamente também será a beneficiária de um testamento e de um plano financeiro. Se você for casada e estiver em um relacionamento extraconjugal, talvez não tenha as preocupações financeiras que algumas mulheres solteiras poderão ter. No caso das mulheres solteiras que têm uma carreira e seu próprio plano de aposentadoria, esse talvez não seja um problema. Para outras, poderá haver fatores financeiros que nunca foram discutidos.

Se você e seu amante têm filhos, os fatores financeiros são muito importantes. Ele é responsável por ajudá-la com alimentação, vestuário, moradia e, algumas vezes, com os gastos adicionais, como aulas de piano e despesas com a faculdade.

Uma profunda reflexão

Se você sabe que ele não vai desistir dela para vocês se casarem, e a possibilidade de manterem um caso de longa duração já foi até discutida, você precisa fazer a si mesma algumas perguntas importantes antes de se comprometer. Como frequentemente é difícil olhar para o futuro e tentar definir nossos sentimentos, aconselho-a a refletir a respeito de uma pergunta a cada noite até completar a lista. Procure imaginar as consequências e como você poderia realmente se sentir a respeito da situação que cada pergunta sugere.

1. Está disposta a permanecer no relacionamento sabendo que ele nunca se casará com você?
2. Está disposta a desistir de se casar com uma pessoa que você provavelmente nunca irá conhecer porque está comprometida com esse acordo?
3. Se você é solteira e não tem filhos, está disposta a desistir da ideia de ser mãe?
4. Se vocês tiverem filhos, ficará satisfeita em criá-los sozinha?
5. Se a criança nascer com um grave problema de saúde que irá durar a vida inteira, você sente que será capaz de criá-la e cuidar dela sozinha, dia após dia, sem o apoio do pai dela?
6. Se o filho de vocês sofrer um acidente sério ou ficar doente, será capaz de cuidar dele sozinha enquanto o pai está vivo morando com a outra família?
7. Você (e o seu filho) ficarão satisfeitos quando o pai dele não puder comparecer aos eventos escolares, às atividades esportivas, a recitais ou ao balé da criança?
8. Se tiverem filhos, você ficará satisfeita com o fato de eles serem fruto de um caso extraconjugal?
9. Você se sentirá à vontade explicando a paternidade do seu filho?

10. Se você se comprometer com o relacionamento nas condições do seu amante, está disposta a continuar a ter uma vida secreta?
11. Você está disposta a desistir de metas pessoais caso o relacionamento assim o exija?
12. Você está disposta a abrir mão de objetivos profissionais se o relacionamento assim o exigir?
13. Você é capaz de aceitar as limitações que lhe serão impostas pelo relacionamento?
14. Está certa de que ele será fiel a você?
15. Você pode ter certeza de que ele assumirá quaisquer obrigações financeiras que o relacionamento exigir?
16. Ficará satisfeita se ele romper o compromisso com você em algum momento no futuro?
17. Você ficará satisfeita se, por algum motivo, ele se mudar de cidade?
18. Ficará satisfeita se em algum momento no futuro ele terminar o caso e você nunca mais o vir?
19. O relacionamento irá perdurar se, de repente, ele tiver um problema de saúde ou a situação financeira dele ou da família sofrer uma mudança?
20. Quando você ficar idosa, ficará satisfeita ao rememorar a sua vida?
21. Se ele for muito mais velho, você sentirá que fez a escolha certa quando ele ficar doente ou morrer?

Se a sua resposta não for "sim" a todas as perguntas, você pode estar abrindo mão de mais coisas do que imagina para estar com esse homem. Sugiro que reflita com cuidado a respeito de suas perdas e procure se casar com uma pessoa que possa lhe oferecer mais chances de ser feliz. Jimmy the Greek, o famoso comentarista esportivo, agente de apostas de Las Vegas e especialista no cálculo de probabilidades, já falecido, provavelmente teria dito o seguinte: "Se tiver um caso de longa duração com um homem casado que não pretende deixar a esposa, 'você já começa o jogo em condições extremamente desfavoráveis.'"

Quanto a isso, concordo completamente com Jimmy.

Capítulo Nove

Você e ele se casam

A sua pergunta foi respondida: ele vai deixar a mulher e se casar com você. Se ele tiver feito isso de maneira responsável, procurando orientação psicológica individual e conjugal, como discutimos anteriormente, a adaptação a essa transição, embora difícil, poderá ser um tanto ou quanto suavizada. Pode ter sido útil para a mulher dele, mas ela, sem dúvida, se sentirá arrasada com relação a esse importante evento da vida dela.

Você agora sairá das sombras e terá de lidar com a realidade.

Enfrentando as consequências

Você pode ter praticamente certeza de que tanto a família estendida quanto a família imediata de seu amante reagirão de forma intensa à ideia de que ele vai deixar a esposa e se casar com você. É responsabilidade de vocês dois como casal reconhecer esse fato, conduzir a vida de ambos e relacionar-se com eles de maneira que contribua para que a família fique curada. O propósito deste capítulo é ajudá-la a compreender a esposa e os filhos dele, e oferecer sugestões que possam tornar essa transição o mais suave possível. Se vocês tiverem orientação psicológica pré-conjugal, terão mais consciência da vida cotidiana em comum e de como ela difere do sigilo de um caso amoroso. Este capítulo apresentará estratégias que se destinam a ajudá-la a se ajustar a viver com ele. Um aspecto importante é conscientizar-se das outras pessoas afetadas pelo caso de vocês.

Vamos começar com aquelas que sofrem: os membros da família dele.

Empatia pela ex-mulher dele

Você e ele estarão muito envolvidos com planos para o futuro e com a tarefa imediata de apresentá-lo à família, aos amigos e aos colegas. Eles podem ainda não tê-lo conhecido, ou, por sinal, podem nem saber da existência dele. Você poderá estar experimentando a alegria de um casamento planejado, bem como a sensação de decorar juntos o novo lar. Mas, no meio de toda essa felicidade, existem pessoas magoadas, de modo que você e seu novo marido têm trabalho a fazer. É responsabilidade de vocês reconhecer as feridas e o caos que se criou na vida de pessoas que o amavam e que provavelmente esperavam que ele sempre estivesse ao lado delas. Elas estão vivendo o fim do futuro que imaginavam.

A esposa, em particular, vive a morte do casamento dela, o que, para ela, é uma transição inesperada. Ela poderá demorar a aceitar essa importante mudança. Ela passará pelos estágios do sofrimento como na morte. Em virtude disso, como você poderia esperar que ela se comportasse com relação a você? Como ela encara agora a própria vida? A partir da perspectiva da esposa, ela só enxerga destruição ao redor. Ela poderá perder amigos, status e autoestima, bem como os sonhos que tinha. Ela leva uma vida solitária, e sente que em grande parte a culpa é sua. Você precisa compreender a enorme dor que ela está sentindo em decorrência do seu romance com o marido dela, a dissolução do casamento e a sua união com ele. Mesmo que ela a odeie e despreze, você precisa dar um passo atrás e procurar entender como deve ser passar pelo que ela está passando. Ponha-se no lugar dela imaginando a mesma situação acontecendo com você daqui a cinco anos. Ser capaz de fazer isso implica ter empatia. Não se trata de pena ou compaixão, e sim de tentar entender o mundo emocional dela. É importante fazer isso, mesmo que sinta que ela não o compreendia e o chateasse. É necessário reconhecer que isso pode não ser verdade. Mesmo que seja, o fato de você se agarrar a esses sentimentos não ajudará nem um pouco seu casamento.

Enquanto você não reconhecer esse fato, não creio que sua jornada possa ser tranquila. Se enxergar a situação pelo ponto de vista da mulher dele, você crescerá e estará mais equipada para enfrentar o que o futuro lhe reserva. Se, em vez de compreender o que está acontecendo, sentir raiva e revidar, você não estará pisando em solo firme. Essa atitude só trará estresse e tensão ao seu casamento. Ela poderá se mostrar hostil porque está se sentindo desesperada. Você talvez se sentisse exatamente da mesma maneira se a situação fosse inversa. Se conseguir ir além da raiva dela e sentir seu desespero, poderá se tornar mais apta a tomar decisões sobre questões futuras que, sem dúvida, surgirão, e ser capaz de superar as diferenças.

Você pode ter certeza de que ela terá uma forte reação emocional logo depois que descobrir tudo e que continuará assim durante algum tempo. Ela poderá levar dois anos ou mais para se curar e começar a construir uma vida nova, mas pouco a pouco a tensão ficará menor.

Misturando as famílias

Se existem filhos, você precisará entender que eles serão afetados agora e durante os próximos anos. Você precisa tentar coexistir com eles da maneira mais civilizada possível. O bem-estar das crianças deve estar sempre em seus pensamentos. O psiquiatra Alfred Adler comentou que as crianças são boas observadoras, mas frequentemente interpretam o que observam de maneira errada. É muito importante ter consciência da reação delas, para que você seja capaz de esclarecer quaisquer conclusões equivocadas a que elas possam ter chegado.

Os filhos dele

Ela é a mãe dos filhos dele. Você deve evitar interferir nos problemas relacionados às crianças. Teoricamente, isso é fácil; mas, na prática, é difícil. Porém, é importante não se tornar parte do triângulo. Isso tornaria as crianças meros fantoches nas interações dos adultos.

Filhos pequenos

Quando os limites estão estabelecidos, é melhor para todo mundo. Isso significa que as regras também são justas e compreendidas por todos. Eis algumas diretrizes para quando as crianças forem visitá-los:

- · As crianças devem ser bem-vindas em sua casa.
- Você e seu marido estabelecem as regras da casa.
- Você precisa explicar gentilmente as regras para as crianças, de maneira amável e carinhosa, para que elas as compreendam. Essa situação também é nova para elas, pois

estão igualmente em transição e, além disso, o mundo delas mudou radicalmente. Examine a situação pelo ponto de vista delas. O pai não mora mais com eles, deixou a mãe delas e tem uma nova esposa.

- As consequências por violar as regras devem ser conhecidas de antemão. Dessa maneira, não são punições, porque são conhecidas e envolvem uma escolha, o que foi claramente explicado. A punição, por outro lado, é uma resposta colérica, não ensina responsabilidade e pode gerar uma luta pelo poder.
- As crianças precisam ter um lugar para dormir, brincar ou estudar em sua casa.
- Você e seu marido devem se reunir com as crianças para discutir os planos para o fim de semana.
- As crianças devem ser tratadas com respeito.
- Não fale mal da mãe delas.
- Você deve atender aos pedidos da mãe e seguir as regras que ela estipula em relação aos cuidados com os filhos.
- Nunca dispute o afeto das crianças com a mãe. Você não pode substituí-la, nem deve tentar fazê-lo.
- Tenha cuidado e bom senso a respeito de qualquer demonstração física de afeto entre você e seu marido na frente das crianças.

As crianças podem ficar zangadas diante da mudança na vida delas e podem considerá-la responsável por isso. No entanto, você deve esperar um comportamento respeitoso da parte delas, mesmo que elas possam estar magoadas. Sua função é tornar as visitas delas o mais agradável possível.

Filhos adultos

Se ele tiver filhos adultos, não pressuponha que o fim do casamento dos pais deles, bem como o caso extraconjugal que o provocou, não lhes tenha causado dor. Você precisa tratá-los com respeito e conceder tempo a eles para que curem as feridas. As diretrizes são as mesmas neste caso: utilize boas técnicas de comunicação e, se surgirem dificuldades, use, sempre que for apropriado, declarações que comecem pelo pronome "eu" com eles e com o pai deles. Você terá a oportunidade de passar mais tempo com os filhos dele se forem pequenos. Isso significa que as crianças terão mais tempo para conhecê-la.

Uma das dificuldades com os filhos mais velhos é que você pode travar uma luta pelo poder com eles. Você tem a escolha de tentar descobrir uma maneira de fazer as coisas funcionarem, em vez de deixar isso acontecer.

Os seus filhos

Se você tem filhos e os cria sozinha ou se deixou o marido para se casar com o amante, seus filhos também terão de se ajustar às novas circunstâncias. Judith Wallerstein realizou pesquisas a longo prazo sobre os efeitos do divórcio nos filhos e constatou que muitos deles são profundamente afetados durante a separação. Para a maioria, isso passa a desempenhar um papel ativo em seus relacionamentos com o sexo oposto à medida que vão ficando mais velhos. Muitos fatores entram no ajuste deles, inclusive a idade e o sexo.

Se você tem filhos pequenos, seus filhos e os dele se tornarão uma família combinada. Uma das questões a que os filhos dele precisam se ajustar diz respeito ao pai ir morar com outra família. Outra mudança importante para se ter em mente é a ordem dos nascimentos dos filhos em cada família quando eles se reúnem.

Poderá haver competição entre as crianças de cada família. Nas duas famílias, por exemplo, o filho mais velho de uma delas pode se sentir desalojado se deixar de ser o mais velho depois que você se casar. Os mais velhos de cada família poderão competir pela ocupação dessa cobiçada posição. O mesmo é verdadeiro com relação ao mais novo. Isso pode acontecer quando dois filhos tiverem recebido elogios pelas mesmas realizações, ou se um deles não for muito bom na área em que outro se destaca. Você precisa estar atenta a muitas questões, mas existem também informações disponíveis em livros ou na internet que poderão ajudá-la a passar com êxito por essa transição.

É importante ter em mente os seguintes conceitos:

- Você precisa informar a seus filhos que as mudanças não são culpa deles.
- Nada que eles fizeram causou essas mudanças e nada que puderem fazer irá revertê-las.
- Não use expressões como "nós somos uma família grande e feliz" porque é bastante provável que essa não seja a experiência deles, o que fará com que se sintam incompreendidos, afinal, é possível que encarem a situação de maneira diferente.
- Procure entender os sentimentos deles, que podem incluir o ressentimento com relação a você e ao seu novo marido.
- Respeite a lealdade que eles sentem pelo pai.
- Informe-lhes que o pai sempre estará envolvido na vida deles.
- Faça o possível para reduzir o impacto que essa mudança exerce na vida deles.

- Seja objetiva, para que eles saibam quando verão o pai e conheçam as novas regras da vida deles.
- Informe-lhes os planos para os feriados e dias festivos, as férias, os aniversários e os eventos escolares.

Como começar com o pé direito

Sei que você gostaria de começar com o pé direito, e sabe que pode deparar com dificuldades devido ao caso que teve com seu parceiro. Além de serem duas pessoas que irão dividir a rotina da vida conjugal, precisão agora se ajustar às idiossincrasias um do outro (e todo mundo as tem). A vida em conjunto será decididamente diferente daquela que vocês viviam anteriormente, quando estavam tendo o caso. Vocês podem incorporar certas rotinas à sua vida para tornar mais fácil a adaptação.

Momento de intimidade

Tendo em vista o ritmo frenético da vida de hoje, não é difícil imaginar que existam casais em que o marido e a mulher não são unidos, não sabem o que está acontecendo na vida de cada um, tampouco conhecem as preocupações e os desejos recíprocos. Ao estabelecer certas rotinas, é possível construir juntos seu novo mundo. Isso pode ser feito com facilidade se vocês conversarem regularmente enquanto tomam um drinque antes do jantar, durante o jantar ou a sobremesa. Esse tempo é usado para que vocês se concentrem em como foi o dia de cada um, nos livros que estão lendo, nas notícias ou em qualquer outra coisa. Esse é um tempo para que vocês se conheçam melhor, e não para ler a correspondência ou o jornal, ou assistir à televisão. Embora possam ter passado muito tempo juntos, talvez não conheçam realmente as convicções e os sentimentos mais profundos um do outro.

O objetivo de vocês é passar juntos um período tranquilo e agradável. Esse "momento de intimidade" significa que vocês não discutem questões ou problemas familiares. Não é a ocasião de trazer à baila sua mágoa com a maneira como os filhos dele podem tê-la tratado, a raiva que está sentindo da mulher dele por causa de algo que aconteceu ou o motivo pelo qual você deve ou não comparecer a um evento em família. Essas questões precisam ser discutidas, mas não nesse momento. Elas podem acirrar os ânimos, e a ideia agora é que vocês dois fiquem à vontade e saibam que não irão tratar dessas áreas problemáticas neste momento.

Reuniões em família

Essa é uma reunião regularmente planejada para rever os planos para a semana, discutir futuros e abordar preocupações familiares. É a hora de conversar sobre problemas a respeito do relacionamento com os filhos e a mulher dele, ou questões que surgem agora que estão morando juntos. Recomendo a reunião familiar para quase todos os casais e famílias. Acredito que elas devem ser regularmente programadas, uma vez por semana, sempre no mesmo dia, e devem durar de meia a uma hora. Procure não mudar o dia da reunião, a não ser que surja algo muito importante, e faça logo em seguida uma reprogramação. Cada pessoa precisa dedicar total atenção à conversa.

Essa reunião ajudará a reduzir as tensões enquanto vocês fazem a transição para a nova vida. Haverá menos discussões durante a semana, porque os dois sabem que terão um período regularmente programado para abordar os problemas e ser ouvidos. Se vocês constatarem que existem questões demais a ser tratadas, o que pode facilmente acontecer no início do casamento, comecem com duas reuniões por semana e depois reduzam-nas para apenas uma quando o estresse diminuir.

Eis algumas diretrizes que poderão fazer com que essas reuniões transcorram de maneira mais equilibrada.

Diretrizes de comunicação

1. Não ataque, descreva.

Ataque: "Você não dá a mínima para mim. Sua filha, Karen, é mais importante do que eu. Eu já devia imaginar." (Observação: essa também é uma distorção cognitiva denominada leitura mental, que vamos examinar em breve.)

Descrição: "Você cancelou os nossos planos de jantar no último instante para sair com a sua filha."

Você pode ver como a reação dele provavelmente será diferente em cada um dos casos:

Reação a um ataque: "Bem, ela é importante para mim e é melhor que você se acostume com isso."

Reação a uma descrição: "Minha filha me telefonou muito chateada por causa do nosso casamento e eu preciso discutir o assunto com ela. Sinto muito. Percebo agora que teria sido melhor se eu tivesse explicado isso quando cancelei nossos planos. Consigo entender por que você está aborrecida. Acho que todo mundo na família é importante. Nenhuma pessoa é mais importante do que a outra." (Observação: a raiva dela provavelmente se dissipará, porque ela sentirá que é compreendida.)

2. Procure usar declarações e posições com "eu", em vez de "você". As primeiras, as declarações, mostram a sua preferência, e as segundas, as posições, são usadas raramente e apenas em questões extremamente importantes para definir a sua posição.
3. Revezem-se na apresentação da questão ou do problema.
4. Ouça com cuidado e demonstre o que está fazendo.
5. Responda ao que foi dito, procure usar uma declaração que comece com o pronome "eu" e demonstre que compreende a posição de seu cônjuge. Você também terá a sua vez para trazer à tona os assuntos que lhe interessam.
6. Faça um intervalo, ou peça "tempo", se necessário. O intervalo é algo parecido com o sino que toca durante uma luta de boxe. Cada pessoa vai para o seu canto. No entanto, a semelhança para por aqui. Nas famílias, o intervalo dá a cada pessoa a oportunidade de se acalmar, pensar e não voltar pronta para uma briga. Esse tempo é usado quando surge a raiva e uma das pessoas se sente oprimida e descontrolada. Quando vocês iniciarem esse processo e analisarem as diretrizes, certifiquem-se de que entendem e concordam em usar o intervalo. Se não concordarem com isso de antemão, pedir "tempo" poderá ser percebido como rejeição ou abandono.

Eis um exemplo de um pedido de tempo:

Estou furiosa. Não consigo pensar direito. Preciso de um tempo. Vamos ver como estarei me sentindo daqui a uma hora. Vou sair para dar uma volta.

Usar as técnicas de comunicação do Capítulo 7, "Como avaliar seu caso amoroso", será útil para você enquanto vocês dois transpõem esse novo limite com os filhos dele e a ex-esposa.

Limites

Estabelecer limites que todos possam compreender é importante para os envolvidos. Você e seu marido terão de definir os limites referentes aos seus relacionamentos, bem como o papel que você desempenhará nos encontros da família. Na condição de nova esposa dele, quando ele for convidado para eventos familiares, você deverá acompanhá-lo. Se não o fizer, poderá sentir que a família do seu marido está conspirando com a ex-mulher dele, e que você está sendo deixada de fora. Caso existam filhos, haverá outros acontecimentos, como celebrações religiosas, festas de aniversário, formaturas e casamentos. Na condição de esposa, você deverá estar ao lado dele. Sua conduta nessas ocasiões é importante; ela deve ser sóbria e respeitosa. Aos olhos dessas pessoas, você destruiu um casamento, de modo que cantar um solo no microfone e dançar espalhafatosamente na pista de dança pode ser percebido como exibicionismo. Você também está enviando uma mensagem com seu comportamento. E está dizendo: "Na condição de esposa dele, preciso ser convidada, mas vocês podem ter certeza de que não farei uma cena, não chamarei a atenção e respeitarei ocasião de maneira apropriada."

Raramente a orientação psicológica é concluída em uma única sessão, mas lembro-me de que foi exatamente isso que aconteceu no caso de Maria.

"Eu só preciso saber uma coisa. Anthony e eu fomos casados durante 18 anos e estamos divorciados há seis. Ele vem de uma família grande, que era maravilhosa e me acolheu de braços abertos. A irmã deles Teresa, tornou-se minha melhor amiga, e nossa amizade continuou mesmo depois do divórcio. Anthony vai se casar no mês que vem e, embora eu tenha sido convidada para todos os eventos familiares depois do divórcio, não fui convidada para o casamento. Não quero ir, mesmo sabendo que nossos filhos estarão presentes. Teresa praticamente parou de me telefonar, e recusa os convites que faço a ela. Estou magoada pelo fato de Teresa estar agindo de modo diferente agora que Anthony vai se casar. O que devo esperar? Nossa amizade vai terminar ou continuar depois desse casamento?

Embora nenhum caso extraconjugal estivesse envolvido no divórcio de Maria e Anthony, uma transição aconteceu e novos limites estão sendo formados. Se Teresa e Maria continuarem amigas, Anthony e sua nova esposa poderão ter a impressão de que Teresa está sendo desleal. Embora a família se importe com Maria e goste dela, é chegada a hora de estabelecer um novo limite. Senti que essa situação foi uma perda para Maria e que ela precisava conversar mais a respeito do assunto, mas ela disse que não queria e que estava sentindo que a amizade delas não poderia continuar.

"Realmente me reestruturei depois do divórcio. Tenho uma nova vida, que adoro. Eu gostaria de ter continuado amiga de Teresa, mas isso não poderá dar certo com uma nova cunhada na família."

Infelizmente, Teresa foi incapaz de comunicar seus sentimentos a Maria. A comunicação é importante para eliminar as tensões emocionais, para impedir que as pessoas façam suposições errôneas e para evitar que elas façam tempestade em copo d'água. Mas existem minas terrestres no campo da comunicação e você precisa ter consciência delas.

"Os Quatro Cavaleiros do Apocalipse", do Dr. Gottman

No livro *Sete princípios para o casamento dar certo*, o Dr. Gottman identifica o que chama de "Os Quatro Cavaleiros do Apocalipse" que podem destruir um casamento. Eles se manifestam na maneira como as pessoas casadas se comunicam entre si. Interferem com o entendimento, a resolução de problemas e o respeito mútuo. O Dr. Gottman nos mostra repetidamente que o respeito é um dos aspectos mais importantes de um bom casamento.

Os Quatro Cavaleiros são a crítica, a atitude defensiva, o desprezo e a atitude evasiva.

A crítica

Um meio extremamente eficaz de reduzir a crítica na comunicação, especialmente num tema quente, é usar a declaração que começa com o pronome "eu". Imagine-se apontando o dedo para si mesma e descrevendo como se sente. Em seguida, visualize-se apontando o dedo para o seu cônjuge e começando a frase com "você". É praticamente garantido que esta última opção não terminará bem. Em vez de prestar atenção, ele ficará esperando, se consiguir se controlar, que você termine para que ele possa se defender do ataque.

A atitude defensiva

É claro que a crítica dá origem à atitude defensiva. Isso quer dizer que, em algum momento, ele parou de prestar atenção ao que estava sendo dito e você pode estar prestes a se envolver em uma verdadeira luta livre. Seus sentimentos ou suas preocupações são retirados do contexto, porque o seu cônjuge está reagindo à crítica que você fez e se esforçará ao máximo para se defender, em vez de ouvir, compreender e alcançar uma conciliação. É extremamente provável que o estilo de comunicação dele se torne agressivo e que ele tenha uma reação violenta, intensa e assustadora. Essa não é uma comunicação eficaz! Isso é gritar e ferir os sentimentos um do outro.

O desprezo

É claro que esta é uma humilhação que pode ser muito destrutiva para a autoestima da pessoa, sem falar para o relacionamento. Acho que o cérebro é como um computador que pode acessar essas palavras a qualquer momento, de modo que elas continuam a ferir por um longo tempo depois de terem sido proferidas. É difícil apagá-las permanentemente. Por outro lado, quando você ouve palavras de estímulo e reconhecimento, elas também permanecem e você pode ter acesso a elas.

A atitude evasiva

A atitude evasiva é usada pela pessoa que deseja evitar uma conversa ou não quer assumir a responsabilidade pelo seu comportamento. É frustrante para o cônjuge que quer ser ouvido, e quando se trata de um problema crônico que precisa ser abordado, ele é evitado. Deixar de conversar sobre o problema não o faz deixar de existir; pelo contrário, permite que ele se agrave. O parceiro que traz o assunto à tona irá sentir que não está sendo compreendido, mas, acima de tudo, que não está sendo respeitado. O Dr. Gottman salienta que, "com o tempo, um dos parceiros se desliga". A questão é que a pessoa sente que exerce pouca influência sobre o que está acontecendo em sua vida conjugal. Ela não está tendo permissão para influenciar o cônjuge. Seria preferível que ela não estivesse ali. O Dr. Gottman acredita que ser capaz de influenciar um ao outro é um aspecto extremamente importante de um bom casamento.

Expectativas

Um dos problemas que podem surgir em um segundo casamento é que uma das pessoas ou ambas podem ter dificuldade em se desligar do ex-cônjuge. Isso pode ocorrer mesmo que ela ache que o novo casamento é a escolha certa. Um exemplo dessa situação é visto no romance *Michael e Pauline: um casamento amador*, de Anne Tyler, no qual o casamento longo e difícil de Michael e Pauline acaba em divórcio. Depois da separação, Michael continuou a ajudar Pauline, levando o carro dela para as revisões, fazendo consertos domésticos e tirando a neve da entrada da casa dela. Embora ele tivesse se casado de novo, não conseguia se desligar emocionalmente de Pauline. Nesse romance, sua nova mulher não parecia se importar, mas esse nem sempre é o caso na vida real. Essa situação frequentemente ocorre nos divórcios em que o homem continua cortando a grama da casa da ex-mulher ou calculando o saldo do talão de cheques dela. Isso se deve à dificuldade deles em romper o relacionamento.

Saber que o processo de se desligar emocionalmente exige tempo fará com que você seja mais compreensiva. O segredo do sucesso é observar se está havendo progresso no processo de se desligar de um ex-cônjuge e usar suas técnicas de comunicação para revelar com eficácia suas preocupações quando necessário.

Contrato de infidelidade

No Capítulo 4, havia um teste chamado "A Zona de Perigo da Infidelidade", elaborado para ajudá-la a determinar a probabilidade de o seu novo marido trair você. Isso é algo que em geral preocupa muito a mulher que se casou com um homem que não era fiel à ex-esposa. Vocês dois podem ter motivos para não confiar um no outro, e você pode não ter certeza da opinião dele. A socióloga britânica Annette Lawson descobriu que os casais que conversavam antes do casamento a respeito de suas expectativas com relação a esse assunto tinham menos chances de ser infiéis.

É uma boa ideia compartilhar seus pontos de vista em uma conversa dedicada exclusivamente a esse tema. No livro *Infidelity on the Internet* Marlene Maheu e eu apresentamos a ideia de casais terem essa conversa e criarem um contrato de maneira que um dos parceiros entenda claramente o outro. Algumas pessoas, por exemplo, ficam confusas a respeito de o que constitui um caso extraconjugal. Seu marido talvez não considere um relacionamento pela internet um caso porque não existe contato físico; você o reconhece como um caso, de modo que o considera um tipo de infidelidade. O contrato envolve fazer um juramento de fidelidade segundo a maneira como você e ele a compreendem, baseados na conversa que tiveram sobre o assunto. Ele também inclui a promessa de sinceridade e um acordo de que vocês compartilharão qualquer coisa que possam julgar ser uma ameaça ao casamento. Se você tiver contato com alguém que tem opiniões a respeito dessa pessoa, elas devem ser compartilhada. Você dispõe dos recursos para fazer isso na reunião familiar.

Você conhece agora muitas das técnicas e tem o conhecimento necessário para administrar sua vida em comum. A batalha terminou. Você venceu. O verdadeiro vencedor é aquele que assume a responsabilidade de tentar levar a paz aos feridos.

Capítulo Dez

Se o caso terminar

Às vezes podemos dizer quando um caso amoroso está terminando. Os indícios estão presentes para que qualquer um perceba, mas, em outras ocasiões, tudo parece acontecer inesperadamente. A maneira como um caso amoroso termina depende de uma série de fatores. Você ou ele podem decidir terminar o relacionamento independentemente ou em conjunto, ou a mulher dele pode ter descoberto tudo, o que fez com que ele acabasse rapidamente. Existem muitas razões e diferentes situações para a maneira como um caso amoroso termina.

Assim como existem várias razões, muitas emoções estão envolvidas. Você também pode experimentar a solidão, não apenas porque sente falta dele, mas também porque se afastou da família e dos amigos para manter o romance em segredo ou para estar disponível sempre que ele telefonasse. Você provavelmente ficará com raiva ou até mesmo furiosa com a maneira como ele a tratou e com o resultado do caso. Você poderá sentir muitas emoções diferentes. Este capítulo trata da cura.

Não está dando certo

O fato de a mulher dele ter descoberto pode ser o motivo, ou isso também pode ser, com a mesma facilidade, uma desculpa para terminar um caso que um de vocês dois sente que não está indo bem. O fim pode acontecer porque um ou ambos estão ambivalentes e, finalmente, o motivo da ambivalência é compreendido. Em algum momento, um de vocês se dá conta de que as coisas não estão dando certo ou que nunca poderão dar.

Você talvez tenha confundido o relacionamento com um caso de amor romântico por causa do comportamento do seu amante, mas para ele o caso foi apenas uma aventura. Às vezes o assunto é discutido e os parceiros concordam que devem terminar o relacionamento, o qual nem sempre se encerra exatamente nesse momento. Os parceiros podem levar algum tempo para processar o que aconteceu, de modo que continuam a se encontrar e, gradualmente, se separam, ou dizem que vão tentar efetuar mudanças. Algumas chegam a ser feitas, mas partes do relacionamento os impedem de levar adiante suas intenções.

Um dos dois pode sentir que vocês não têm tanto em comum quanto imaginou inicialmente. Pode ser simplesmente que a paixão tenha acabado. Ou então a intimidade necessária para sustentar um relacionamento pode não ter se desenvolvido, ou, ao contrário, um excesso de intimidade pode ter-se criado, deixando um dos dois ou ambos pouco à vontade. Às vezes, a culpa começa a incomodar um de vocês, ou as razões iniciais para que o caso começasse já não existem mais. Pode ser uma razão única ou uma combinação delas, mas parece que as circunstâncias indicam que está na hora de dizer adeus.

Uma mudança para outra cidade

Às vezes as razões para que o relacionamento termine são claríssimas. Os casos extraconjugais podem acabar quando você, o seu amante, a mulher dele ou (se você for casada) o seu marido precisa se mudar para outra cidade. Uma promoção no emprego, uma transferência ou mudança de residência podem tornar difícil, e talvez impossível, manter o relacionamento. As circunstâncias e os verdadeiros sentimentos irão determinar se o caso continuará ou não. Se a distância for muito grande, talvez não seja possível que os amantes continuem a se encontrar. Os parceiros às vezes tentam lidar com a transferência, mas têm dificuldade, a não ser que o novo emprego exija que ele ou ela viaje com certa regularidade para o local onde o outro reside.

O estilo de vida

Um dos envolvidos no caso extraconjugal pode terminá-lo pelo fato de o sigilo e o planejamento envolvidos nesse estilo de vida terem se tornado um fardo excessivo.

> *Leslie:* "Meu marido estava ficando desconfiado das minhas reuniões extras no trabalho, de modo que apresentei um ultimato a Larry, e ele disse que ou as coisas aconteciam do jeito dele ou simplesmente não aconteciam. Fiquei muito magoada, de modo que decidi que elas não iriam acontecer. Para mim, chega."

Às vezes os parceiros conversam sobre o problema e tentam resolvê-lo.

Lucy: "Embora eu o ame e desejasse mais do que tudo me casar com ele, estou começando a acreditar que isso talvez não vá acontecer e simplesmente não consigo continuar a mentir e me esconder. Estou quase aceitando esse fato. Eu me sinto especialmente mal quando minto para a minha mãe. Não posso dizer que eu tenha uma vida. Apenas sobrevivo esperando que ele me encaixe na programação dele. Tivemos uma conversa e ele prometeu que tentaria planejar as coisas com mais antecedência, em vez de agir como se eu tivesse que estar sempre à disposição dele. As coisas simplesmente não estão se encaixando."

Lucy diz que está prestes a aceitar o fato de que eles não vão se casar e sente que está apenas pedindo mais consideração. No entanto, ela está, na verdade, sentindo o terreno com relação à perspectiva do casamento. Lucy está descobrindo que é mais difícil terminar o caso do que previra. Ela quer acabar com o relacionamento porque seu amante está com dificuldade em adaptar a vida dele às suas necessidades, e os pedidos que ela faz estão se tornando constante fonte de atrito entre eles. É possível que ele não queira ajustar seu estilo de vida, ou então que efetivamente não possa fazê-lo. Se ele deseja um caso, e não um casamento, os momentos que ele passa com Lucy podem representar a totalidade do tempo que ele quer dedicar à relação. Neste ponto do relacionamento, muitas mulheres chegam à conclusão de que ir embora talvez seja a melhor solução, de modo que, como Lucy, tomam a decisão de terminar o caso.

A descoberta

Quando alguém descobre o caso, o relacionamento pode acabar imediatamente. A reação do cônjuge fiel pode desequilibrar a ambivalência que um dos parceiros está sentindo, bem como os sentimentos subjacentes com relação ao caso que está tendo.

Lori: "As coisas têm estado horríveis lá em casa depois que Lawrence descobriu tudo. A melhor coisa que aconteceu foi esse caso ter acabado. Eu estava me sentindo mal com relação ao que eu estava fazendo. Eu quero consertar tudo. Esta é a minha chance."

Janet: "Não valeu a pena todo o sofrimento. Eu não estava preparada para essa dramaticidade."

Neil: "Nunca me senti tão culpado como quando vi a reação de Paula ao descobrir a existência de Michele. Foi difícil, porque eu gostava muito da Michele, mas não tinha a menor ideia de que isso iria magoar Paula do jeito que magoou. O caso está terminado, mas não as consequências. Convivo com elas diariamente."

Essas pessoas externam reações que mostram que o caso extraconjugal não compensou a luta. Algumas mulheres querem que a esposa descubra tudo, por acreditar que o fato de o caso se tornar conhecido levará a uma solução. Telefonar para a esposa é um tiro no escuro, mas a chance de que ele saia pela culatra não é, já que é muito provável que a tentativa seja malsucedida.

Ashley: "Telefonei para a mulher dele e contei tudo. Ela ficou abalada, mas eu lhe disse que pretendia lutar por ele. Ele ficou furioso, mas permaneceu do lado dela e terminou comigo."

O que Ashley não percebeu é que, apesar da dor e do choque, a maioria das esposas se levanta e luta pelo casamento, e o amante faz a mesma coisa.

O triângulo fica mais complicado

Um dos motivos pelos quais um caso extraconjugal termina é o fato de um dos amantes se sentir atraído por outra pessoa. Pode acontecer a qualquer um dos que fazem parte do triângulo. Você pode conhecer um homem que considera sexualmente atraente ou fascinante e ter vontade de explorar um relacionamento com ele, ou seu amante pode ter encontrado um novo amor e terminar o relacionamento. A esposa também pode ter um caso, ou o marido de uma mulher casada pode fazer o mesmo.

Muitas mulheres relatam o choque que tiveram ao saber que seu amante ia deixar a esposa — para se casar com uma terceira pessoa! Ele obviamente não se mostrava ambivalente com relação ao caso; simplesmente não foi sincero com a amante a respeito de seus sentimentos. Ele queria ter o caso, mas não desejava se casar com a amante.

Os casos de retaliação da parte do marido "vazam". Afinal de contas, este é o objetivo de um caso de retaliação. Ele surge para magoar a esposa, e a única maneira de isso acontecer é fazendo com que ela tome conhecimento do que está ocorrendo. Embora essa situação não seja tão comum, acontece e abala a situação. O caso com a amante termina, a não ser que ele se dê conta de que está apreciando o relacionamento e decida mudar sua linha de ação.

Ele passa no teste

Em algumas ocasiões, o homem tem um caso para testar a sua capacidade de atrair outra mulher e experimentar outro relacionamento. A ideia de se separar talvez tenha passado pela cabeça dele em algum momento, porém de maneira incerta. O caso se torna um campo de provas no qual ele irá verificar se realmente deseja sair de casa. Se ele apreciar o tempo que passar longe da esposa e conseguir atrair outra mulher que goste dele, o homem poderá decidir acabar com o casamento. Isso não significa necessariamente que ele esteja apaixonado pela amante, mas, simplesmente, que ele passou no teste. Ela foi usada como uma pessoa que o ajudou a fazer a transição para o estágio seguinte de sua vida.

Se ele tiver testado sua capacidade de atrair outra mulher, é extremamente provável que ele considere muito positivos tanto a empolgação da nova relação quanto o aumento da autoestima. Se ele tiver problemas em casa, mas não os tiver no relacionamento com a amante, poderá chegar à conclusão de que uma nova mulher será a resposta às suas necessidades. Ou então o caso poderá dar a impressão de atenuar problemas seus que nada têm a ver com o casamento e, na verdade, estão ligados a ele. Ele poderá descobrir que a solução que acreditava ser gerada pelo relacionamento com a amante desaparecerá com o tempo, exatamente como aconteceu no seu casamento. É claro que ele talvez não tenha consciência da diferença entre um casamento e um caso. Quando o caso se torna um casamento, os problemas dele podem reaparecer.

Falta de coragem

Às vezes um caso termina porque um dos amantes tem dúvidas, sente culpa ou fica ansioso por causa do relacionamento. O homem pode sentir que está indo depressa demais e que está sendo pressionado pela amante a prosseguir em uma direção e em uma velocidade que não ele deseja.

Ela, por outro lado, pode perder a coragem quando ele está pronto para pedir o divórcio. Foi o que ela sempre quis, e agora não consegue ir até o fim. O que aconteceu? Pode haver uma série de razões, porém a mais óbvia é que o homem indisponível agora está disponível. Se, no inconsciente dela, ele é um substituto do pai, a ansiedade pode aumentar e a culpa resultante pode se tornar intolerável. Ela não consegue levar o processo adiante. A dor que sente por terminar o caso é mais tolerável do que a culpa que sentiria se prosseguisse.

Mesmo que o relacionamento acabe depois de certo tempo ou fracasse, a sensação de perda pode ser intensa, o que é especialmente verdadeiro se ele terminar de maneira rancorosa.

Não podemos ser apenas bons amigos?

Às vezes o homem deseja continuar a ser amigo da amante depois que o caso termina. Isso geralmente acontece quando ele é consideravelmente mais velho do que ela. Andrew Morton relata no livro *Monica Lewinsky: a minha história* que o presidente Clinton disse a Monica que poderia ser amigo dela. Algumas mulheres conseguem permanecer amigas do amante, ao passo que outras não.

Na coleção de perfis de mulheres mais velhas famosas de Marie Brenner, *Great Dames*, ela narra minuciosamente a vida de Pamela Harriman. No final da vida, Harriman foi embaixadora americana na França. Ela morreu de hemorragia cerebral um mês antes de completar 77 anos, depois de nadar na piscina do Hotel Ritz em Paris.

Embora Pamela Harriman não seja uma mulher típica, é importante para a nossa interpretação do assunto, pois vários de seus inúmeros amantes eram homens extremamente poderosos, e muitos deles eram casados. As esposas deles sabiam dos casos, bem como todos os amigos. Alguns amantes conhecidos foram o locutor da CBS Edward R. Murrow e o milionário Averill Harriman. Esses relacionamentos específicos aconteceram enquanto ela estava casada com Randolph Churchill, filho do primeiro-ministro Winston Churchill. Nessa época, Pamela era uma figura internacional que frequentava a alta sociedade da Europa e dos Estados Unidos. Quando seu relacionamento com Averill Harriman terminou, eles continuaram amigos e ela aceitou "um ordenado mensal dele nos trinta anos seguintes". A remuneração terminou quando ela se casou com ele. Harriman era 29 anos mais velho do que Pamela. Ela é um exemplo de uma mulher que era capaz de permanecer "amiga" dos ex-amantes. Muitos homens poderosos casados dão alguma espécie de ajuda financeira à amante. Alguns ajudam a pagar as despesas com a faculdade e outros se tornam mais tarde mentores delas. O fato de poderem continuar amigos depende do casal e das circunstâncias individuais.

Conversa sobre casamento

Se você acreditava que iria se casar no futuro devido a promessas feitas, sua reação no final do relacionamento incluirá desapontamento e um sentimento de deslealdade.

> *Beth:* "Estou me sentindo como se tivesse sido ludibriada. Nós conversávamos a respeito do nosso casamento e ele me deixava sonhar com isso. Foi difícil acreditar que ele pudesse ser tão objetivo quando, na verdade, não tinha realmente a intenção de fazer o que estava dizendo."

Alguns homens sabem muito bem que nunca deixarão a esposa, e estão apenas dando falsas esperanças à amante. Outros acreditam que poderão se casar, mas, quando as cartas são colocadas na mesa, descobrem que não conseguem deixar a esposa. Para muitos homens, esse é o momento em que avaliam as consequências e chegam à conclusão de que seu casamento está em primeiro lugar.

> *Beth:* "Ele me disse que realmente acreditara que poderia se casar comigo, mas que os sentimentos dele pela esposa eram mais fortes do que ele imaginava. Na verdade, eram mais fortes do que eu imaginava."

Os parceiros que planejam casamento, porque ambos estão vivendo um caso de amor romântico, podem ou não vir a se casar. Aqueles que não se casam, independentemente do motivo, têm dificuldade de se recuperar de um rompimento, porque o homem está sendo sincero ao querer se casar com a amante. Esta chega muito perto de se tornar a esposa dele. Eles se separam porque um ou ambos se sentem incapazes de continuar a situação atual se não puderem se casar.

O homem que está tendo um caso de amor romântico e deseja se casar com a amante, mas não o faz, não aceita bem o rompimento e passa por um período difícil. Fica deprimido e precisa lidar com isso. Se a mulher dele não sabe do caso, ele precisa arranjar desculpas para o fato de estar triste e retraído. É difícil esconder a depressão de uma pessoa com quem vivemos. Mas o caminho é acidentado para o homem quando a esposa sabe por que ele está deprimido. Ela observa desesperada a reação do marido, ao mesmo tempo que luta com a própria raiva e o sentimento de que foi traída.

A separação é difícil quando estamos apaixonados. No filme *Closer-Perto Demais*, Daniel Wolf (Jude Law) pergunta, surpreso, a Alice (Natalie Portman): "Você quer dizer que nunca deixou uma pessoa por quem ainda estivesse apaixonada?" Existem ocasiões em que as evidências mostram que o caso talvez não dê certo, e terminá-lo provavelmente é a escolha certa, embora você ainda esteja apaixonada.

Nesse ponto, você talvez tenha a resposta para a sua pergunta. Ele pode não querer deixar a família. Você talvez seja obrigada a desistir de alguém que realmente ama. Se ele não for um parceiro responsável ou não estiver disposto a se casar, você tem o poder de terminar o relacionamento. Você pode assumir o controle de sua vida. Seu futuro está em suas mãos e você tem o poder de mudá-lo e fazer dele o que bem entender. Você tem escolhas e, por esse motivo, também tem poder. Você não é mais uma dama de companhia.

Reações ao rompimento

É doloroso terminar um relacionamento ao qual você deu muito de si e no qual esperou muito de seu amante. Muitas perdas estão envolvidas, e você está intensamente consciente delas. Talvez a dor mais marcante seja a perda dos seus sonhos. As reações à perda são semelhantes às que temos quando uma pessoa querida morre: choque, incredulidade, raiva, depressão e, finalmente, aceitação. Também são semelhantes às reações a uma transição.

Depressão

A pessoa deprimida sente uma profunda tristeza, tem crises de choro, pode ter dificuldades para dormir ou comer, deixa de apreciar atividades que anteriormente lhe davam prazer e apresenta dificuldades no funcionamento cognitivo, como memória e concentração. É difícil para ela começar suas atividades pela manhã, e pequenas coisas podem desencadear uma crise de choro. Ouvir sua música favorita no rádio, ver no supermercado um dos produtos que ele mais gostava ou estar sozinha em um dos momentos que vocês regularmente costumavam passar juntos, tudo isso pode deixá-la triste. A depressão começa a desaparecer pouco a pouco. Se você sentir que ela está piorando ou não perceber nenhuma melhora, se não conseguir fazer as coisas bem no trabalho ou em casa, ou se tiver quaisquer ideias a respeito de fazer mal a si mesma, você precisará da ajuda de um profissional de saúde ou se dirigir ao pronto-socorro mais próximo e pedir ajuda. Por pior que você esteja se sentindo, precisa se lembrar de que a depressão pode ser tratada.

Existem algumas medidas de autoajuda muito eficazes que podem melhorar sua depressão. Esta última contém muitas definições, mas a maneira como os terapeutas cognitivos encaram a depressão é compatível com a definição de *transição* que estivemos examinando. Uma definição cognitiva nos fornece uma ferramenta que pode ser usada no combate à depressão. Os terapeutas cognitivos encaram a depressão como uma visão negativa do nosso mundo, de nós mesmos e do nosso futuro. A palavra *visão* nos diz que ela se refere à forma como pensamos a respeito dos eventos que nos acontecem. É a nossa interpretação dos eventos. Os terapeutas cognitivos explicam que a depressão e a ansiedade estão relacionadas com o pensamento distorcido.

Pensamento distorcido

Como os pensamentos determinam os sentimentos, precisamos examinar o nosso modo de pensar para verificar se ajudam a explicar a maneira como nos sentimos. Por exemplo, embora compreendamos a origem da tristeza, precisamos desafiar nossos pensamentos para verificar se estão aumentando esse sentimento. Isso também está relacionado com o nosso conceito de fusão de pensamentos e sentimentos. O desafio é separar o pensamento do sentimento examinando os fatos e verificando se temos empregado distorções cognitivas que possam estar agravando a depressão. Podemos então reduzir o nível de depressão que esse modo de pensar pode exacerbar.

As distorções cognitivas são uma forma de pensamento distorcido. As dez distorções cognitivas que se seguem estão relacionadas no livro *Feeling Good*, de autoria do Dr. David Burns. Você verá como um raciocínio defeituoso pode elevar o nível da reatividade emocional. Nesses exemplos, a distorção é explicada e é mostrado um modo de utilizá-la. Depois de cada distorção, apresenta-se uma declaração que a contesta e mostra outra maneira de pensar que não é distorcida. Esse conceito pode ser aplicado a inúmeras situações. Algumas pessoas tendem a utilizar regularmente uma ou mais distorções. Entendê-las e observar como você as utiliza irá ajudá-la tanto agora quanto no futuro.

1. **O modo de pensar tudo ou nada:** descreve uma maneira de contemplar as situações em extremos. Ele tem sido chamado de "modo de pensar preto ou branco" e não possibilita a moderação.

    Distorção: "Ted é minha alma gêmea. Se eu não ficar com ele, a minha vida será muito infeliz."

    Mude para: "Eu amava Ted e perdê-lo está sendo muito doloroso, mas encontrarei maneiras de curar a minha dor e ter uma vida satisfatória."

    O desespero pode ser transformado em esperança, embora você sinta a dor da situação.

2. **Generalização excessiva:** acontece quando uma pessoa pega um evento e o expande de maneira a que inclua todas as coisas.

    Distorção: "Ele é a única pessoa com quem poderei ser feliz."

    Mude para: "Eu era feliz com ele, mas ele não é o único homem no mundo. Existem outros. Terei que conhecê-los e descobrir se poderei ser feliz com algum outro."

Na mudança da declaração, ela não elimina o futuro dizendo que todas as pessoas serão eclipsadas quando comparadas com seu amante.

3. **Filtro mental:** acontece quando um único evento entre muitos é enfatizado e todos os outros perdem o significado.

   Distorção: "Ele era um homem que tinha tudo: era bonito, tinha uma personalidade incrível e era muito atraente."

   Mude para: "Ele reunia muitas características admiráveis, mas também era mentiroso e infiel."

4. **Desqualificação do positivo:** refere-se a uma interpretação pessimista dos eventos positivos que acontecem, mas que você acredita que simplesmente não querem dizer nada. A "sorte do iniciante" é um exemplo de como muitos atributos positivos podem ser rapidamente desconsiderados.

   Distorção: "Não sou o tipo de mulher que atrai os homens. O fato de Benny ter gostado de mim foi pura sorte."

   Mude para: "Não foi apenas sorte. Realmente tenho alguma coisa que pode atrair os homens."

5. **Conclusões precipitadas:** fazer suposições a respeito do comportamento ou da motivação de alguém sem confirmá-las com a pessoa a coloca na categoria de leitura da mente ou da adivinhação.

Leitura da mente:

Distorção: "Todo mundo vai pensar mal de mim por eu estar envolvida com um homem casado."

Mude para: "Isso é possível, mas não creio que as pessoas passem tanto tempo pensando a meu respeito. Também não tenho a menor ideia do que elas pensam se não me disserem ou se eu não perguntar. A única coisa que posso fazer é mudar o meu comportamento."

A previsão do futuro está relacionada a isso, e também é chamada de "adivinhação".

Adivinhação:

Distorção: "Não paro de cometer um erro depois do outro. Estou certa de que, na próxima vez em que me apaixonar, as coisas acabarão tão mal quanto das outras vezes."

Mude para: "Eu desejava tanto que ele me amasse que não dei atenção aos indícios de que ele não estava apaixonado por mim. O próximo homem com quem eu me envolver não será casado e procurarei sinais que revelem as intenções dele."

Como pode constatar, o que você acaba de ler se baseia no mesmo princípio da leitura da mente, porque conclusões são tiradas sem nenhum evidência que as respalde. Entretanto, quando você expressa a situação da maneira correta, não nega a sua realidade, e o fato de você contestar seu raciocínio distorcido revela que seu futuro parece mais promissor. Você pode perceber como isso reduzirá a sua reatividade emocional e a sensação de impotência, porque terá identificado um ponto de partida para a mudança.

6. **Minimização/ampliação:** trata-se de distorções que golpeiam a sua autoestima, minimizando suas realizações e ampliando seus erros.

   Distorção: "Ninguém vai se importar com o fato de que administro uma importante carteira para o banco onde eu trabalho. As pessoas só vão dar atenção ao fato de eu ter tido um caso com um homem casado."

   Mude para: "Vou me concentrar nas minhas realizações profissionais e sentir orgulho delas. Ter um caso com um homem casado foi um erro do qual me arrependo."

7. **Racionalização emocional:** esta distorção diz respeito à tendência de atribuir conclusões à maneira como você se sente. É realmente importante reconhecer essa distorção e fundamental que você a abandone se a tiver usado.

   Distorção: "Sinto que sou um fracasso. Ele parecia tão apaixonado por mim que eu não percebi que isso não era verdade."

Mude para: "O relacionamento não deu certo porque ele era casado e gostava da mulher. Não sou um fracasso, mas estou preocupada com o que eu fiz. Aprendi muito."

8. **Declaração com "deveria":** esta distorção define padrões com os quais você compara um comportamento seu ou de outra pessoa. Pode gerar culpa. Em muitas situações, a culpa pode ser transformada em arrependimento.

   Distorção: "Eu deveria ter percebido como ele tratava mal todas as outras mulheres da vida dele."

   Mude para: "Eu me arrependo de não ter percebido como ele tratava mal as outras mulheres, mas isso me serviu de lição."

9. **Rótulos inadequados:** equivale à crítica em uma única palavra que não permite uma descrição mais profunda e precisa de uma pessoa ou um lugar. Um bom exemplo seria reconhecer que a pressão que um colega recebe no trabalho e em casa poderia ser responsável pelo comportamento dele. Em vez de rotulá-lo de idiota, o melhor a fazer é tentar compreender a situação. Aplicar rótulos a si mesma é semelhante. Em vez de se rotular, descreva a situação.

   Distorção: "Fui uma completa idiota por achar que ele me amava."

Mude para: "Eu desejava tanto que ele me amasse que desprezei todos os sinais que indicavam que ele não estava apaixonado por mim."

10. **Personalização:** esta é uma distorção em que a pessoa se vê como responsável por eventos dos quais não teve culpa.

Distorção: "Sou responsável pelo fato de o casamento deles ter degringolado."

Mude para: "Assumo a responsabilidade de ter causado estresse no casamento deles, mas não por ele ter degringolado. Meu amante também foi um parceiro no caso que teve comigo, e nem ele nem a mulher quiseram procurar orientação psicológica quando tomaram consciência dos seus problemas conjugais. Todos nós desempenhamos um papel nisso."

As coisas que você diz a si mesma

Temos outra excelente ferramenta para desafiar nosso modo de pensar. O terapeuta cognitivo Dr. Albert Ellis, criador da Terapia do Comportamento Emotivo Racional, diz que nos sentimos da maneira como pensamos. O problema reside nas "frases" que dizemos a nós mesmos. Ele nos forneceu uma simples fórmula que nos ajuda a chegar à essência da questão. A fórmula é A + B = C:

A é o evento *ativador* e é objetivo.
Já aconteceu; é um fato.

B é a sua *convicção, ou crença,** a respeito de A. É subjetivo. Esta é a causa das nossas emoções perturbadoras.
C é a *consequência* (emocional).

Para depois que experimentamos as consequências emocionais que são facilmente detectadas porque dizemos ou pensamos alguma coisa e depois nos sentimos deprimidos, culpados ou ansiosos, o Dr. Ellis recomenda que apliquemos sua fórmula A + B = C. Nesse ponto, examinamos o que aconteceu ou o que pensamos e dissemos (A), e depois verificamos nosso sistema de crenças (B) em busca de pensamentos irracionais (ou seja, as frases que dizemos a nós mesmos). Ele chama a última parte do processo de "D", que corresponde a *desafio*. Nesse ponto, precisamos contestar a veracidade de nossa convicção (B). Eis como funciona:

A: O caso está terminando.
B: Essa é a pior coisa que poderia ter acontecido comigo.
C: Você se sente deprimida.
D: Não é a pior coisa que poderia ter acontecido. Você pode estar se sentindo mal com relação à situação, mas coisas piores poderiam acontecer como doença e morte. Ela é lamentável do seu ponto de vista e você aprendeu muito com a experiência. Você também pode reconhecer que a convicção (B) expressa neste exemplo é uma distorção cognitiva do "modo de pensar tudo ou nada".

Você pode ajudar-se a reduzir o grau de consequências emocionais como a depressão, a culpa, o desespero e a ansiedade man-

---

*Convicção ou *crença* em inglês é *belief*, daí a letra B. (*N. da T.*)

tendo um registro diário de quando experimenta esses sentimentos. Em seguida, observe o que você talvez estivesse pensando pouco antes disso. Pode ter sido uma "frase" que disse a si mesma que resultou nessas emoções perturbadoras. Depois, aplique a fórmula A + B = C do Dr. Ellis, ou use as dez distorções cognitivas do Dr. Burn para desafiar seus pensamentos. O resultado não apenas será uma mudança no grau de reatividade emocional, como também um passo em direção a você para separar o seu modo de pensar do seu processo emocional.

A recapitulação obsessiva

Junto com a depressão, uma das reações mais perturbadoras é a recapitulação obsessiva. Quando eventos traumáticos ocorrem em nossa vida, tendemos a rememorá-los repetidamente. O psiquiatra Robert Weiss escreveu sobre isso em *Marital Separation* porque a maioria das pessoas que se divorcia se dedica a essa recapitulação mental. Quando um caso extraconjugal vem à tona, torna-se um evento catastrófico para a esposa. Ela considera a situação inacreditável e inaceitável, o que faz com que repita isso incessantemente na cabeça. Torna-se realmente uma obsessão. Você pode ter certeza de que a mulher sabe que você existe, ela está fazendo uma análise crítica do casamento, dos indícios que não percebeu ou das ocasiões em que ela acha que você poderia estar com o marido dela.

Se você descobriu que o caso está terminando ou não está acontecendo da maneira como você desejava, também pode recapitular os momentos que passou ao lado dele. Você estará procurando as pistas que deixou escapar que revelavam que o relacionamento não iria dar certo, bem como rememorando todos os eventos que achou que eram indicações de que vocês poderiam ter um futuro juntos.

A recapitulação obsessiva é um processo doloroso, mas pode integrar o evento à sua vida e torná-lo parte de sua história. As mulheres me dizem que têm a impressão de que estão ficando malucas porque não conseguem parar de pensar no caso que terminou. Elas ficam mais relaxadas quando tomam conhecimento de que essa é uma reação esperada e que se dissipará aos poucos até desaparecer completamente. Elas não estão ficando malucas; isso faz parte do processo de cura.

Recapitulações obsessivas ocorrem em escala nacional e internacional quando um evento traumático e inesperado ocorre. Isso a ajudará a compreender a natureza do retrospecto. Os americanos mais velhos, por exemplo, se lembram do assassinato do presidente John. F. Kennedy e da cobertura repetitiva da tragédia. Muitos se recordam da morte da princesa Diana e da maneira como a nação ficou totalmente envolvida com a desgraça. As pessoas rememoraram obsessivamente o evento na televisão e os relatos dos leitores nas revistas e nos jornais. As ocorrências mais recentes que causaram essa recapitulação obsessiva foram os ataques terroristas aos Estados Unidos no dia 11 de setembro de 2001 e o tsunami de dezembro de 2004, quando mais de 150 mil pessoas morreram instantaneamente e outras tantas ficaram desaparecidas e foram dadas como mortas.

Como lidar com esse processo obsessivo quando ele ocorre no contexto de um caso amoroso? O primeiro passo é tentar restringir sua recapitulação a determinado período do dia. Dessa maneira, você conseguirá controlar a obsessão. Conceda a si mesma uma hora para fazer seu retrospecto. O momento ideal é uma hora antes do início de qualquer outra atividade que precise ser executada, o que torna mais fácil interromper a recapitulação.

Como recapitular

1. Reserve para isso, diariamente, mais ou menos uma hora, uma vez por dia. Se pensamentos a respeito do assunto tentarem se impor durante o dia, diga aos seus botões que você terá tempo para examiná-los mais tarde. Essa técnica frequentemente dá certo, mas, se não funcionar, ajuste a sua programação para meia hora, duas vezes por dia.
2. Reduza o tempo e a frequência à medida que for percebendo uma melhora.
3. Fique sozinha sem interrupções.
4. Dê a si mesma permissão para pensar em qualquer coisa sobre o caso que lhe venha à cabeça.
5. Ajuste um timer ou tenha um relógio por perto.
6. Não ultrapasse o limite de tempo predeterminado.

Embora você tenha uma hora definida para fazer o retrospecto, pensamentos sobre o assunto poderão lhe ocorrer durante o dia. Existem técnicas para interromper os pensamentos que você pode usar para evitar começar a recapitulação antes do horário estabelecido. Basicamente, a ideia é que você faça um sinal para si mesma a fim de interromper o pensamento obsessivo:

- Use um elástico no pulso e puxe-o sempre que esses pensamentos surgirem na hora errada.
- Belisque-se como um lembrete de que você deve interromper esses pensamentos invasivos.
- Ponha uma pastilha de hortelã na boca como um sinal de pare.

Solidão

Você talvez esteja se sentindo muito solitária, porém, mais do que isso, talvez se veja como uma pessoa sozinha. No livro *In Search of Intimacy*, Carin Rubenstein e Phil Shaver descrevem dois tipos de solidão e alguns dos comportamentos que podem promover ou desencorajar a solidão.

Solidão emocional

A solidão causada pela falta de amigos ou parentes que lhe ofereçam apoio é chamada de *solidão emocional* e é vivida quando você não tem outra pessoa com quem possa compartilhar interesses e inquietações. Trata-se de uma pessoa que está ao seu lado nos bons e nos maus momentos, alguém com quem você pode contar e que é um amigo querido. Pergunte a si mesma de onde vinha seu apoio emocional antes de você ter o caso, e se esse apoio ainda estiver intacto, entre em contato com a pessoa e compartilhe com ela os acontecimentos mais recentes de sua vida. Deixe que seu amigo, ou amiga, lhe ofereça apoio emocional.

> *Heather:* "Não posso fazer isso porque nunca compartilhei essa parte da minha vida com Jan. Ela ficaria magoada e teria a impressão de que não fui uma boa amiga."

Os receios de Heather podem ser infundados. Ela não poderá realmente saber como Jan reagiria, enquanto não falar com ela. Heather está usando uma distorção cognitiva. Está tirando uma conclusão precipitada sem antes verificar os fatos. Jan poderá muito bem entender a necessidade de sigilo de Heather.

Becky: "Não posso contar a Terri como tudo terminou, porque aconteceu exatamente como ela previra."

Embora Terri tenha previsto a maneira como o caso terminaria, isso não significa que ela não iria oferecer apoio. Becky está tirando conclusões precipitadas. Por acaso ela tem uma bola de cristal que mostra de antemão as reação de Terri? O comentário que esta última fez sobre o fim do caso pode muito bem ter sido um indício de que ela se importa com Becky, em vez de estar externando a atitude "Bem que eu falei" que a amiga está prevendo.

Sharon: "Não tenho ninguém com quem conversar. Nunca tive muitos amigos, e estava tão envolvida com Kent que simplesmente me afastei das poucas pessoas com quem me relacionava. Não quero reatar esses conhecimentos agora.

Diante da necessidade de contato emocional, Sharon pode encontrar apoio de outras maneiras. Uma das opções é procurar um terapeuta que tenha experiência com casais e saiba lidar com a dor da separação. Outra opção é encontrar um grupo de apoio. Antes de escolher um grupo, é interessante que você tenha uma reunião com o líder do grupo para verificar como se encaixaria nele de acordo com o assunto, a idade e o sexo das pessoas. É responsabilidade do líder fazer com que o grupo funcione harmoniosamente, os membros não sejam críticos e todo mundo tenha a chance de ser ouvido e receber o feedback apropriado. Também é responsabilidade do líder fazer com que os limites sejam observados e os membros se respeitem mutuamente. Frequentemente são necessárias algumas reuniões para que um grupo se torne coeso e os membros demonstrem interesse genuíno uns pelos outros. O grupo passa pelo processo de se encontrar e se acomodar. Os grupos permanentes já passaram por esse processo e podem incorporar novos membros. Vale a pena ser paciente, porque os integrantes se aproximam uns dos outros de maneira muito positiva. Você pode verificar o progresso que está fazendo relembrando como se sentia quando começou a fazer parte do grupo e como está se sentindo depois de integrada.

Outra maneira de encontrar apoio emocional é nas salas de bate-papo da internet. Uma sala de bate-papo pode ser útil se você não conseguir encontrar um terapeuta ou um grupo. O ideal é que você encontre uma sala de bate-papo que esteja organizada da mesma maneira que um grupo físico no consultório. Ele deve ter como líder um profissional experiente, diretrizes que governem o grupo e uma rígida aderência às regras do sigilo. Um grupo geralmente se reúne uma vez por semana, durante uma hora e meia. Esse é o total do tempo que deve ser dedicado a esse tipo de apoio. Você precisa ter muito cuidado em sua busca e procurar uma sala de bate-papo apropriada a mulheres. Devido à pseudointimidade que rapidamente se desenvolve on-line, você precisa escolher uma sala que tenha medidas de proteção e que seja liderada por um profissional experiente. Uma sala de bate-papo on-line deve demonstrar o mesmo respeito pelos seus membros que um grupo físico em um consultório.

Solidão social

A *solidão social* ocorre quando as pessoas ficam isoladas da interação com os outros. Alguns aspectos do seu caso, como o sigilo ou a necessidade de permanecer em casa esperando um telefonema, podem ter promovido a solidão social.

Quando a solidão que você está sentindo é causada pelo isolamento ou pela falta de amigos com quem compartilhar atividades, vale a pena se esforçar para descobrir maneiras de manter contato com os outros. Não se trata de pessoas para quem você precise revelar seus segredos mais íntimos, e sim de pessoas que gostam de fazer as mesmas coisas que você. É um apoio social, não emocional. Se uma amizade vier a acontecer, ela será baseada em interesses comuns.

Ação social

Esse é um modo de modificar o isolamento social que você talvez esteja experimentando. Existem muitas maneiras de conhecer pessoas. Embora você possa estar com pouca energia por causa da depressão, essa é a hora de fazer um curso, dedicar-se a algo que lhe interesse ou a um hobby. Pesquise os cursos disponíveis nas universidades da sua cidade, com ou sem o reconhecimento de créditos. Consulte bibliotecas, museus e jornais. Você poderá encontrar atividades esportivas, aulas de computação, sequências de concertos e outras atividades que lhe interessem.

Envolver-se é o segredo para se livrar do isolamento e do estado de recolhimento que acompanham uma perda. Esse envolvimento pode significar o trabalho voluntário em hospitais, em associações ou na política. Muitas causas existentes no mundo estão implorando ajuda. Pense nas organizações políticas ou naquelas sem fins lucrativos, ou ainda em grupos religiosos que poderão precisar de sua ajuda.

Você também se sentirá menos solitária se entrar em contato com as pessoas por telefone, e-mail ou por carta. Esse não deixa de ser um contato social, embora você não esteja na presença da pessoa. A ideia é encontrar pessoas que possam fazer parte da sua vida de uma maneira que você não cogitara antes.

Solidão ativa

Esta é uma maneira de ser você mesma e não se sentir solitária. Você pode sentir prazer no tempo que passa sozinha dedicando-se a atividades que sejam do seu interesse e, ao mesmo tempo, aprender uma coisa nova ou aprimorar suas habilidades. A capacidade de estar sozinha e envolvida com alguma coisa é chamada de "solidão ativa". Tocar piano, cozinhar, ouvir música ou trabalhar com um vídeo de exercícios são algumas das ideias que já ouvi.

Distração

Em algumas ocasiões, você pode usar simples distrações que trarão alívio ao mal-estar imediato e intenso. A distração não é uma solução a longo prazo para a solidão emocional ou social, mas pode ajudá-la a atravessar os momentos difíceis. Saia de casa para "mudar de astral", mesmo que seja apenas para dar uma volta, ir até uma livraria, ir ao cinema ou alugar um filme. Isso irá ajudá-la nesses momentos problemáticos. Mime a si mesma quando necessário, mesmo que seja apenas tomando um agradável banho quente de espuma à luz de velas e ao som de uma música agradável. Essas coisas não resolverão o seu problema, mas poderão ajudá-la agora.

Passividade melancólica

Há várias atividades que devem ser evitadas, já que não lhe acrescentam nada e geralmente fazem com que você se sinta pior. Essa categoria abarca bebida, uso de drogas, comer em excesso, não comer, chorar ou deitar na cama e puxar a coberta por cima da cabeça. Esse tipo de comportamento é autodestrutivo. A passividade melancólica é como dirigir um carro em marcha a ré. Ela a afasta cada vez mais das suas metas, fazendo com que, com o tempo, haja ainda mais sofrimento. A distração é como colocar o carro em ponto morto. Você não vai a lugar algum, mas tampouco se machuca. A ação social e a solidão ativa significam o avanço, a autopromoção, e a conduzirão na direção certa.

Como lidar com o fim do caso

Quando o caso amoroso termina, a confusão emocional resultante pode parecer esmagadora. Nas seções anteriores, conversamos a respeito de meios de lidar com emoções extremamente difíceis e desconcertantes que você vivencia quando o caso termina, como depressão, ansiedade, solidão e recapitulação obsessiva, e também apresentamos estratégias e intervenções eficazes e importantes baseadas em um sólido pensamento teórico para que você possa ajudar a si mesma a se recuperar dessa perda. Elas lidam especificamente com essas emoções. Agora vamos dar uma olhada nas estratégias que são reconfortantes, mais genéricas, fáceis de aplicar e muito eficazes para ajudá-la a encontrar alívio para o desconforto que está sentindo. Você se encontra em um processo de lamentação, e é importante ter à mão todas as ferramentas necessárias para lidar com ele.

O reconforto

Sempre que estiver sofrendo, você precisa se envolver em comportamentos que a reconfortem. É uma maneira de cuidar de si mesma quando estiver ansiosa, deprimida ou zangada.

O diário

Manter um registro cotidiano de seus pensamentos e sentimentos poderá ajudá-la com as emoções perturbadoras que você está vivenciando. O diário é uma maneira de você se expressar livremente e extravasar a raiva. Escrever é um escoadouro para as suas emoções e seu diário está disponível mesmo quando ninguém mais está. Apenas você tem acesso a ele. Não existem regras para escrever em um diário. Você pode fazê-lo sempre que o desejar. Algumas pessoas anotam regularmente seus comentários, enquanto outras o fazem quando sentem necessidade. Não é preciso seguir regras gramaticais; as frases incompletas e os erros de ortografia são perfeitamente aceitáveis. Somente você lerá o que escreveu.

É interessante disponibilizar a data em cada anotação. Quando você já tiver avançado no seu diário, poderá voltar e verificar o progresso que fez. As anotações iniciais de um diário são diferentes das posteriores. Estas últimas geralmente refletem uma mudança na intensidade da depressão, uma redução da raiva e a incorporação dessa experiência à sua vida.

A maioria das mulheres considera o diário uma ferramenta útil que registra as mudanças pelas quais elas passam. No entanto, algumas acham desagradável colocar esses pensamentos no papel. Se você sentir que rotineiramente se inclui neste último exemplo, interrompa o exercício. Existem outras estratégias que poderão ajudá-la.

Exercício
Pense na raiva como um combustível que precisa ser queimado. Uma boa maneira de fazer isso é praticar um programa regular de exercício compatível com sua saúde e idade. Não apenas a raiva começará a se dissipar, como também você beneficiará a saúde e o corpo.

As mulheres frequentemente são aconselhadas a extravasar a raiva "esmurrando o travesseiro", mas muitas constatam que essa técnica faz com que fiquem ainda mais zangadas. Uma vez mais, se é isso que costuma acontecer com você, pare de "esmurrar o travesseiro", porque, se essa atividade aumenta a sua raiva, será contraproducente.

Lembro-me de uma mulher que praticava artes marciais e fingia golpear o ex-amante. Isso a ajudava, mas estratégias que funcionaram para algumas pessoas podem não ser úteis a todas.

A carta não enviada
Outra estratégia para reduzir a raiva é escrever ao seu amante uma carta na qual você expressa os seus sentimentos a respeito do caso que vocês tiveram. Se você sente, por exemplo, que seu amante a iludiu, escreva isso na carta. Descreva seu ressentimento com relação a qualquer situação em que você sinta que ele a tratou inadequadamente. Você pode escrever sobre o tempo que passou esperando que ele telefonasse, sobre a sua solidão em ocasiões especiais, sobre o fato de ele ter lhe dado falsas esperanças e os momentos em que se sentiu negligenciada.

Quando terminar, releia e coloque-a de lado. NÃO A ENVIE PELO CORREIO! NUNCA FAÇA ISSO! Remeter essa carta não fará com que ele mude. Não o trará de volta à sua vida.

Esta carta é para você. O objetivo dela é ajudá-la a obter alívio expressando seus sentimentos. As pessoas frequentemente ficam surpresas com o quanto se sentem bem depois de terem a liberdade de dizer o que querem no ambiente seguro do consultório do terapeuta. Se você não tem essa oportunidade, a carta sugerida pode ter o mesmo efeito para você.

Quando você se sentir melhor, leia novamente carta. Você poderá então executar um ritual que poderá dar continuidade aos efeitos terapêuticos para desabafar. Rasgue a carta em pedacinhos, jogue-os no vaso sanitário e dê descarga, ou — usando medidas de segurança — queime-os. Algumas pessoas já os jogaram no mar e outras os enterraram.

Técnicas de relaxamento

Desenvolver um método de relaxamento é proveitoso durante esse período. Se você tiver uma técnica com a qual esteja familiarizada, esse é o momento de usá-la. Os benefícios para a saúde física e mental há muito foram reconhecidos.

Existem diretrizes gerais a serem seguidas para um relaxamento eficaz.

- Escolha uma hora em que você não esteja com pressa e que não vá ser interrompida.
- Encontre um lugar tranquilo e confortável.
- Sente-se ou deite-se.
- Use roupas confortáveis.
- Reduza a iluminação.
- Faça planos para passar de dez a 15 minutos em cada sessão.
- O número de sessões depende do quanto você está tensa. Um bom ponto de partida situa-se entre uma e três ses-

sões. Ajuste a frequência delas de acordo com suas necessidades.
- Se se sentir tonta ou pouco à vontade, pare e tente novamente em outra ocasião.

Respiração profunda

Essa técnica fará seus músculos relaxarem e lhe proporcionará uma agradável sensação de bem-estar.

1. Inspire pelo nariz. Enquanto o ar estiver entrando em seu corpo, o peito, a caixa torácica e o abdome se expandirão, o que levará apenas de dois a três segundos.
2. Prenda a respiração durante três segundos.
3. Solte o ar lentamente durante seis a oito segundos. O peito, a caixa torácica e o abdome voltarão à posição normal.
4. Repita três vezes o exercício.
5. Repare como o seu corpo fica relaxado.

Relaxamento muscular progressivo

O Dr. Edmond Jacobson, médico de Chicago, concebeu esse procedimento em 1929. Ele continua a ser uma excelente maneira de experimentar um estado de relaxamento. Basicamente, os músculos são contraídos e depois soltos em grupos.

1. Contraia os músculos do rosto, mantenha a contração durante cinco segundos e, em seguida, solte os músculos.
2. Contraia o grupo seguinte de músculos começando pelos dedos da mão e cerrando o punho. Mantendo a contração, puxe os braços para perto do corpo e contraia os músculos.

3. Em seguida, solte os músculos. Observe como eles ficam relaxados.
4. Finalmente, contraia os músculos das nádegas, das coxas, das pernas e dos pés e mantenha a contração. Em seguida, solte os músculos. Uma vez mais, repare como eles relaxam.

Visualização

Imaginar uma cena tranquila pode ser um modo muito eficaz de relaxar. Uma música suave favorece o processo. A essência dessa técnica é usar a imaginação e criar uma cena sossegada. Comece respirando profundamente e fechando os olhos. A visualização que se segue é a minha favorita.

Imagine que você está caminhando por um campo florido. Enquanto caminha, você vai contemplando as flores silvestres em tons pastéis. É muito agradável. O sol está brilhando e você se sente muito à vontade e relaxada. Você está sentindo prazer em estar consigo mesma. Vê um lago e admira a beleza dele. Olha para a direita e vê ao longe troncos de árvores flutuando lentamente rio abaixo. Logo eles estão na sua frente e você os observa enquanto vão passando. Repare que, quando eles descem o rio, vão ficando cada vez menores até que não se consiga mais avistá-los. Depois de alguns segundos, você se vira e caminha de volta pelo campo. Uma vez mais, você contempla as lindas flores.

Abra os olhos, espreguice-se e repare como você está se sentindo relaxada.

Uma variação dessa visualização é imaginar balões flutuando, afastando-se de você e ficando cada vez menores até que você não consiga mais avistá-los.

Rituais

Quando você está passando por uma transição, é como se estivesse fechando uma porta e abrindo outra. Às vezes é difícil fechar a porta do passado e abrir uma nova quando não se tem certeza do que irá encontrar. Passamos por uma série de transições na vida, e muitos de nós temos um ritual que nos ajuda a abandonar uma experiência e ingressar na seguinte. Dizemos "adeus" com rituais como festas de formatura e despedidas de solteiro, e com despedidas finais, conservamos a memória de um ente querido com uma cerimônia religiosa. Iniciamos uma nova vida com uma cerimônia de casamento, um chá de panela ou uma festa de inauguração da casa nova.

Algumas tradições carecem de rituais, mas é possível criar um. Você talvez precise realizá-lo sozinha devido à natureza do caso extraconjugal. Em *The Pilot's Wife*, presenciamos um ritual desse tipo quando Kathryn visita a área em que o avião do marido caiu. O barco a conduz diretamente ao local em que a cabine dos pilotos foi encontrada. Ela contempla a água, fica em silêncio por algum tempo e em seguida diz: "Adeus, Jack." Kathlyn conclui o ritual enquanto lentamente retira a aliança do dedo e a observa desaparecer no túmulo aquoso.

Na maioria dos rituais, as pessoas estão presentes, como nas formaturas e nos enterros, mas essa não é uma condição necessária. Se um amigo ou membro da família tem conhecimento do caso e você se sente à vontade com essa pessoa, ela pode ficar ao seu lado na ocasião do seu ritual. Ouvi dizer que alguns dos rituais mais comoventes são realizados por mulheres que criaram o próprio ritual e o realizaram sozinhas.

Também é possível criar um ritual para usar quando estiver pronta para abandonar o ressentimento e fechar o livro sobre essa parte da sua vida. Queime a carta que você não enviou para simbolizar que você está "cortando as amarras com o amante", enterre-a para representar que você está desistindo dele, atire-a no vaso sanitário e dê a descarga ou jogue-a em pedacinhos em um riacho para simbolizar que você o está arrastando para longe. De qualquer maneira, você terá dito adeus.

Conheço pessoas que doaram livros sobre temas como conforto e inspiração para uma biblioteca ou instituição como uma maneira de dizer adeus. A única regra a ser seguida no ritual é não prejudicar ninguém. Não envolva a esposa ou os filhos dele, ou qualquer pessoa relacionada a ele. Se você estiver com vontade de envolvê-los, não está pronta para se despedir ou realizar o ritual. Essa é uma maneira de você dizer adeus e ficar em paz. Você estará pronta para abrir uma nova porta e explorar um mundo novo.

Reestruturando a sua vida

Você precisa reestruturar a sua vida e o seu modo de pensar para acomodar esse novo conjunto de suposições a respeito de si mesma e do seu mundo depois do fim do caso. É importante manter em mente que as transições podem ser estressantes.

Outras coisas também mudarão. Todas as situações que a perturbavam ou a deixavam constrangida ou zangada desaparecerão. Você não mais passará horas ou dias esperando por um telefonema, não ficará se perguntando onde ele está e não precisará mais viver nas sombras.

Além do estresse causado pela perda do amante e dos sonhos, você poderá ficar ansiosa com relação à vida sem ele que o futuro poderá lhe reservar. A rotina se modificará. Você não mais esperará ansiosa pelos eventos regularmente programados, e essas ocasiões particulares lhe parecerão especialmente vazias. É normal sentir saudade dele nesses momentos e também ele sentirá falta da paixão e do prazer que tinha em estar com você.

Seguindo em frente

A questão com a qual você talvez esteja se debatendo agora é como juntar os pedaços e continuar a sua vida. Primeiro, é importante compreender que se trata de um processo e que ele não termina porque o caso chegou ao fim. Escrevi anteriormente a respeito das reações iniciais de surpresa, raiva, depressão e da recapitulação obsessiva. Para que você atinja o ponto de aceitação e siga adiante com a sua vida, é necessário passar por mais alguns estágios, que B. Hopson e J. Adams descrevem em *Transitions: Understanding and Managing Personal Change*:

1. Surpresa e imobilização
2. Negação
3. Depressão
4. Desistência
5. Experimentar opções
6. Integração

Como já discutimos as reações iniciais da transição, agora estamos prontas para dar o próximo passo, que é *desistir*. Você está pronta para abandonar o passado e essa experiência. Você perceberá que a resistência à mudança está desaparecendo. O passo seguinte é *experimentar opções*, que é um ponto crítico quando se está pronta para enfrentar um novo desafio. Trata-se de uma busca por oportunidades. Nesse ponto, você se prepara para uma nova vida, entrando em contato com amigos, desenvolvendo novos interesses ou experimentando planos há muito desejados. Enquanto isso evolui, você constatará que agora está no final da transição e se encontra na fase da *integração*, na qual você está pronta para tornar o que aconteceu parte da sua história e seguir em frente com a sua vida. O mais importante é que os autores descobriram que a autoestima é *mais elevada* no final da transição do que no início. Imagine-se como uma nova pessoa, livre e com uma infinita variedade de combinações a partir das quais você pode criar a vida que gostaria.

O benefício mais importante dessa experiência é o processo de descobrir quem você é, saber que no íntimo encontrará o dom que lhe permitirá criar uma vida planejada por você, que não é tolhida por anseios do passado. O homem descomprometido, apropriado, e uma experiência planejada por você estarão disponíveis.

Tudo isso será possível porque, nas palavras da poeta Sara Teasdale, no poema "On the South Downs":

Não era você, embora você estivesse perto,
Embora fosse bom ouvir e ver você;
Não era a terra, não era o céu,
Era eu mesma que cantava dentro de mim.

Apêndice

Formulário para avaliar o seu caso

A. Você

A situação

_____
_____
_____

Como você entende o caso no continuum?
- ❏ Em série
- ❏ Aventura
- ❏ Romântico
- ❏ De longa duração

Estressores anteriores ao caso

_____
_____
_____
_____

Estressor atual

_____

Família de origem

B. Ele

Como ele entende o caso no continuum_?_
- ❏ Em série
- ❏ Aventura
- ❏ Romântico
- ❏ De longa duração

Estressores anteriores ao caso

Estressor atual

Família de origem

_____
_____
_____
_____

C. A esposa dele

Independentemente de como ele a descreva, como você acha que ela realmente é?

_____
_____
_____
_____

Que evidência existe de que ela é da maneira como ele a descreveu para você?

_____
_____
_____
_____

Que poder ela tem de impedir que ele a abandone?

_____
_____
_____
_____

D. O caso

Em que estágio se encontra o seu caso?
- ❏ Atração
- ❏ Lua de mel
- ❏ Desequilíbrio
- ❏ Em busca de uma resposta

O que vem acontecendo com a sua autoestima?
_____
_____
_____
_____

Você se sente impotente, ou não? Explique.
_____
_____
_____
_____

Seu relacionamento está indo na direção que você quer? Explique.
_____
_____
_____
_____

A citação do Dr. Richard Tuch se aplica a você? A declaração dele é a seguinte: "Ele tem duas mulheres, ela tem meio homem." De que maneira?
_____
_____

E. Perguntas

Ao longo deste livro, foram-lhe apresentados testes para um autoexame e perguntas que precisavam ser respondidas. Segue-se uma lista resumida de perguntas para você responder.

Ele é um parceiro que não merece o risco? Explique.
_____
_____
_____
_____

Em sua opinião, qual o grau de comprometimento de seu amante com o atual casamento dele?
_____
_____
_____
_____

Que evidência respalda essa convicção?
_____
_____
_____
_____

Ele considera terminar o casamento? _____

Que evidência você tem que indica que ele realmente pretende deixar a esposa?

_____
_____
_____
_____

Ele evita conversar sobre o futuro de vocês? _____

Ele marca datas para terminar e desiste em cima da hora? _____

Que sacrifício ele está fazendo pelo relacionamento de vocês?

_____
_____
_____
_____

Ele ofereceu apoio emocional quando você precisou?

_____
_____
_____
_____

Que evidência você tem de que pode contar com ele se você passar por uma emergência?

_____
_____
_____
_____

Em sua opinião, se você engravidasse, qual seria a reação dele?

_____
_____
_____
_____

F. Um exame mais profundo

Que motivos a levaram a ter esse caso?
- ❏ Intimidade _____
- ❏ Solidão _____
- ❏ Uma antiga paixão _____
- ❏ A Síndrome de Tony Soprano _____
- ❏ Separação geográfica _____
- ❏ Atração à queima-roupa _____
- ❏ Transições _____
- ❏ Outra _____

O que você está fazendo para encontrar uma maneira de resolver a situação, além de ter o caso?

_____
_____
_____
_____

Você costuma se envolver repetidamente com homens indisponíveis?

_____

Você poderia estar avaliando a experiência dele como um caso de amor romântico quando, na verdade, é uma aventura? Explique.

_____
_____
_____
_____

Você está sacrificando quaisquer metas ou necessidades por causa desse relacionamento?

_____
_____
_____
_____

Como você avaliaria a qualidade da sua vida?

_____
_____
_____
_____

Esse relacionamento a impede de ter uma vida melhor, mais completa? Explique.

_____
_____
_____
_____

Quanto tempo você deseja conceder a uma pessoa que não foi capaz de assumir um compromisso?

_____
_____

É melhor saber agora ou mais tarde?

_____

Como você se sentirá daqui a três, cinco ou 15 anos se a resposta para a sua pergunta "Será que ele vai mesmo deixar a mulher?" for "não"?

_____
_____
_____
_____

G. O que é melhor para você?

Continue como está e verifique as seguintes possibilidades:
- ❑ Que ele deixe a mulher e se case com você.
- ❑ Que ele não deixe a mulher.
- ❑ Que ele não deixe a mulher, mas vocês tenham filhos juntos.
    - a. Com ele sustentando a criança e ocultando o relacionamento _____
    - b. Com ele sustentando a criança e contando para a esposa _____
    - c. Com ele ajudando na criação do filho _____
    - d. Se a criança nascesse com graves problemas de saúde ou viesse a desenvolvê-los, ele participaria da criação dela _____
- ❑ Terminar o caso se ele não tomar medidas para acabar com o casamento na data marcada.

- ❏ Pedir a ele que tome medidas imediatas para acabar com o casamento.
- ❏ Começar a construir a sua vida longe dele e terminar o relacionamento em uma data predeterminada.
- ❏ Terminar o relacionamento agora.

Que conclusões você pode tirar a respeito do seu caso?

_____
_____
_____
_____
_____

Referências bibliográficas

Andersen, Christopher, *Jack and Jackie*. Nova York: William Morrow and Company, Inc. (1996).
Ansbacher, Heinz e Rowena Ansbacher, eds. *The Individual Psychology of Alfred Adler*. Nova York: Basic Books (1956)
Beck, Aaron T. *Love Is Never Enough*. Nova York: Harper and Row (1988)
Brenner, Marie. *Great Dames*. Nova York: Three Rivers Press (2000).
Bowen, Murray. *Family Therapy in Clinical Practice*. Nova York: Jason Aronson (1978).
Brammer, Lawrence, et al. "Intervention Strategies for Coping with Transitions.". *The Couseling Psychologist:* 9 (2), 19-36 (1981).
Brown, Emily. *Patterns of Infidelity and Their Treatment*. Nova York: Brunner/Mazel (1991).
Burns, David. *Feeling Good*. Nova York: William Morrow and Company (1998).
_____. *The Feeling Good Handbook*. Nova York: William Morrow and Company (1989).
_____. *Intimate Connections*. Nova York: William Morrow and Company (1985).
Burrell, Paul. *A Royal Duty*. Nova York: Signet Books (2004).
Carnes, Patrick. *Out of the Shadows*. Center City, Minneapolis: Hazelden (1992).
Cato, Leigh. *The Other Woman*. Atlanta, GA: The Longstreet Press (1996).
Clinton, Bill. *Minha vida*. São Paulo: Editora Globo (s.d.).

Cooper, Al, ed. *Cybersex: The Dark Side of the Force*. Nova York: Brunner-Routledge (2000).
Davis, Martha, Elisabeth R. Eshelman e Matthew McKay. *Relaxation and Stress Reduction Workbook*. California: New Harbinger Publications (1982).
Elliott, T. "Counseling Adults from Schlossberg's Adaptation Model". *American Mental Helth Counselors Association Journal*: 7 (3) (julho de 1985).
Ellis, Albert. *A New Guide to Rational Living*. North Hollywood, CA: Wilshire Books (1975).
Fogarty, T.F. "The Distancer and the Pursuer", *The Family*. Vol.7 No 1, 11-16 (1979).
Fonda, Jane. *Minha vida até agora*. Rio de Janeiro: Record.
Frankl, Viktor E. *Man's Search For Meaning*. Nova York: Washington Square Press (1963).
Glass, S. e T. Wright. "Restructuring Marriages after the Trauma of Infidelity", in Kim Halford and Howard J. Markham, eds., *Clinical Handbook of Marriage and Couples Interventions*. Nova York: John Wiley & Sons, 471-507 (1996).
Glass, Shirley. *NOT "Just Friends."* Nova York: The Free Press (2003).
Gottman, John. *Sete princípios para o casamento*. Rio de janeiro: Objetiva.
Gough, Elissa. *The Other Woman's Guide to Infidelity: The Journal for Women in Affairs with Married Men*. Cincinnati: Face Reality, Inc. (1998).
Greenfield, David. *Virtual Addiction*, Oakland, CA: New Harbinger Publications, Inc. (1999)
Grosskopf, Barry. *Forgive your Parents, Heal Yourself*. Nova York: Free Press (1999).
Halper, Jan. *Desperate Men: The Truth about Successful Men*. Nova York: Warner Books, Inc. (1988).
Halpern, Howard M. *How to Break Your Addiction to a Person*. Nova York: Bantam Books (1982).
Heyman, C. David. *A Woman Named Jackie*. Nova York: Carol Communications (1989).
Heyn, Dalma. *The Erotic Silence of The American Wife*. Nova York: Turtle Bay (1992).

Holmes, T.H. e R. Rahe, "The Social Readjustment Rating Scale", *Journal of Psychosomatic Research*, II, 213-218 (1967).

Hopson, B. e J. Adams, "Toward and Understanding of Transitions: Defining Some Boundaries of Transition." Hopson, B. e J. Adams. (eds.) *Transitions: Understanding and Managing Personal Change*. Montclair, NJ: Allenhald and Osmund (1977).

Hyde, Margaret O. e E. Forsyth. *AIDS: What Does It Mean to You?* Nova York: Walker and Co. (1987).

Imber-Black, Evan, J. Roberts e R. Whiting. *Rituals in Families and Family Therapy*. Nova York: W.W Norton and Company (1988).

Jacobson, Edmund. *Progressive Relaxation*. Chicago: University of Chicago Press (1959).

Janus, Samuel e Cynthia Janus. *The Janus Report on Sexual Behavior*. Nova York: John Wiley & Sons, Inc. (1993).

Kern, Roy M., K, B. Matheny e D. Patterson. *A Case for Adlerian Counseling*. Chicago: The Alfred Adler Institute of Chicago (1979).

Kubler-Ross, Elisabeth. *On Death and Dying*. Nova York: Macmillan (1969).

Leaming, Barbara. *Mrs. Kennedy*. Nova York: The Free Press (2001).

Levine, Deborah. *The Joy of Cybersex*. Nova York: Ballantine Publishing Group (1998).

Loring, Honey e J. Birch. *You're On... Teaching Assertiveness and Communication Skills*. Putney, VT: Stress Press (1984).

Luskin, Frederic. *Forgive for Good: a Proven Prescription for Health and Happiness*. Nova York: HarpersCollins (2002).

Maheu, Marlene e Rona Subotnik. *Infidelity on the Internet: Virtual Relationships and Real Betrayal*. Naperville, IL: Sourcebooks, Inc. (2001).

Maltz, Maxwell. *Psycho-Cybernetics*. Nova York: Prentice-Hall, Inc. (1960).

McGoldrick, Monica, e R. Gerson. *Genograms in Family Assesment*. Nova York: W.W. Norton and Company (1985).

Michael, Robert, John H. Gagnon, Edward O. Laumann, e Gina Kolata. *Sex in America*. Nova York: Warner Books, Inc. (1994).

Miner, Nanette e Sandi Terri. *This Affair is Over!!* Bristol, CT: BVC Publishing (1996).

Morton, Andrew. *Monica Lewisnky: a minha história*. Porto Alegre: L&PM Editores.

Neuman, M. Gary. *Emotional Infidelity: How to Affair-Proof Your Marriage and 10 Other Secrets to a Great Relationship*. Nova York: Three Rivers Press (2001).

Osborn, S.M. e G.G. Harris. *Assertive Training for Women*. Springfield, IL: Charles C. Thomas (1975).

Parkes, Colin e Robert Weiss. *Recovery from Bereavement*. Nova York: Basic Books (1983).

Pittman, Frank. *Man Enough: Fathers, Sons, and the Search for Masculinity*. Nova York: Berkley Publishing Group (1993).

_____. *Private Lies*. Nova York: W.W. Norton (1989).

Reinisch, June. *The Kinsey Institute New Report On Sex*. Nova York: St. Martin's Press (1990).

Richardson, Laurel. *The New Other Woman: Contemporary Single Women in Affairs with Married Men*. Nova York: The Free Press (1985).

Rubenstein, Carin e Phil Shaver. *In Search of Intimacy*. Nova York: Delacorte (1974).

Scarf, Maggie. *Intimate Partners*. Nova York: Random House (1987).

Schlossberg, Nancy. "A Model for Analyzing Human Adaptation to Transitions", *Counseling Psychologist*, 9 (2), 2-18 (1981).

_____. *Counseling Adults in Transition*. Nova York: Springer (1984).

Schneider, Jennifer. *Back from Betrayal*. Nova York: Ballantine Books (1990).

Schneider, Jennifer e Robert Weiss. *Cybersex Exposed: Simple Fantasy or Obsession?* Center City, MN: Hazelton (2001).

Shainess, Natalie. *Sweet Suffering: Woman as Victim*. Nova York: Pocket Books (1984).

Shapiro, Allison. "Fantasy Affairs or Dangerous Liaisons?: Relations in the Cyberworld", *Family Therapy News*, 12-13 (fevereiro de 1997).

Shulman, Bernard H., *Contributions to Individual Psychology*. Chicago: The Alfred Adler Institute of Chicago (1973).

Smith, Shader, Diane. *Undressing Infidelity*. MA: Adams Media, Inc. (2005).

Starr, Kenneth. *The Starr Report: The Findings of Independent Counsel Kenneth W. Starr on President Clinton and the White House Scandals*. Nova York: PublicAffairs (1998).

Sternberg, Robert. *The Triangle of love: Intimacy Passion, and Commitment.* Nova York: Basic Books (1998).

Subotnik, Rona. "Using Genograms in Family Therapy". www.Here2listen.com (outubro de 2000).

Subotnik, Rona e Gloria Harris. *Surviving Infidelity: Making Decisions, Recovering from ther Pain*, 3ª ed. Massachusetts: Adams Media, Inc. (2005).

Titelman, Peter, ed. *Clinical Applications of Bowen Family Systems Therapy.* Nova York: Hayworth Press (1998).

_____. *Emotional Cutoff: Bowen Family Systems Theory Perspectives.* Binghamton, Nova York: The Hayworth Clinical Practice Press (2003).

Tobias, Sheila. *Faces of Feminism.* Nova York: Westview Press (1997).

Trotter, Robert J. "The Three Faces of Love," *Psychology Today*, 47-54 (setembro de 1986).

Tuch, Richardd. *The Single Woman-Married Man Syndrome.* Northvale, NJ: Jason Aronson, Inc. (2002).

Tyler, Anne. *Michael e Pauline: um casamento amador.* São Paulo: Arx.

Vanderbilt, Gloria. *It Seemed Important at the Time: A Romance Memoir.* Nova York: Simon and Schuster (2004).

Vaughan, Peggy. *The Monogamy Muth.* Nova York: New Market Press (1989).

_____. *Dear Peggy: Peggy Vaughan Answers Questions about Extramarital Affairs.* La Jolla, CA: Dialog Press (1999).

Wallerstein, Judith S. e Joan B. Kelly. *Surviving the Breakup: How Children and Parents Cope with Divorce.* Nova York: Basic Books (1996).

Weil, Bonnie, *Adultery: The Forgivable Sin.* Nova York: Birch Lane Press (1993).

Weiss, Robert. *Marital Separation.* Nova York: Basic Books (1975).

_____. *Going It Alone.* Nova York: Basic Books (1979).

Wharfe, Ken. *Diana: Closely Guarded Secret.* Nova York: Michael O'Mara Books Limited (2002).

Young, K. S. "Internet Addiction: The Emergence of a New Clinical Disorder", *Cyberpsychology and Behavior*, 1 (3), 237-244 (1998).

Índice remissivo

aborrecimentos crônicos, 86-88
abuso sexual na infância, 74-77
adultério, definição de, 14
amante
    ambivalência do, 138-39, 140-42
    apego à família, 139
    casos de retaliação, 142-43, 307-9
    começando a orientação psicológica, 151-53
    comunicação determinada com o, 249-50, 251-58
    conforto no casamento, 106
    conversas abertas com o, 149-50
    data-limite passa, 145-46
    desculpando-se com a esposa, 122-23
    enrolando você, 141-42
    evitando uma conversa séria, 147
    falta de sinceridade, indicadores da, 144-48
    fazendo acordos, 147
    força da ligação com você, 125-33
    infidelidade na família do, 144
    medo de que o caso seja revelado, 105-6
    morte do, 278-80
    mostrando sinceridade, indicadores, 148-53
    orientação psicológica para o, 151-56
    orientação psicológica pré-conjugal para o, 154-56
    parceiros que não valem a pena o risco, 127-30
    promessa de casamento do, 143
    razões para não deixar a esposa, 138-40. Ver também Casos, término
    separando-se da esposa, 153-54
    situação do trabalho do, 109-10
    tendo um reino secreto, 139-40
    testando a capacidade de atração, 309
    tipos de casos/personalidades. Ver Tipos de casos
    traindo você, 156-59

usando o controle, 133-35
Ambivalência, 138-39, 140-42
Amizade, depois dos casos, 310-11
Amor dos pais, 77
Amor
  como motivo para o caso, 102
  componentes do, 37-42
  compromisso e o, 40-41
  dos pais, em busca do, 77
  estágios do relacionamento e o, 101-2
  estrutura do, 195
  intimidade e o, 38-39, 195
  paixão e o, 38
Antigas paixões, 63-65
Atitude defensiva, 299
Atitude evasiva, 299-300
Autoestima
  como motivo para o caso, 70-72, 73, 210-11
  durante o caso, 183, 206-7
Avaliação dos casos, 225-58. *Ver também* Família de origem
  comunicação determinada para a, 249-50, 251-58
  descobrindo as intenções dele, 248-58
  estressores atuais e a, 235, 239-40, 243
  exemplos de casos, 231-40, 241-47
  formulário para a, 341-49
  na sua vida, 247-48, 341-49
  sinopse/exemplo para a, 240-47
Aventuras, 35, 130-33

Bem-estar emocional, sacrificando o, 188
Busca, 177-78

Carreira, sacrificando a, 184-85
Casamento depois do caso, 285-302
  começando o, 292-96
  contrato de infidelidade, 301-2
  diretrizes da comunicação, 294-96
  empatia pela ex-esposa, 286-87
  enfrentando as consequências, 285-86
  expectativas, 300-1
  limites para o, 296-98
  misturando as famílias, 288-92
  orientação psicológica pré-conjugal para o, 154-56
  "Quatro Cavaleiros do Apocalipse" e o, 298-300
  reuniões de família, 293-96
  tempo de intimidade, 292-93
Casamento
  a promessa dele para você, 143-44
  conversa sobre, 312-13
  descobrindo a respeito do, dele, 70-72
  estágios do, 101-2
  o conforto dele no, 106
  paralelo, 268-71
  promessa de, motivando casos, 68-70
  sacrificando o, 187-88
Casamentos paralelos, 268-71

Casos de amor românticos, 35-36, 103, 132
Casos de longa duração, 137
　acordo para os, 267
　afetando os filhos, 272-76
　casamentos paralelos e os, 268-71
　coexistindo com os, 267-68
　consequências dos, 272-80
　empurrando com a barriga nos, 265-67
　exclusão e os, 276
　exemplo ficcional, 37, 261-65
　morte do amante e os, 278-80
　questões a considerar, 280-83
　tendo famílias nos, 277-78
　tornando-se um caso de amor romântico, 265
Casos de retaliação, 142-43, 307-8
Casos em série, 32-34, 126-27
Casos emocionais, 42-47, 136
Casos na internet, 22-24, 47-49
Casos tradicionais, 32
Caso, término, 303-40
　coisas que você diz para si mesma, 321-23
　depressão decorrente do, 314-21
　lidando com o, 331-38
　permanecendo amigos depois do, 310-11
　razões para o, 303-13
　reações ao, 314-25
　recapitulações obsessivas do, 323-25
　reestruturando a vida depois do, 338-39
　seguindo em frente depois do, 339-40
　solidão depois do, 326-31
Casos. *Ver também* Infidelidade
　compromissos desejados nos, 28-31
　definição dos, 13
　descoberta dos. *Ver* Descoberta do caso
　dinheiro gasto com os, 119-20
　estágios dos. *Ver* Estágios dos casos
　exemplos de histórias, 21-25, 29
　limites e os, 169-73
　motivações para os. *Ver* Motivações, para os casos
　perspectivas sobre os. *Ver* Amante; Esposa, do amante; Sua perspectiva
　sem compromisso, 27-28
　visão geral dos, 16
Ciúme, 92, 116-17
Clinton, Bill, 66, 157, 212, 213, 229-30, 310
Complicações, terminando os casos, 308
Comportamentos reconfortantes, 332-35
Compromisso
　amor e o, 40-41
　desejo de, 28-31
　nenhum desejo de, 27-28
　sigilo e o, 136
Comunicação determinada, 249-50, 251-58
Comunicação

agressiva, 250, 251
atitude defensiva e a, 299
atitude evasiva e a, 299-300
crítica e a, 298-99
depois do casamento com o amante, 293-96
desprezo e a, 299
determinada, 249-50, 251-58
discussões abertas, 149-50
estilos de, 250
passivo-agressiva, 250, 251
passiva, 250, 251
Confiança traída, 107, 121-22
Contrato de infidelidade, 301-2
Crítica, 298-99
Culpa, na opinião da esposa, 117-18

Dama de companhia, 202-3
Data-limite passa, 145-46
Depressão, 314-15
Descoberta do caso
a reação dela, 110-12
a reação dele, 112-16
exemplo da, 55-57
problemas para ela depois da, 116-18
terminando o caso, 306-8
Diferenças entre os sexos, 102-3, 140-41
Diferenciação, 226-29
Direitos pessoais, 207-8

Ela. *Ver* Esposa, do amante
Ele. *Ver* Amante
Enganando a si mesma, 162-64

Entusiasmo, 73, 98, 138-40
amor, 102
antigas paixões, 63-65
autogratificação sem culpa, 71-74
busca do amor dos pais,
diferenças entre os sexos, 102-3, 140-41
Entusiasmo, 73, 98, 138-40
estágios/transições da família, 84-86
intimidade, 57-60
oportunidades geográficas, 78-81
solidão, 60-63
transições individuais da vida, 83-84
Esposa, do amante, 91-123
atratividade da, 98
causa do caso e, 97-99
ciúme da parte da, 92, 116-17
coexistindo com casos de longa duração, 267-68
como pé no saco, 99
confiança traída, 121-23
confrontação por parte da, 91-93, 119
culpa lançada pela, 117-18
depois da descoberta do caso. *Ver* Descoberta do caso
depois do divórcio/novo casamento, 286-88
em uma condição frágil (doença etc.), 110
estágios do relacionamento e a, 101-2

falta de compreensão, 99
fonte de poder da, 105
infidelidade na família da, 104-5
informações a respeito da, 93-97, 104-16
marido desculpando-se com a, 122-23
o que ele lhe diz a respeito da, 94-97
o que ele não lhe diz a respeito da, 97
obsessão da, 120-21
retiro romântico da, 100-1
sistema de apoio da, 108-9
situação financeira e a, 107-8
Estágio da atração, 196-97
Estágio da busca de uma resposta, 201-6
Estágio da lua de mel, 197-200
Estágio do desequilíbrio, 200-1
Estágios do caso, 195-223
   atração (primeiro estágio), 196-97
   busca de uma resposta (quarto estágio), 201-6
   controle do poder e os, 208-9
   desequilíbrio (terceiro estágio), 200-1
   lua de mel (segundo estágio), 197-200
   mudança na autoestima e os, 206-7
   visão geral, 195-96
Estágios do relacionamento, 101-2
Estilo de vida, terminando os casos, 305-6

Expectativas, no segundo casamento, 300-1

Falando com determinação, 249-50, 251-58
Falta de coragem, terminando os casos, 310
Família de origem
   definição da, 225-26
   exemplos de casos, 231-40, 241-47
   genogramas, 230-31
   Teoria do Sistema Familiar de Bowen, 226-29
   triângulos relacionais e a, 228
Família. *Ver também* Casamento depois do caso
   apego do amante à, 139
   casos de longa duração e, 272-76, 277
   combinando, depois do casamento com o amante, 288-92
   estágios/transições, instigando os casos, 84-86
   finanças da, 107-8
   infidelidade como característica da, 104-5, 144, 156-59. *Ver também* Família de origem
   informações a respeito da, dele, 106-7
   poder da/oriundo da, 107
   sacrificando a, 185-86
Felicidade, 190-91
Filhos
   casos de amor de longa duração e os, 272-76

informações sobre os, 106-7
misturando as famílias e os, 288-92
poder oriundo dos, 106-7
Finanças
 da família do amante, 107-8
 dinheiro gasto com o caso, 119-20
 homens que sustentam a amante, 311
Fonda, Jane, 229-30

Genogramas, 230-31

Harriman, Pamela, 311
Homens mais velhos, mulheres mais jovens, 86

Infidelidade. *Ver também* Casos
 característica da família, 104, 144, 157-58
 Contrato de, 301-17
 definição de, 13
 propensão para a, 156-59
Intimidade
 como motivo para o caso, 57-59
 verdadeiro amor e a, 38-39, 195

Kahn, Louis, 270-71
Kennedy, John F., 104, 144, 157
Kuralt, Charles, 271

Lewinsky, Monica, 66, 157, 207, 210-15, 310
Limites
 depois do casamento com o amante, 296-98

desconsiderando os, para os casos, 169-73
Lindbergh, Charles, 269

Morte, do amante, 278-80
Motivações para os casos, 25-27
 aborrecimentos crônicos, 86-88
 abuso sexual na infância, 74-77
 atração pelo poder, 65-67
 distância, 78-79
 relacionamentos à queima-roupa, 79-81
Mudanças, terminando os casos, 304-5
Mulheres casadas mais velhas, 222-23
Mulheres casadas, tendo casos, 215-23
Mulheres solteiras, tendo casos, 210-15

Obsessão, 120-21
Orientação psicológica pré-conjugal, 154-56

Paixão, verdadeiro amor e a, 37-38
Paradoxos encontrados, 178-84
Parceiros que não valem a pena o risco, 127-30
Pedido de desculpas, 122-23
Pensamento distorcido, 315-21
Poder
 atração pelo, 65-67
 determinando que tem o, 208-9
 diferenças entre os sexos, 140-41
 direitos pessoais e o, 207-8

filhos/família como, 106-7
fonte do, da mulher do amante, 105
impotência junto com o, 183-84, 190, 207, 208-9
Problemas de transição, 82-86
autoestima, 70-72, 73, 210-11
diversão/prazer sexual, 103
esposa e as. *Ver* Esposa, do amante
Promessa de casamento, 68-70
questões de transição, 82-86
retaliação, 142-43, 307-8

"Quatro Cavaleiros do Apocalipse", 298-300

Referências, 351-55
Retiros românticos, 100-1
Rituais, 337-38
Romances a longa distância, 50-53
Romances de costa a costa, 50-53

Sacrifícios
da carreira, 184-85
da família, 185-86
da felicidade, 190-91
do bem-estar emocional, 188
do casamento, 187-88
do futuro conjunto, 188-89
vida em suspenso, 189
Segundo casamento. *Ver* Casamento depois do caso
Separação, do amante/esposa, 153-54
Sexo, como motivo para o caso, 34, 102, 140

Sistema de crenças, verificação do, 165-69
Solidão
como motivo para o caso, 60-63
depois que o caso termina, 326-31
Sua perspectiva, 161-91
como dama de companhia, 202-3
como distanciador/perseguidor, 203-6
como mulher casada mais velha, 222-23
como mulher casada, 215-23
como mulher solteira, 210-15
em busca de respostas, 201-6
enganando a si mesma, 162-64
limites e a, 169-73
mudança da autoestima, 183, 206-7
observando o próprio comportamento, 178-84
paradoxos encontrados, 178-84
por que homens casados, 173-74
repetindo a atração pelos mesmos tipos, 174-76
término dos casos. *Ver* Casos, término
verificando o sistema de crenças, 165-69
visão geral, 161-62

Técnicas de relaxamento, 334-36
Teoria do Sistema Familiar de Bowen, 226-29
Terminando os casos. *Ver* Casos, término

The Pilot's Wife, 37, 261-65
Tipos de casos, 14-15. *Ver também*
Casos de amor de longa duração
aventuras, 35, 130-33
casos de amor romântico, 35-36, 103, 132
casos em série, 32-34, 126-27
casos emocionais, 42-47, 136
casos na internet, 22-24, 47-49
casos tradicionais, 32
romances de costa a costa, 50-53

Transições da vida, 82-86
Transições individuais da vida, 83-84

Vanderbilt, Gloria, 176-230
Verdadeiro amor. *Ver* Amor
Vício sexual, 34

Zona de Perigo da Infidelidade, 158-59

A autora

Rona B. Subotnik é terapeuta conjugal e familiar habilitada, e membro clínico da California Association of Marriage and Family Therapists e da American Association of Marriage and Family Therapists. Recebeu o M.A. em orientação psicológica no Trinity College em Washington.

É coautora de um dos best sellers sobre infidelidade, *Surviving Infidelity: Making Decisions, Recovering from the Pain*, publicado em 1994 e atualizado na segunda edição, de 1999, e na terceira, em 2005. É também coautora de *Infidelity on the Internet: Virtual Relationships and Real Betrayal*, publicado em 2001. No momento, está redigindo um capítulo para a *Family Therapy and Counseling Séries* para profissionais da área, a ser publicada em 2006. Foi colunista de destaque no site de psicologia na internet *www.Here2Listen.com*. Participou do *Leeza Show*, e de programas na televisão nacional, em uma rádio no Canadá e na Rádio Free Europe discutindo a infidelidade. Foi entrevistada por importantes jornais e revistas, como o *Chicago Tribune*, o *San Diego Union Tribune* e a *Newsweek*.

Subotnik trabalhou durante oito anos em A Woman's Place, um centro inovador de orientação psicológica que faz parte do programa do governo da Comission for Women of Montgomery County, Maryland. Lá, realizou sessões individuais de terapia, projetou e conduziu numerosos seminários e grupos de orientação psicológica para mulheres, como o Surving Infidelity.

Subotnik também lecionou nos departamentos de estudos de pós-graduação no Trinity College, bem como no Women's Studies Extension Program no Mt. Vernon College em Washington.

Atuou como membro da Commission on the Status of Women no San Diego's Committee on Sexual Harassment, durante três anos, e no Committee on Domestic Violence, por um ano.

Há 14 anos desempenha suas atividades profissionais em um consultório particular na Califórnia. Subotnik é casada e tem três filhos adultos. Reside atualmente em Palm Desert.

Visite: *www.surviveinfidelity.com*

Este livro foi composto na tipologia Adobe Jenson Pro,
em corpo 11,5/15,5, e impresso em papel off-white 80g/m²
pelo Sistema Cameron da Distribuidora Record
de Serviços de Imprensa S.A.